“十四五”物流管理与工程类专业规划教材

物流运筹决策及方法应用

白晓娟　主编

中国财富出版社

图书在版编目（CIP）数据

物流运筹决策及方法应用 / 白晓娟主编．—北京：中国财富出版社，2023.1（2024.8重印）
（“十四五”物流管理与工程类专业规划教材）
ISBN 978－7－5047－6972－5

Ⅰ．①物…　Ⅱ．①白…　Ⅲ．①物流—运筹学—高等学校—教材　Ⅳ．①F252

中国版本图书馆 CIP 数据核字（2019）第 135719 号

策划编辑 黄正丽　**责任编辑** 白　昕　郑泽叶　**版权编辑** 李　洋
责任印制 尚立业　**责任校对** 杨小静　**责任发行** 敬　东

出版发行 中国财富出版社
社　　址 北京市丰台区南四环西路 188 号 5 区 20 楼　**邮政编码** 100070
电　　话 010－52227588 转 2098（发行部）　010－52227588 转 321（总编室）
010－52227566（24 小时读者服务）　010－52227588 转 305（质检部）
网　　址 http://www.cfpress.com.cn　**排　　版** 义春秋
经　　销 新华书店　**印　　刷** 北京九州迅驰传媒文化有限公司
书　　号 ISBN 978－7－5047－6972－5/F・3501
开　　本 787mm×1092mm　1/16　**版　　次** 2023 年 1 月第 1 版
印　　张 12.25　**印　　次** 2024 年 8 月第 2 次印刷
字　　数 268 千字　**定　　价** 39.80 元

前　言

物流系统决策与优化是现代物流管理的重要组成部分。物流服务是企业满足客户服务的重要因素之一，对企业竞争战略举足轻重。物流管理活动包括运输、库存保管、物料管理、配送、需求预测等内容。

物流运筹学作为一门以定量研究为主的应用性学科，是优化物流管理的有效的工具。运用物流运筹学中的定量化的方法，对物流管理领域的各类优化问题建立数学模型并进行求解，并且进行定量和定性分析，为决策者做出合理的决策提供科学的依据。

本书以物流管理活动的实际问题为背景，建立对应的各种类型的数学模型，然后通过对几何特征的分析或运用其他直观的手段，给出求解模型的算法思想。本书主要特色如下。

（1）从认识事物、接受知识的规律出发，侧重物流学与运筹学在内涵及方法论方面的联系，强调实践、应用和经济意义。其目的在于突出运筹学在物流学科领域的应用与发展。

（2）注重可读性。力争深入浅出，并给读者一个较宽松的空间，可在深度与广度上思索、分析及扩展。在书中列出了主要的参考文献供读者查阅。

本书的适用范围如下。

（1）高等院校物流管理相关专业本科生的教学参考用书。

（2）物流管理专业教师的参考资料。

（3）相关管理工作者的阅读材料。

本书涉及的运筹学分支包括线性规划、整数规划、动态规划、网络规划、排队论、存储论和决策论。

在这里，笔者要衷心感谢北京物资学院的领导及同事们、北京现代物流研究基地的专家学者，感谢他们的帮助。同时，中国财富出版社有限公司为本书的出版提供了大力支持，对此也深表感谢。

因笔者水平有限，敬请各位专家学者批评指正。

白晓娟

2019 年 8 月

前言

目 录

第一章　物流运筹的思想

学习目标

1. 了解运筹学和物流学的形成及发展过程。
2. 了解运筹学发展阶段的主要特点。
3. 掌握运筹学解决问题的基本步骤。
4. 掌握物流学科理论框架的构成。
5. 掌握物流运筹学研究的主要内容。
6. 了解运筹学和物流学在形成及发展过程中的相互联系。

物流是一个富有现代内涵的概念。随着世界经济的迅速发展和科学技术的不断进步，物流对经济贸易活动的影响日益增强，并受到人们越来越多的关注。在国际上，物流被认为是国民经济发展的动脉，被视为继原材料、劳动力之外的"第三利润源泉"。在中国，较高的物流成本使政府和企业进一步认识到物流系统的优化是改善我国物流管理现状的必由之路。

物流系统的优化从系统的观点出发，对物流项目进行分析研究，寻找可能采取的方案，并通过对比分析，制订出可达到预期目标的最优方案。本章将介绍运筹学与物流学的主要内容及其联系，以及物流作业和管理过程中常用的优化方法与工具等内容。

第一节　运筹学概述

一、运筹学的形成及发展

纵观运筹学的发展史可以看到，朴素的运筹学思想自古就有：敌我双方交战，要克敌制胜就要在了解双方情况的基础上，找到对付敌人的最优方法。从阿基米德为迦太基人设计的用于粉碎罗马海军攻占西那库斯城的设防方案，到《梦溪笔谈》所记录的军粮供应与用兵进退的关系等，这些事例无不闪耀着运筹帷幄、整体优化的朴素思想。此外，在人类征服自然、改造自然的过程中，也大量运用了运筹的思想和方法。我国古代李冰父子主持修建的，由“鱼嘴”岷江分洪工程、“飞沙堰”分洪排沙工程和“宝瓶口”引水工程等巧妙结合而成的都江堰水利工程，以及宋真宗时期皇宫失火，大臣丁渭提出的“一举三得”重建皇宫的方案都是很好的例子。

运筹学作为一门学科，于20世纪30年代末出现。第一次世界大战期间，以希尔为首的英国国防部防空试验小组，进行了高射炮系统研究，同时英国人莫尔斯利用数学模型对美国海军横跨大西洋护航队损失情况进行了分析，这是最早关于运筹学的研究，其中包括著名的1914年提出的兰彻斯特战斗方案。1938年7月，英国波得塞雷达站的负责人罗伊提出对整个防空作战系统运行进行研究，并用“Operational Research”一词作为这方面研究的描述，这就是O. R. 这个名词的起源。由于对探测、信息传递、作战指挥、战斗机与防空火力协调等的研究获得成功，大大提高了英国本土的防空能力，在不久之后对抗德国对英伦三岛的狂轰滥炸中，该研究发挥了极大的作用。1939年至1940年，该项研究扩大到海军和陆军的作战中，并对未来的战斗进行预测，以供决策之用。鉴于其在战争中发挥的重要作用，1940年，英国成立了由物理学家布莱克特领导的第一个运筹学小组，后来发展到每个英军指挥部都成立运筹学小组。1942年，美国和加拿大也相继成立了运筹学小组，研究并解决战争提出的运筹学课题。这些小组在扩大舰队规模、开展反潜艇战的侦察和组织有效的对敌轰炸等方面，做了大量研究，为取得反法西斯战争的胜利及运筹学有关分支的建立做出了贡献。其中最出色的工作之一是美国协助英国打破了德国对英吉利海峡的海上封锁。运筹学小组提出的两条重要建议是：将反潜攻击由反潜艇投掷水雷改为飞机投掷深水炸弹，起爆深度由100米改为25米左右，即当德方潜艇刚下潜时进行攻击；运送物资的船队及护航舰艇的编队由小规模、多批次改为大规模、少批次，且在受敌机攻击时，采取大船急转向和小船慢转向的逃避方法。结果，德国潜艇被摧毁的数量增加到原来的4倍，己方运输船只中弹的数量由47%下降到29%，从而打破了德国的封锁，并且重创了德国潜艇部队。第二次世界大战结束时，在英美及加拿大军队中工作的运筹学工作者已超过700人。

除上述军事领域的研究外，古典管理学、经济学特别是数理经济学对运筹学的产生、发展也产生了巨大影响。古典管理学的主要思想是寻求一些方法，使人们自愿地联合与协作，保持个人的首创精神和创造能力，达到提高效率的目的。比如，动作研究与泰勒工作制；切削效率与车速、进刀量等因素的数学关系；管理的基本原则、机构设置、权限、工厂布局、计划等问题；举世闻名的刺激性工资制；用于生产活动分析和计划安排的甘特图（其进一步发展为统筹方法）等。

值得一提的是苏联学者康托洛维奇的工作。1939年，康托洛维奇对生产中提出的大量组织与计划问题进行了研究，出版了著名的《生产组织与计划中的数学方法》一书，这是运筹学最早的在理论、方法上较为完整的著作。其研究的具体问题包括：生产配置问题，原材料的合理利用问题，运输计划，播种面积的分配等。其研究结果不仅给出了数学模型，而且可以确定最优方案。此贡献在于使运筹学的理论方法形成体系，其确定极值的方法超出了经典数学分析方法的范畴，遗憾的是这一研究成果直到第二次世界大战以后才受到重视。

数理经济学对运筹学产生和发展的影响，主要表现为经济数学与运筹学互相影响、相互促进、共同发展。1758 年，魁奈在凡尔赛出版的《经济表》，对经济中各部门的平衡关系做了最早的研究。后来法国经济学家瓦尔拉对经济平衡问题的研究是对数理经济学的重大贡献，其数学形式在奥地利、德国被持续深入研究、发展和推广。特别要提到的是冯·诺依曼所做的开创性工作：1932 年，冯·诺依曼提出第一个广义经济平衡模型；1939 年，他提出宏观经济优化的控制论模型，该模型成为数量经济学的一个典型模型；1944 年，他与摩根斯坦合作出版《对策论与经济行为》一书，将经济活动中的冲突、协调和平衡分析问题量化处理，解决了一些基本对策问题，成为近代对策论创始人之一。此外，他领导研究的计算机成为运筹学的技术实现支柱之一。尤为世人所称道的是，他最早肯定并扶持当时未满 30 岁的丹捷格从事以单纯形法为核心的线性规划研究。

二、运筹学的发展阶段

第二次世界大战期间，运筹学的研究与应用范围主要在战略、战术方面。随着战争的结束，运筹学的应用由军事领域扩展到了工业、政府等部门，在理论上也逐步完善了科学体系。具体地讲，它的发展大致可分为三个阶段。

1. 20 世纪 40 年代到 50 年代是运筹学的创建时期

英国一些战时从事运筹学研究的工作者积极探讨如何将运筹学方法应用于民用部门，并于 1948 年成立“运筹学俱乐部”，在煤炭、电力等部门推广应用运筹学方法且取得了一些进展。同年，美国麻省理工学院率先开设了运筹学课程，1950 年，英国伯明翰大学正式开设运筹学课程，1952 年，美国喀斯工业大学设立了运筹学的硕士学位和博士学位。1950 年，第一本运筹学杂志《运筹学季刊》在英国创刊，1952 年，第一个运筹学会——美国运筹学会成立，并于同年创办《运筹学学报》。1951 年，莫尔斯和金博尔合著的《运筹学方法》一书正式出版，这是以运筹学为名的第一本专著，书中总结了第二次世界大战中运筹学的军事应用，并且给出了运筹学的定义：运筹学是为执行部门对它们控制下的“业务”活动采取决策提供定量依据的科学方法。

2. 20 世纪 50 年代初期到 50 年代末期是运筹学的发展阶段

该阶段的突出特点是计算机技术的迅速发展使运筹学中一些方法如单纯形法、动态规划方法等，可用来解决实际管理系统中的优化问题，促进了运筹学的推广应用。20 世纪 50 年代末，美国大约有半数的大公司在自己的经营管理中应用运筹学，如将运筹学应用于制定生产计划、物资储备、资源分配、设备更新等方面的决策。此外，该阶段出现了很多的刊物和学会。从 1956 年到 1959 年就有法国、印度、日本、荷兰、比利时等10个国家成立运筹学会，又有6种运筹学刊物问世。1957年，在英国牛津大学召开了第一次国际运筹学会议，以后每三年举行一次。1959年，国际运筹学联合会（International Federation of Operations Research Societies，IFORS）成立。

3. 20世纪60年代以来是运筹学迅速发展和开始普及的阶段

此阶段运筹学进一步被细分为各个分支，专业学术团体迅速增多，运筹学方面的期刊和书籍大量出版，更多学校将运筹学课程纳入教学计划之中。计算机技术的迅速发展，促使运筹学被用来研究一些大型复杂系统，如城市交通系统、环境污染系统、国民经济计划系统等。如今，运筹学已被广泛应用于人类社会生活的各个方面，诸如军事问题、教育问题、污染问题、交通运输问题、人力资源管理问题等，还被广泛应用于以下这些部门：能源部门、预测部门、会计金融部门、销售部门、存储部门、计算机与信息系统部门、设计部门、城市服务系统部门、保健与医疗部门、电气部门、加工工业部门等。

在我国，运筹学的研究与应用起步较晚，20世纪50年代中期才由钱学森和许国志等科学家由西方引入。一开始将其直译为“运用研究”或“作业研究”。1957年，学者们从《史记·高祖本纪》中“运筹帷幄之中，决胜千里之外”这句古语中摘取“运筹”二字，将O.R.正式译作“运筹学”，包含运用筹划、以策略取胜等意义，比较恰当地反映了这门学科的性质和内涵。

运筹学理论研究和应用在我国取得了较大的发展。1956年，我国第一个运筹学小组在中国科学院力学研究所成立。1958年建立了运筹学研究室。学者们结合我国的具体情况进行了运筹学的推广和应用，投入产出表的研究和应用开展较早，质量控制的应用也很有特色，接着产生了具有独特风格的“图上作业法”。1958年，在纺织业中用排队论解决了细纱车间的劳动组织和最优折布长度等问题；1962年，管梅谷解决了中国邮路问题。在此期间，以华罗庚教授为首的一大批数学家加入运筹学的研究队伍中，在全国推广统筹法和优选法，并取得卓著成效，使运筹学许多分支的研究及应用很快跟上了当时的国际步伐。

1960年，全国的运筹学研究者在山东济南召开了应用运筹学的经验交流和推广会议，1962年和1978年先后在北京和成都召开了全国运筹学专业学术会议，1980年4月，中国运筹学会正式成立，并于1982年加入了国际运筹学联合会。运筹学的方法在农林部门、交通运输部门、建筑部门、机械部门、冶金部门、石油化工部门、水利部门、邮电部门、纺织部门等已得到广泛的应用推广。除中国运筹学会外，中国系统工程学会以及与国民经济各部门有关的其他专业学会，也都把运筹学的应用作为重要的研究领域。我国各高等院校也普遍把运筹学列入各专业的教学计划中。

目前，国内运筹学的专门刊物或较多刊登运筹学理论和应用的刊物主要有：《运筹学学报》《运筹与管理》《系统工程学报》《系统工程理论与实践》《系统管理学报》《数量经济研究》《技术经济》《预测》《系统工程》和《系统科学与数学》等。

三、运筹学的概念、特点及分析步骤

（一）运筹学的概念和特点

1. 运筹学的概念

运筹学（Operational Research）是一门新兴的应用学科。由于它所研究的对象极其广泛，所以有许多不同的定义。

英国《运筹学》杂志认为："运筹学是运用科学方法（特别是数学方法）解决在工业部门、商业部门、政府部门和国防部门中，有关人力、机器、物质、金钱等大型系统的指挥和管理方面出现的问题的科学，目的是帮助管理者科学地决策其策略和行动。"

美国运筹学会（1976 年）的定义是："运筹学是研究用科学方法来决定在资源不充分的情况下如何最好地设计人机系统，并使之最好地运行的一门学科。"这从侧面描写了运筹学的特点。

《联邦德国科学辞典》（1978 年）上的定义是："运筹学是从事决策模型的数学解法的一门科学。"

《辞海》（2009 年）中有关运筹学条目的释义为："主要研究经济、管理与军事活动中能用数量来表达的有关运行、筹划与决策等方面的问题的一门学科。20 世纪 40 年代开始形成。根据问题的要求，通过数学的分析与运算，作出综合性的、合理的安排，以便较经济、较有效地使用人力物力。"

《中国大百科全书》（自动控制与系统工程卷，1991 年）的释义为："用数学方法研究经济、民政和国防等部门在内外环境的约束条件下合理分配人力、物力、财力等资源，使实际系统有效运行的技术科学。它可以用来预测发展趋势，制定行动规划或优选可行方案。"故有人将运筹学称作"管理数学"。

从这些定义中我们可以看出，虽然说法不一，但其基本含义大致相同，都包含了以下三方面的内容。

（1）既定的目标和条件。

（2）科学的方法和技术。

（3）最优的决策方案。

2. 运筹学的特点

运筹学属于应用数学范畴，具体地说，它是一门管理数学，是一种通过对系统进行科学的定量分析，从而发现问题、解决问题的系统方法论。与其他的自然科学不同，运筹学研究的对象是"事"，而不是"物"，它揭示的是"事"的内在规律性，研究的是如何把"事"办得更好。由此，我们可以看出运筹学主要有以下三个特点。

1）系统的整体优化

所谓系统可以理解为是由相互关联、相互制约、相互作用的部分组成的具有某种特定功能的有机整体。例如物流系统由很多子系统组成，包括采购、运输、仓储、配送、流通加工、信息处理等，各子系统工作的好坏直接影响企业经营管理的好坏。但各子系统的目标往往不一致：生产部门为提高劳动生产效率希望尽可能增大批量；销售部门为满足更多用户需要，要求增加花色品种；财务部门希望减少积压，加速流动资金周转，降低成本。

运筹学不是对每个决策行为孤立地进行评价，而是把系统内所有子系统的相互作用综合起来做出评价，把相互影响的各方面作为一个统一体，从总体利益的观点出发，寻找出一个优化协调的方案。

2）多学科的配合

企业的有效管理涉及很多方面，运筹学研究吸收了来自不同领域、具有不同经验和技能的专家。由于专家们来自不同的学科领域，具有不同的经历、经验，因此增强了集体提出问题和解决问题的能力。这种多学科的协调配合在研究的初期、在分析和确定问题的主要方面、在选定和探索解决问题的途径时，显得尤其重要。

3）模型方法的应用

运筹学的研究不同于其他学科的实验室方法，其研究往往不能搬到实验室，其研究方法是建立这个问题的数学模型和模拟模型。如果说辅助决策是运筹学应用的核心，那么建立模型就是运筹学方法的精髓。

（二）运筹学研究的分析步骤

经过长期的实践，运筹学已形成自己特有的方法论，具体分析步骤如下。

1. 目标的确定

目标的确定是指确定决策者期望从方案中得到什么。这个目标不应限制在过分狭小的范围内，同时也要避免把研究目标进行不必要的扩大。

2. 方案计划的研制

一项运筹学研究的过程常常是一个创造性的过程。计划的实质是规定要完成某些子任务的时间，然后创造性地按时完成这一系列子任务。这样做能推动运筹学分析者得出结论，又有助于方案的成功。

3. 系统分析和问题描述

应用运筹学的目的是解决问题，解决问题必须首先提出问题和分析问题。因此要对研究的问题和系统进行观察分析，归纳出决策的目标及制定决策时在行动和时间等方面的限制条件。一旦明确地提出了需要解决的问题，就必须从以下三方面对问题进行分析，即技术可行性、经济可行性和操作可行性。

（1）技术可行性是指在既有的条件下是否有方法可用于解决所提出的问题，如果不具备技术可行性，提出的问题就无法解决。

（2）经济可行性是指解决问题时需要投入多少资金，会不会受资金限制。而且还需要分析解决问题之后的投入产出情况，要力争做到少投入、多产出。

（3）操作可行性是指解决问题时有没有合适的人员来操作，没有合适的人员从事具体工作，一切工作都将没有意义。

4. 模型的建立和修改

建立模型是运筹学分析的关键步骤。模型是对现实世界的抽象和简化，是用文字、图表、符号、关系式及实体模样描述所认识的客观对象。模型表达了问题中可控决策变量、不可控决策变量、各种条件及目标有效度量之间的相互关系。一个典型的运筹学模型应包括以下部分。

（1）一组需要通过求解模型确定的决策变量。

（2）一个反映决策目标的目标函数。

（3）一组反映系统复杂逻辑和约束关系的约束方程。

（4）模型要使用的各种参数。

模型的构造是一门基于经验的艺术，既要有坚实的理论作指导，又要靠不断的实践来积累经验。具体地讲，有以下几种方法。

（1）直接分析法，即按研究者对问题内在机理的认识直接构造出模型。

（2）类比法，即不同问题在构造模型时，如结构性质是类似的，就可以互相类比。

（3）数据分析法，即有些问题的机理尚未了解清楚，若能收集到与此问题密切相关的大量数据或通过某些试验获得大量数据，就可采用统计分析的方法建模。

（4）试验分析法，即当有些问题的机理不清，又不能通过做大量的试验来获得数据时，只能通过局部试验的数据加上分析构造模型。

（5）构想法，即当有些问题的机理不清，又缺少数据，又不能通过做试验来获得数据时，只能在已有的知识、经验和某些研究的基础上，对于将来可能发生的情况给出逻辑上合理的设想和描述。

5. 模型的求解

对模型求解即用数学方法或其他工具对模型进行求解。根据问题的要求，可分别求出最优解、次最优解或满意解；依据对解的精确度的要求及算法上实现的可能性，又可区分为精确解和近似解等。模型和实际之间总是存在一定的差异，因此模型的最优解并不一定就是实际问题的最优解。

6. 程序明细表的编制、程序实现和调试设计

计算过程需要编制程序明细表来实现计算机运算，运筹学研究应包含对算法过程的描述、计算流程框图的绘制。程序的实现及调试可以交由程序员完成或会同程序员完成。

7. 数据收集

把有效性实验和实行方案所需的数据收集起来加以分析，研究输入的灵敏性，从而可以更准确地估计得到的结果。

8. 检验

模型建成以后，它所依赖的理论和假设条件是否合理，模型结构是否正确，必须通过试验和求解进行检验。通过检验，可以发现模型的结构错误和逻辑错误，并了解模型求解结果与实际问题的差距。只有当模型在一定程度上能比较准确地反映实际问题时，运筹学分析才算达到了比较理想的效果。

9. 结果分析与实施

运筹学研究的最终目的是提高被研究系统的效率，通过解的分析、控制解的变化来达到理想的结果。同时通过解的实施，最终实现目的。因此，实施是最重要的一步。这一步要求明确方案由谁去实施，什么时间去实施，如何实施，要求估计实施过程可能遇到的阻力，并为此制定相应的克服困难的措施。此外，在实施过程中，最重要的是使管理人员与运筹学分析人员取得共识，并使管理人员了解分析的全过程，使其掌握分析的基本方法和理论，且能独立地完成日常分析工作。只有这样，才能确保研究和分析成果的真正实施。

第二节　物流学概述

一、现代物流的产生与发展

物流概念的发展经过了漫长而曲折的过程。回顾物流的发展历程和了解历史上经典的物流概念，不仅有利于我们了解物流的发展规律，而且有利于我们全面深入地理解物流运筹学的内涵。

物流（Logistics）是指在合适的时间，将适当数量的正确的产品准确地送达用户手中的一系列活动。它连接着生产环节与消费环节，使货畅其流，物尽其用，从而促进生产不断发展、满足日益增长的社会生产消费需要。

国家市场监督管理总局、国家标准化管理委员会发布的中华人民共和国国家标准《物流术语》（GB/T 18354—2021）中对“物流”的解释为：根据实际需要，将运输、储存、装卸、搬运、包装、流通加工、配送、信息处理等基本功能实施有机结合，使物品从供应地向接收地进行实体流动的过程。

作为社会经济活动的基础，物流活动起源较早。从古代商品交换开始，物流就伴随着生产、交换而存在。但在早期生产、生活过程中，物流活动处于分散与孤立的状态，始终附属于生产和流通，如物流功能中的运输、仓储、搬运、采购、包装与设施区位选择等。真正对物流活动开始系统化地分析与管理，则始于第二次世界大战的军事后勤体系。对军事后勤保障问题和后勤服务中的物资与武器设备调运问题进行研究，并且向实际组织运作管理方向发展就形成了现代物流学，而向数学理论发展则形成了运筹学。

随着运筹学学科体系的不断完善和现代物流学研究的不断深入，大量的运筹学理论与方法又被广泛运用到物流系统规划、物流系统运作和物流系统控制中。因此可以说，在运筹学的研究中融入了现代物流学的基本概念和内容，而在现代物流学的发展中包含了运筹学的思想和精髓。目前一般将现代物流的发展过程分为以下四个阶段。

1. 物流观念的启蒙与产生阶段（1901—1950 年）

物流的早期含义是实物配送，英文为 Physical Distribution（简称 P. D.）。20 世纪初期，西方工业国家出现了生产大量过剩、需求严重不足的世界性经济危机，经济衰退、企业利润下降，企业开始提出销售与物流的问题，物流的概念由此产生，对物流的研究也从此展开。

1901 年，约翰·F. 格鲁威尔在美国政府报告《农产品流通产业委员会报告》中第一次论述了对农产品流通产生影响的各种因素和费用，从而揭开了人们认识物流活动的序幕。

1915 年，阿奇·萧在《市场流通中的若干问题》一书中首先提出了“Physical Distribution”的概念。

第一次世界大战期间，英国犹尼里佛·哈姆勋爵成立了“即时送货股份有限公司”，其宗旨是在全国范围内把商品及时送达批发商、零售商以及用户的手中。这是人类社会早期的系统性的物流活动。

第二次世界大战期间，根据军事上的需要，在军火的战时供应中，美国首先采用了后勤管理（Logistics Management）这一概念，对军火的运输、补给、调配等进行了全面的统筹管理，为战争的胜利起到了积极的保障作用。

2. 物流理论体系的形成与实践推广阶段（1950—1978 年）

进入 20 世纪 50 年代，人们对物流的重视程度日益提高，物流理论的研究得到了飞跃性的发展。现代市场营销观念彻底改变了企业经营管理的行为，顾客服务成为经营管理的核心要素，物流活动在顾客服务中的重要作用被普遍认同，其逐渐成为社会经济中的研究热点。

1954 年，在美国波士顿工商协会召开的第 26 次波士顿流通会议上，鲍尔·康柏斯在题为“市场营销的另一半”的演讲中，号召学术界和实业界重视、认识、研究市场营销中的物流，真正从战略的高度来管理和发展物流。这是物流管理发展中的一个里程碑，对物流管理学的形成产生了直接影响。

1962 年，美国著名的管理学家彼得·德鲁克在《财富》杂志上发表了《经济的黑暗大陆》一文，强调应当高度重视流通以及流通过程中的物流管理，这对实业界和理论界又是一次重大的推动。进入 20 世纪 70 年代，特别是全球石油危机以后，通过改善物流系统给人们带来了巨大的经济效益，“物流是节约费用的广阔领域”的论断再次得到证实，物流的价值也再次为人们所公认，被评价为“经济领域未开垦的新大陆”和“第三利润的源泉”。从 20 世纪 50 年代到 70 年代末，许多国家如美国、日本、英国等都致力于物流的研究与实践，很多有关物流的论文、著作、杂志大量出现，有关会议频繁召开，包含有系统物流思想的 Logistics 代替 Physical Distribution 成为世界范围内“物流”的通用称呼。现代物流科学开始登上社会经济的历史舞台。

3. 物流理论的成熟与物流管理现代化阶段（1978—1985 年）

从20 世纪70 年代末开始，世界各国相继修正了与物流相关的法规以适应和加速物流业的发展，物流活动的经营环境有了巨大的变化。对于物流从业者来说，物流市场的全面自由化，不仅带来了激烈的行业竞争，也使物流从业者能真正满足顾客需求，实现与其他公司在物流服务上的差别化。而对于货主来讲，一方面接受服务的水准和物流的效率得到提高，另一方面对物流服务的选择余地也大幅增加。此外，从全球看，物流的管理理论在这一时期也有了飞速的发展。随着 MRP（物资需求计划）、MRPⅡ（制造资源计划）、DRP（分拨需求系统）和看板制等先进管理方法的开发及其在物流管理中的运用，人们逐渐认识到需要从流通生产的全过程来把握物流管理，而计算机等现代科技的发展，为物流全面管理提供了物质基础和技术手段。

1984 年，美国的学者哥拉罕姆·西尔曼在《哈佛商业评论》上发表了《物流再认识》一文，指出现代物流对市场营销、生产和财务活动具有重大影响，因此，物流应该在战略意义上得到企业高层管理人员的充分重视。1985 年美国物流管理协会的改名极具历史意义，这标志着现代物流观念的确立，以及物流战略管理的统一化。

4. 物流理论、实践的纵深化发展阶段（1985 年至今）

20 世纪 80 年代中期以后，随着人们对物流管理认识的深入，经济环境、产业结构和科学技术迅猛发展，物流理论和实践开始纵深发展。在理论上，人们越来越清楚地认识到物流与经营、生产紧密相连，它已成为企业竞争的三大支柱之一。

1985 年，美国学者威廉姆·哈里斯和斯托克·吉姆斯在密歇根州立大学发表了题为《市场营销与物流的再结合——历史与未来的展望》的演讲，高度总结了现代物流的本质，推动了物流顾客服务战略以及供应链管理战略的研究。从物流实践来看，20 世纪 80 年代后期，计算机技术和物流软件的发展日益加快，更进一步推动了现代物流实践的发展；电子数据传输（EDI）的运用不仅提高了信息的正确性而且还提高了传递效率，并且带来了交易方式的变革，为物流纵深化的发展带来了契机。

二、物流学科的理论体系框架

组成物流学科的要素很多，实际上国内外过去几十年的深入研究已经涉及了所有这些要素，但还是没有形成物流学科体系。为了深入探讨物流学科体系的建立问题，本书引用物流学科体系模型和理论体系，物流学科体系框架如图 1－1 所示。图中的物流学科体系框架分为四个层次。

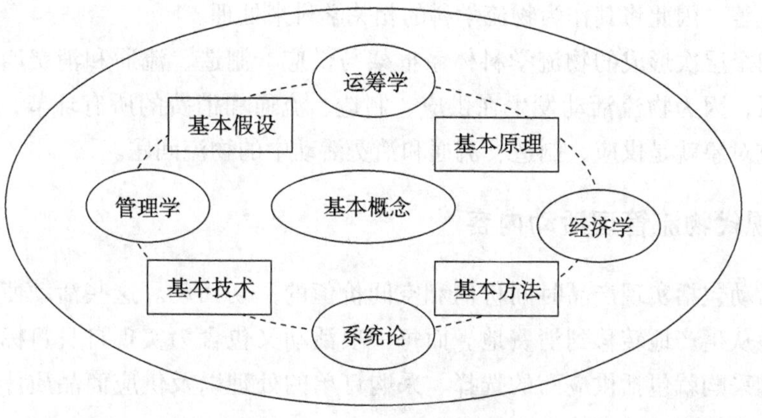

图1－1　物流学科体系框架

第一层次：物流学科体系的核心。

物流学科体系的核心是物流系统的基本概念，这是由一组最关键的核心概念组成的。这些概念可能还需要经过很长一段时间才能完善，但是它们是存在的，如物流、配送、物流中心、配送中心等。要理解物流，必须借助这些概念，物流学科体系的所有其他组成部分都是通过这些概念来表现并由此展开的。这些概念是人类在逐步归纳和综合几千年的社会实践基础上抽象而来的，当这些概念足够稳定，其内涵和外延能够被准确地表达的时候，说明以这些概念体系为基础演绎出一个学科的时机已经成熟。

第二层次：物流学科体系的四大支柱。

物流学科体系的四大支柱是基本假设、基本原理、基本技术和基本方法，这四大支柱与物流学科体系的基本概念一起搭建出物流学科体系的基本框架。物流的核心概念和这四大支柱组成了物流学科体系的主要理论，第二层次是物流学科体系的基本内涵。

第三层次：物流学科体系的理论基础。

物流学科的建立的理论基础依赖于其他已经成熟的学科，物流理论就是在这些理论的基础上发展起来的，这也是物流与其他相关学科间联系的具体反映。不过，与物流相联系的学科很多，它们本身被分成不同的层次，与物流学科紧密联系的理论主要有四类：系统论、运筹学、经济学与管理学。系统论提供了物流学科最根本的思维方法和逻辑；运筹学提供了实现物流系统优化的技术与工具，它是系统论在物流应用中的具体方法；经济学提供了物流系统资源配置的基本理论，物流系统的资源配置服从经济学的假设、原理和规律；管理学提供了物流系统具体运作的基本假设、原理和规律。

第四层次：物流学科体系的相关学科。

现代物流的运作和管理都依赖于现代化的技术手段和条件，研究这些技术手段的学科就成为物流学科体系的相关学科，比如电子、电气及信息类学科对现代物流的作用越来越显著，因此将其作为物流学科的相关学科来处理。

以上四个层次形成的物流学科体系框架与供应、制造、流通和消费四大环节具有紧密的联系，因为物流活动发生在供应、制造、流通和消费的所有环节，所以，物流学科的研究对象就是供应、制造、流通和消费活动中的物流问题。

三、现代物流管理活动内容

物流活动包括实现产品时间价值和空间价值的一切活动。这些活动使产品能够安全而快速地从生产地转移到消费地。而每一项活动又包含为实现自身目标而发生的子活动。比如采购就包括供应商的选择、采购订单的处理以及供应商品质评价这些子活动。现代物流管理活动具体内容如下。

1. 采购与供应商管理

采购与供应是指保证原材料及时供给的各项活动。对于采购经理来说，最困难的莫过于选择一家或几家合适的供应商，以及如何在供应商之间分配订购数量。能否从供应商那里及时得到高质量的原材料和零部件，关系企业自身是否可以按时、准确地满足客户需求。供应商的选择主要依据几项比较重要而又相互影响的指标，包括价格、质量、配送时间及服务等。

2. 运输管理

运输指的是商品从生产点到消费点的有形运输。运输成本是物流总成本中主要的一部分，约占总成本的40%。运输通常包括两部分，一部分是进入生产过程的原材料运输，另一部分是运送产品给客户的运输。运输管理问题包括一系列计划和操作问题，其中包括选择运输方式、确定车队规模、设定行车路线等。

3. 需求预测

有效地计划和管理物流活动离不开对供应链中产品和服务流量的准确预测。它要求对客户的未来需求趋势做出准确的判断。一般来说，对客户需求的预测是市场营销的任务，但在物流活动中，对库存或运输做计划安排时，预测客户的未来需求也是必不可少的。

4. 库存管理

库存管理所要解决的问题是如何在保持客户服务水平一定的情况下，制定合理的库存水平。因为随着库存水平的下降，满足客户的能力也不断下降。所以库存水平并不是可以无限制地减少的，它是保证客户服务水平的必要条件之一。要制定正确的库存策略，管理者就必须知道既定市场对额外产品的需求量。保持过高的库存水平会增加成本，因此能维持一定客户服务水平的适度库存就是理想的库存。

5. 设施选址

在物流活动执行之前，设施选址决策就应该已经制定了，它是所有物流活动的先决条件。设施选址包括设施地理位置的确定和内部设备的布局。确定设施地理位置时，要考虑土地和建筑成本，当地的税收、劳动力，以及设施与设施之间的运输问题等。设施的规模会对库存相关成本产生很大影响，设施内部的设备布局则会影响设施内部的物流问题，这些也需要考虑。

6. 订单处理

及时有效地处理客户的订单是提高客户服务水平的重要一环。订单处理包含为完成客户的订单而进行的一系列活动。高水平的客户服务要求有快速而持续的订单处理系统。具体来说，订单处理包括订单准备、订单传递、根据订单提供货物、反馈订单处理结果等。一个强大的信息系统可以极大地提高订单处理的速度，从而改善客户服务质量。

7. 客户服务

20 世纪 70 年代，许多企业通过降低成本来提高自身的竞争力；20 世纪 80 年代，企业的竞争力就是完美的产品；20 世纪 90 年代，提供优质的客户服务被提升到提高企业竞争力的重要位置。从物流管理者的角度来看，客户服务是一切物流活动的终极目标。客户服务是以客户为导向的经营理念的具体体现，它要求整合物流系统进行统一管理，从而提供优质的客户服务。对企业来说，百分之百的客户满意度几乎是不可能的。因此，可以通过研究成本与服务之间的关系来选择最优的客户服务水平。

第三节 运筹学与现代物流的关系

从运筹学和物流学产生的发展过程和研究内容看，二者有必然的联系。

从功能上说，运筹学是用来解决最优资源配置的，而物流系统的主要功能和目标正是追求快速、及时、节约、合理的物流服务。为此，两者从一开始就密切地联系在一起，并互相渗透和交叉发展。虽然之后物流的发展相对于运筹学发展滞后，但随着全球经济的不断发展，物流系统中运筹学的运用范围不断扩大，运筹学的作用也不断凸显。

一、运筹学在现代物流中的应用

运筹学被广泛地应用在物流管理活动中，具体如下。

（一）规划论

规划论是运筹学的一个主要分支，包括线性规划、非线性规划、整数规划、目标规划、动态规划等，它是在满足给定约束要求下，按一个或多个目标来寻求最优方案的数学方法。规划论可以解决人员分配和物资调运、配送等问题，解决完成工作所需的人数、机器设备台数和厂库的选址等问题，解决最优路径、资源分配、库存控制、生产调度、设备更新等问题。对物流系统进行规划、管理、控制，选择最优的物流方案，可以提高物流资源利用效率，是寻求降低物流费用、提高物流效益的途径等。

（二）图论

图论是网络技术的基础，在现代物流中也有很多的应用。如运输问题、物流网点间的物资调运和车辆调度时路线的选择、配送中心的送货、逆向物流中产品的回收等，在工厂、仓库、配送中心等物流设施的选址问题上，物流网点内部工种、任务、人员的指派问题上，以及设备更新问题等，均可以运用图论知识帮助决策者进行最优的安排。

（三）排队论

排队论在现代物流中有着广泛的应用，如：物流工作人员的聘用数量问题；机场跑道设计和机场数量问题，如何既保证飞机起降的使用要求，又不浪费机场的资源；码头的泊位设计和装卸设备的配置问题，如何既能满足船舶到港的装卸要求，而又不浪费港口资源。这些问题都可以用排队论的方法加以解决。

（四）存储论

存储论主要用来解决物资库存问题，确定某些设备的能力或容量，如仓库库存能力的大小，港口码头的转运能力，车载量的大小，等等。合理应用存储论，不但可以节省实际运行费用，而且能减少资源的占用，提高转运设备的使用率，减少运输、装卸设备，等等。

（五）对策论

对策论又称博弈论。物流市场中，对策论可以帮助我们寻找最佳的竞争策略，以便战胜对手或减少损失。例如某区域有两个配送中心经营相同的业务，为争夺市场份额，双方都有多个策略可供选择，可以运用对策论加以分析，寻找最佳策略。

二、物流运筹学的研究内容

物流运筹学研究的内容相当丰富，分支也很多，根据其解决问题的主要特点可将其分为两大类，即确定型模型和随机型模型。确定型模型主要包括线性规划、非线性规划、动态规划、整数规划、目标规划、图论与网络分析等。随机型模型主要包括决策论、对策论、排队论、库存论及可靠性理论等。

（一）数学规划

数学规划也叫规划论，包括线性规划、非线性规划、动态规划、整数规划和目标规划等，是物流运筹学的一个重要分支，其研究对象是计划管理工作中有关安排和估值的问题。解决的主要目标是在给定条件下，按某一衡量指标来寻找最优的安排方案。它可以表示为求解函数在满足约束条件下的极值问题。但它和古典方法的求极值问题又有本质上的不同，古典方法只能处理具有简单表达式和简单约束条件的情况，而现代数学规划中的问题，目标函数和约束条件都很复杂，而且要求给出某种精确度的数学解答，因此算法的研究很受重视。下面简单介绍一下线性规划、非线性规划和动态规划。

1. 线性规划

线性规划是最简单的一类数学规划问题。其用于解决现代物流管理中如何有效地利用现有人力、物力完成更多的任务，或在预定的任务目标下如何耗用最少的人力、物力去实现目标等问题。解决这类统筹规划问题要先根据问题要达到的目标选取适当的变量，问题的目标用变量的函数形式（称为目标函数）表示，对问题的限制条件用有关变量的等式或不等式（称为约束条件）表示。当变量连续取值，且目标函数和约束条件均为线性时，称这类模型为线性规划模型。运输问题、整数规划、目标规划都是线性规划的特殊形式。要解决线性规划问题，从理论上讲都要求解线性方程组，因此求解线性方程组的方法，以及关于行列式、矩阵的知识，就是线性规划中非常重要的工具。单纯形法的出现对运筹学的发展起了重大的推动作用。特别是计算机的出现，使一些大型复杂的实际问题的解决成为现实。

2. 非线性规划

非线性规划是线性规划的进一步发展和继续。现代物流的许多问题如运输优化、库存平衡、系统设计、客户管理等，在进行规划时，其目标函数或约束条件很难用线性函数表达。因此把目标函数或约束条件中包含非线性函数的这类规划问题称为非线性规划。非线性规划扩大了数学规划的应用范围。一般来说，求解非线性规划问题要比求解线性规划问题困难得多，目前还没有适用于各种问题的一般算法，各个方法有自己特定的适用范围，这是需要更深入研究的一个领域。

3. 动态规划

动态规划是研究多阶段决策过程总体最优化的一种方法。有些经营管理活动由一系列阶段组成，把多阶段的决策问题变换为一系列相互关联的单阶段决策问题，从而构成多阶段的决策过程。动态规划是求解某类问题的一种方法，是考察问题的一种途径，而不是一种算法。它不像线性规划那样有标准的数学表达式和明确定义的一组规则，而是必须具体问题具体分析。现代物流管理中的许多问题都可以用动态规划来解决，如最优路径问题、库存问题、装载问题和生产调度问题等。

（二）图论与网络分析

图论是物流运筹学应用十分广泛的一个分支。现代物流管理中经常碰到运输网络的合理布置与选择，生产工序间的合理衔接搭配，各种管道、线路的通过能力以及仓库、附属设施的布局等问题。图论中用节点表示一些研究对象，用连线（边）表示对象之间的联系，点、边的集合构成图。如果给图中各边赋予某些具体的权数，并指定起点和终点，则称这样的图为网络图。图论与网络分析正是通过对图与网络性质及优化的研究，从而解决设计与管理中的时间最少、距离最短、费用最省等实际问题。

（三）排队论

排队论是物流运筹学的又一分支，又叫随机服务系统理论。它主要研究系统随机聚散现象，即通过研究各种系统的排队队长、排队的等待时间及所提供的服务等各种参数来求得更好的服务。其研究目的是回答如何改进服务机构或组织被服务的对象，使某种指标达到最优。排队论在物流过程中应用广泛，例如机场跑道设计和机场设施数量问题，如何才能既保证飞机起降的使用要求，又不浪费机场资源；又如码头的泊位设计和装卸设备的购置问题，如何达到既能满足船舶到港的装卸要求，又不浪费港口资源；再如仓库保管员的聘用数量问题、物流机械维修人员的聘用数量问题，如何达到既能保证仓储保管业务和物流机械的正常运转，又不造成人力浪费；等等，这些问题都可以运用排队论方法加以解决。

（四）库存论

库存论也称存储论，是研究物资最优存储策略及存储控制的理论，即在各种供应和需求条件下，应当在什么时间，采用多大的订货批量来补充库存，使得用于采购、存储和可能发生的短缺的费用损失的总和最少。库存是现代物流管理中的一个重要内容。合理的库存能减少资金的占用、费用支出和不必要的周转环节，缩短物资流通周期，加速再生产的过程等。在物流领域中的各节点如工厂、港口、配送中心、物流中心、仓库、零售店等都或多或少地保有库存，为了实现物流活动总成本最小或利益最大化，人们大多运用了存储论的相关知识以辅助决策。

（五）对策论

对策论也叫博弈论或竞赛论，它既是现代数学的一个新分支，也是物流运筹学的一个重要内容，是研究具有斗争或竞争现象的数学理论和方法。参加斗争或竞争的各方具有不同的目标和利益。为了达到各自的目标和利益，各方必须考虑对手的各种可能的行动方案，并力图选取对自己最为有利或最为合理的方案。现代物流管理中的如何与竞争对手合作共赢、如何占有更多的市场份额从而确立自身的优势地位等都是对策论研究的内容。在具体分析过程中，它主要通过对局中人、策略和得失三要素组成的对策行为模型进行分析，从而获取最佳的竞争策略。

（六）决策论

决策论是研究决策理论与方法的科学。所谓决策就是为实现某一特定目标，根据客观的可能性，借助一定的科学手段和方法，从两个或两个以上的可行方案中，选择一个最优方案并组织实施的全部行为过程。决策所要解决的问题是多种多样的，在现代物流管理中，决策论通过对物流系统状态的性质、采取的策略及效果的度量进行综合研究，从而确定决策准则，并选择最优的决策方案。决策问题由决策者和决策域构成，而决策域又由决策空间、状态空间和结果函数构成，包括可供选择的方案、衡量选择方案的准则、客观存在不为决策者所控制的事件、事件发生而产生的结果以及决策者的价值观等。从不同的角度可以对决策进行不同的分类。针对不同类型的决策问题应采用不同的决策方法。

本章小结

本章首先以物流运筹学所涉及的运筹学和物流学的形成及发展，以及主要研究内容作为全书的切入点。运筹学是用来解决最优资源配置问题的，而物流系统的主要功能和目标正是追求快速、及时、节约、合理的物流服务。为此，两者从一开始就密切地联系在一起，并互相渗透、交叉发展。在物流学科体系的框架中，运筹学作为主要的理论支柱，为物流管理提供定量的优化方法。随着经济的不断发展，物流运筹学的应用将越来越广泛。

参考文献

[1] 王寿云. 军事系统工程的理论与实践［M］. 北京：国防工业出版社，1998.
[2]《运筹学》教材编写组. 运筹学［M］. 北京：清华大学出版社，1990.
[3] 崔介何. 物流学［M］. 北京：北京大学出版社，2003.
[4] 汝宜红. 物流学［M］. 北京：中国铁道出版社，2003.
[5] 李怀祖. 管理研究方法论［M］. 2版. 西安：西安交通大学出版社，2004.

第二章　物流需求预测

学习目标

1. 了解物流需求预测的作用。
2. 掌握物流需求预测的原理与步骤。
3. 掌握物流需求预测的基本方法。
4. 了解特殊的物流需求预测问题的处理方法。

物流需求预测，就是利用历史的资料和市场信息，运用适当的方法和技巧，对未来的物流需求状况进行科学的分析、估算和推断。决策的过程往往是从预测开始的，物流需求预测是物流运筹的基础和前提。如果把物流运筹看作一个决策的过程，则可以把物流需求预测视为物流运筹的一个组成部分。

第一节　物流需求预测的含义和作用

因为需求预测是所有部门（包括物流、营销、生产和财务部门）进行规划和控制的基础，所以需求预测水平对企业整体运营至关重要。需求的水平和时间极大地影响了生产能力、资金需求和经营的总体框架。物流部门的需求预测涉及需求的空间和时间特征，需求波动的幅度和随机程度。

一、需求的特点

（一）需求的时间和空间特征

需求的时间和空间特征是预测中比较常见的。需求随时间而变化归因于销售的增长或下降、需求模式的季节性变化以及多种因素导致的一般性波动。多数短期预测方法都会处理需求的这种时间变化，常常称为时间序列。

物流有空间维度和时间维度，即物流管理者必须知道需求量在何处发生、何时发生。规划仓库位置、平衡物流网络中的库存水平以及按地理位置分配运输资源等都需要知道需求的空间位置。所选择的预测技术必须反映影响需求模式的地理性差异。此外，先进行总需求预测，后按地理位置分解（从上至下预测法，即 Top - Down Forecasting）与先对每个地点需求单独预测，再根据需要汇总（从下至上预测法，即 Bottom - UP Forecasting），所需的预测技术也不同。

（二）无规律性需求和规律性需求

物流管理者将产品分组以确定不同的服务水平或仅对它们分别管理。这些不同的产品组和不同种类的产品都会随时间形成不同的需求模式。需求模式一般可以分解为趋势、季节性和随机性等因素。如果随机波动占时间序列变化部分的比重很小，那么利用常用的预测方法就可以得到较好的预测结果。

如果由于总体需求量偏低，某种产品的需求时间和需求水平不确定，那么需求就是间歇式的，这样的时间序列就被称作无规律的。刚进入产品线或要退出产品线的产品常出现这种模式的需求，由于只有少数客户有需求，而且分散在不同的地区，所以每个存储点面对的需求很低，还有一种无规律需求是由其他产品的需求派生而来。这类需求模式利用通常的方法难以预测，但由于这类产品在企业经营产品种类中所占比例较大，因此成为物流管理工作中特殊的预测难题。

（三）相关需求和独立需求

一般情况下，需求来自许多客户，这些客户多数为独立采购，采购量只构成企业分拨总量的很少一部分。此时的需求就被称作“独立需求”。另一种情况下，需求由特定生产计划要求派生而来，这样的需求就被称作“相关需求”。例如，从某供应商处购买新轮胎的数量是汽车厂生产计划派生而来，这样的需求具有从属性的特点。这种根本性差异导致了这两类需求预测方法的不同。

如果需求是独立的，统计预测方法的效果就很好。多数短期预测模型的基本条件都是需求独立且随机。相反，相关需求模式则会有很强的倾向性，而且不是随机的。

二、物流需求预测的作用

物流需求预测的作用具体体现在以下几个方面。

（一）物流需求预测是物流管理的重要手段

在物流管理活动中，企业如果能通过预测了解和把握市场未来的需求变化，就能采取有效的战略战术。比如，如果预测到下个月某种商品的市场需求量将有大幅度的上扬，企业就可以事先调整库存策略，以免到时供不应求而失去市场机会。法国的展望与预测中心学者马塞尔·巴扬指出：“在任何时候，我们都要先于竞争对手捕捉到未来技术的发展前景和消费者的要求。同时要有足够的勇气利用预测成果做出决策。许多企业家遭受失败的原因是没有预测或预测错误。”

（二）物流需求预测是制定物流发展战略目标的依据

企业通过物流需求预测，可以揭示和描述市场需求的变动趋势，勾画未来物流需求发展的轮廓，并对物流需求发展可能出现的有利方面和不利方面、成功的机会和失败的风险，进行全面的系统的分析和预见，从而为制定物流发展战略目标和方向提供依据，避免决策的片面性和局限性。有了预测作依据，就能“运筹于帷幄之中，决胜于千里之外”。例如，企业可以通过对客户的需求预测而了解采取什么样的经营方针对企业更有利；企业可以通过市场预测制定企业发展战略。

（三）物流需求预测是物流管理的重要环节

一般来说，物流管理就是对物流活动的计划、组织、指挥、协调、控制，就是做决策。无论是计划还是决策，首先都需要准确把握物流发展中的诸多影响因素，因此就必须依靠预测。因此，一切物流管理活动，都要从对信息的了解、分析和预测入手，物流需求预测是物流管理的重要环节。

物流需求预测是物流管理的重要环节，但并不是最终目的。物流需求预测的作用和真正价值在于指导和调节物流管理活动，以便采取适当的策略和措施，谋求更大的利益。

从物流需求预测工作的内容和对象来看，它具有相对的独立性。但从物流需求预测工作在物流管理中的层次和地位来看，它必须服从和服务于计划、决策等更高管理活动层次的需要。因此，应按计划、决策的要求开展物流需求预测工作。

第二节　物流需求预测的原理与步骤

一、物流需求预测的原理

预测的任务是寻求研究对象发展变化的规律，然而这涉及一个十分重要的问题，即预测的理论依据是什么。虽然预测的应用领域很多，研究对象的特性各异，方法手段种类繁多，但纵观预测的思维方式，可以归纳出以下几个基本原理。

（一）惯性原理

客观事物的发展变化过程常常表现出它的延续性，通常称这种表现为“惯性现象”。客观事物运动的惯性大小取决于其本身的动力和外界因素制约的程度。例如，一项新技术的应用前景如何，其技术性能固然是一个重要的决定因素，但工业部门和企业的需求以及其他技术的替代作用，也起到激发或限制的作用。

研究对象的惯性越大，说明其延续性越强，越不易受外界因素的干扰而改变本身的运动倾向。例如，属于生产资料的产品，一般对其品种、质量、产量的需求比较稳定，影响生产资料市场的主要因素（国家投资、用户需求等）变动比较缓慢，因而这类产品表现出来的惯性较大。属于消费资料的产品，则由于购买者的爱好、兴趣差异较大且容易改变，所以对规格、品种和价格的要求变动较大，因而这类产品表现出来的惯性较小。尤其是流行商品的市场需求变化纷繁，其惯性更小。

根据惯性原理，可以通过研究对象过去和现在的状态，进而向未来延续，从而预测其未来状态。惯性原理是趋势外推预测方法的理论依据。在预测学中，惯性原理也被称为连贯的原则。

（二）类推原理

类推原理也被称为类推的原则。许多特性相近的客观事物，它们的变化有相似之处。类推预测的应用前提，是寻找类似事物，通过分析类似事物相互联系的规律，根据已知的某事物的变化特征，推断具有近似特性的预测对象的未来状态，这就是所谓的类推预测。类推预测可分为定性类推预测和定量类推预测。在缺乏数据资料的情况下，对类似事物间的相互联系只能做定性处理，这种预测就称为定性类推预测。例如，由金属成型工艺类推预测塑料成型工艺的发展；由鸟的翅膀的几何形状类推预测飞机机翼的变化等。定量类推预测需要一定的数据资料。已知事物是先导事物，根据先导事物的数据变动情况，建立先导事件与迟发事件（预测对象）间的数量联系，从而进行预测。例如，根据甲国达到的一定国民生产总值时的能源消耗量，研究乙国的经济结构与经济水平，建立数学模型，进而类推预测乙国达到同一国民生产总值时的能源消耗量。又如，根据军用飞机的最大飞行速度类推预测民航客机的最大飞行速度等。

（三）相关原理

任何事物的变化都不是孤立的，而是在与其他事物的相互影响下发展的。事物之间的相互影响常常表现为因果（原因与结果）关系。例如，耐用消费品的销售量与人均收入水平密切相关，与社会人口结构也有关。深入分析研究对象与相关事物的依存关系和影响程度，是揭示它的变化特征和规律的有效途径，并可用来预测其未来状态。

从时间关系来看，相关事物的联系分同步相关和不同步相关两类。先导事件与预测事件的关系表现为不同步相关。例如，基本建设投资额与经济发展速度有关。因而，根据先导事件的信息，可以有效地估计不同步相关的预测事件的状态。同步相关的典型事例有：冷饮食品的销售量与气候变化有关，服装的销售与季节变化有关。它们之间的相互影响即时可见。

相关原理有助于指导预测者深入研究预测对象与相关事物的关系，有助于预测者对预测对象所处的环境进行全面分析。相关原理是因果型预测方法的理论基础。

上述三个基本原理，是人们经过长期研究和实践总结出来的。在实际预测工作中，人们以上述原理指导预测分析，并加以综合应用。在预测基本原理的基础上，人们创造了种类繁多的预测方法并在各个领域中加以运用。此外，不确定性分析和概率判断准则在预测中也十分重要。

由于预测对象受到社会、经济、科技等各类因素的影响，使其未来状态带有不确定性（或称为随机性）。例如，某商品下个月的销售状态可能有三种：畅销、销路一般或滞销。影响的因素越多，关系越复杂，预测对象的未来状态就越难估计。如果预测对象的未来状态是一个随机事件，便可以用概率来表示这一事件发生可能性的大小。在预测中，常采用概率论和数理统计方法求随机事件出现各种状态的概率，然后根据概率判断准则去推测预测对象未来的状态如何。根据小概率事件判断准则：若某项预测结果是小概率事件（一般认为，其发生的概率小于5%），则推断该结果不可能发生；反之，若其概率很大，则认为预测结论是成立的。

不确定性分析符合预测对象的现实情况，有助于预测者客观和全面地研究预测对象的特性。不确定性分析也是随机型时间序列预测方法和马尔科夫预测方法的基本分析观点。

掌握预测的基本原理可以建立正确的思维程序。然而，世界上没有一成不变的事物。预测对象的发展不可能是过去状态的简单延续，预测的事件也不会是已知的类似事件的机械再现。相似不等于相同。因此，在预测过程中，还应对客观情况进行具体细致的分析，从而提高预测结果的准确程度。

二、预测的基本步骤

预测，并非只是做出预计、推测一瞬间的行动，而应将其看作一个过程。一般地说，预测过程包括以下几个步骤。

（一）根据预测的任务确定预测的目标

具体地说，就是按计划、决策的需要，确定预测对象、规定预测的时间期限和希望预测结果达到的精确度等。

（二）收集与分析有关资料和情报

资料和情报是预测的基础，可以从中分析得到反映预测对象特性和变动倾向的信息。原始资料必须经过加工整理，以便去伪存真，去粗取精。一般要求资料和情报要准确、及时、完整和精简实用。

（三）选择预测方法并进行预测

预测者经分析研究后了解预测对象的特性，同时根据各种预测方法的适用条件和性能，选择出合适的预测方法。预测方法是否选用得当，将直接影响预测的精确度和可靠性。

运用预测方法的核心是建立描述、概括研究对象特征和变化规律的模型。定性预测的模型是指逻辑推理的程式。定量预测的模型通常以数学关系式表示。根据预测模型，输入有关资料、数据，即可得到预测结果。

（四）分析评价

分析评价就是对预测结果的准确性和可靠性进行验证。预测结果受资料的质量、预测人员的分析判断能力、预测方法本身的局限性等因素的影响，未必能确切地预测未来的状态。此外，在预测期限内各种影响预测对象的外部因素也可能出现新的变化。因而要分析影响预测精确度的因素，研究这些因素对其的影响程度和范围，进而估计预测误差的大小，以及评价原来预测的结果。在分析评价的基础上，通常还要对原来的预测值进行修正，得到最终的预测结果。

（五）提交预测报告

预测报告应概括预测研究的主要活动过程，列出预测的目标、预测对象及有关因素的分析结论，主要包括资料、数据，预测方法的选择和模型的建立，以及模型预测值的评价和修正等内容。预测报告需提交给上级有关部门，作为编制计划、制定决策和拟定策略的依据。

预测过程还可分为准备、实施、验证和交付决策四个阶段。预测流程如图 2 – 1 所示。

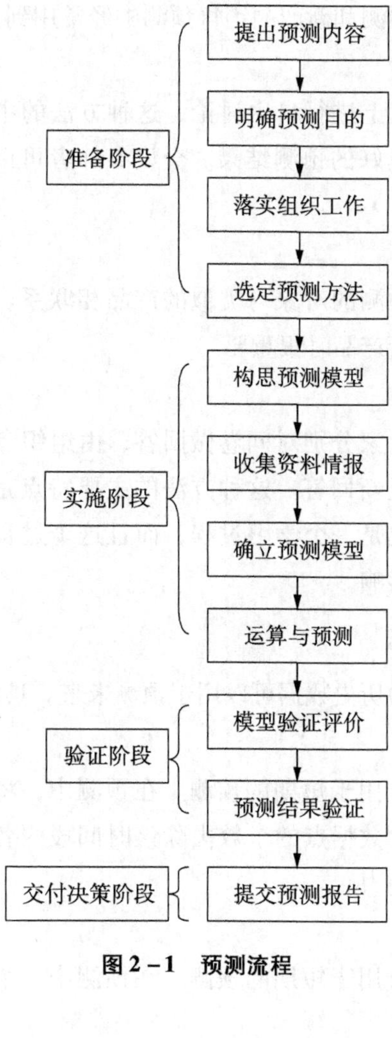

图 2 – 1　预测流程

第三节　物流需求预测的一般方法

一、常用的预测方法

预测可使用的标准化方法很多。这些方法分为三类：定性法、时间序列分析法和因果分析法。每一类方法对长期预测和短期预测的相对准确性不同，定量分析的复杂程度不同，产生预测方法的逻辑基础不同。

（一）定性法

定性法具有主观性、判断性的特点，主要用于中期到长期预测。具体方法如下。

1. 市场调研法

市场调研法是指通过各种不同方法（调查、面谈等）收集数据，检验市场假设是否正确。这种方法在长期预测和新产品销售预测中经常用到。

2. 小组共识法

小组共识法是指在会议上进行自由讨论，这种方法的中心思想认为群体讨论将得出比任何个人所能得到的更好的预测结果。会议参加者可以是高级管理人员、销售人员或客户。

3. 历史类比法

历史类比法是指将所预测的对象与类似的产品相联系。利用类似产品的历史数据进行预测，这在设计开发新产品时很重要。

4. 德尔菲法

德尔菲法是指由一组专家分别对问卷做回答，由组织者汇集调查结果并形成新的调查问卷，再由该组专家重新回答。这种方法的主要特点是：专家在该过程中接受了新的信息，这对专家而言也是一个学习过程，而且这个过程不存在群体压力或有支配权力的个体对整个群体的影响。

（二）时间序列分析法

基于事件随时间发生的历史数据可以用于预测未来。具体方法如下。

1. 简单移动平均法

简单移动平均法最适合用于短期的预测。在预测中，将包含一些数据点的时间段求平均，即用该时间段所含数据点的个数去除该时间段内各点数据值之和。这样每一点对平均值具有相同的影响力。

2. 加权移动平均法

加权移动平均法最适合用于短期的预测。在预测中，个别数据点的权重可能比其他点高或低，可根据经验而定。

3. 指数平滑法

指数平滑法最适合用于短期的预测。在预测中，最新数据的权重高于早期数据，此权重因子以指数下降。

4. 鲍克斯·詹金斯（Box-Jenkins）法

鲍克斯·詹金斯（Box-Jenkins）法最适合用于短期到中期的预测。它把各种统计模型与数据结合在一起，利用贝叶斯后验分布将这些模型应用于时间序列分析。

5. 希斯金（Shiskin）时间序列法

希斯金时间序列法最适合用于短期到中期的预测。该方法将时间序列分解为季节分量、趋势分量和不规则分量。该方法需要至少三年的历史数据，其对确定公司销售额等拐点识别问题非常有效。

6. 趋势外推法

趋势外推法最适合用于短期到中期的预测。在预测中使数学方程趋势曲线与数据点相匹配，并将其外推至未来。

（三）因果分析法

因果预测模型的基本前提是预测变量的水平取决于其他变量的水平。例如，如果已知客户服务对销售有积极影响，那么根据已知客户服务水平就可以推算出销售水平。可以说服务和销售是“因果”关系。

1. 回归分析法

回归分析也称相关分析，比较适合于短期到中期的预测。回归分析所要研究的因变量和自变量之间的关系，不是确定性的函数关系，而是非确定性的统计相关关系。回归分析的基础是其他事件的发生影响了预测结果。

2. 经济模型法

经济模型法比较适合中期预测。这种方法试图用一系列相关的方程来描述经济中某些部门之间的关系。

3. 投入产出模型法

投入产出模型法适合中期预测。这种方法关注每一家企业对其他企业及政府的销售情况。它将给出由于另一家企业的采购变化导致的某一生产企业预期销量的变化情况。

4. 先行指标法

先行指标法适合短期到中期的预测。这种方法统计那些与所预测的序列同方向的变动，但其变动发生在所预测的序列变动之前的数据。例如，汽油价格的上涨预示着未来大型轿车销售的减少。

近年来，随着计算机应用技术的不断发展，又出现了以计算机应用为基础的预测方法，如模拟预测模型、神经网络预测模型等。

模拟预测模型是以计算机为基础的动态模拟。预测人员可以对模型中的内部变量和外部环境进行假设，根据模型中的变量，预测人员可以询问一些问题，如如果价格上涨10%，预测结果将如何变化等。

神经网络预测模型是受生物神经功能的启发而形成的数学预测模型。模型的特点是新数据到来后，模型可以进行学习。对于不连续的时间序列，该方法似乎比其他时间序列分析法模型预测得更准确。

二、物流需求预测典型方法

接下来将详细介绍几个重要的基础预测法在预测中的应用，如移动平均预测法和指数平滑法等。这些预测方法，在一些比较简单的场合可以发挥很好的作用。

（一）移动平均预测法

移动平均预测法是最简单的定量预测方法，它在时间序列主要表现为随机变动（仅表现为水平变动趋势）时采用。如果近期的数据反映的预测信息比较早的数据更重要，即各个时间数据的重要程度不相等，便可以采用加权平均的方法。这些简单的计算对于要求不高、又要做出迅速预测的场合是行之有效的。

1. 移动平均法

移动平均法分简单移动平均法和加权移动平均法。

首先介绍简单移动平均法。简单移动平均法是指以一组观察序列的平均值作为下一期的预测值。但是，它要不断根据新得到的统计数据“吐故纳新”，即加入最近期的数据，去掉最远期的数据，计算出新的平均值作为预测值。因为它不断利用后期的数据进行计算，就像一个移动的窗口，所以称为移动平均法。

由于讨论的预测分析直接对序列本身进行，所以，设经济序列为 y_t，$t=1, 2, \cdots, T$，l 为移动的步长，M_t 为 t 期移动平均值，则：

$$M_t=\frac{y_{t-1}+y_{t-2}+\cdots+y_{t-l+1}}{l} \quad （其中\ t=l+1,\ l+2,\ \cdots,\ T） \tag{2-1}$$

式（2-1）即所谓的移动平均值，称为 l 步移动平均。经过推导，式（2-1）可表达为：

$$M_t=M_{t-1}+\frac{y_t-y_{t-l}}{l} \tag{2-2}$$

式（2-2）是一个迭代的计算公式。需要考虑不同样本点的不同贡献值时，也可采用加权移动平均法，加权移动平均法是在简单移动平均法的基础上引入权重，设 w_1，w_2，…，w_l 为所考虑样本点的权重，则其加权移动均值为：

$$M_t=\frac{w_1y_t+w_2y_{t-1}+\cdots+w_ly_{t-l+1}}{w_1+w_2+\cdots+w_l} \tag{2-3}$$

T 为时间序列的长度，也是最近一个数据的序列号，所以 T 又称为当前时期号。$T+1$ 期的预测结果 y_{T+1} 为：

$$y_{T+1}=M_T \tag{2-4}$$

也就是说，移动平均法对未来各期的预测结果都是一样的。所以，当预测的时间较长时，预测的误差可能相当大。因此，移动平均法只适合于短期预测。

移动平均法只适合做短期预测。特别是在库存管理和销售管理中，要逐月预测成百上千种的商品库存和进货情况时，移动平均法将是一种简单、有效的预测工具。但是，这种方法仅适用于预测目标的基本趋势在某一水平上下波动的情况。如果目标的发展趋势存在其他的变化，采用移动平均法就会产生较大的误差，而且数值上也有滞后的问题。

移动平均法的另一个主要用途是对原始数据序列进行处理，以消除数据中的异常因素或数据中的周期变动成分。也就是说，移动平均法有使数据平滑和减少周期性波动影响的作用。在消除数据中异常值或数据中周期性影响成分时，移动平均值的下标序号往往和每次平均中所包含的中间一个数据的序号相对应，因为通过移动平均法要修正的也正是中间的那个数据。这时移动平均公式可改写为：

$$M_{\left(t+\frac{l-1}{2}\right)}=\frac{y_t+y_{t+1}+\cdots+y_{t+l-1}}{l} \tag{2-5}$$

一般 1 取的是奇数。如果 l 为偶数，例如 $l=4$，$l=6$ 等，则求出的移动平均值所属的时间将不对应原时间下标，这样便造成了原时间序列时间上的不同步。然而，在某些情况下，如为了消除原始数据序列中的周期波动（如季节周期性的波动），移动平均值所包含的数据个数必须是偶数，这时，l 可能取 4、6 或 12 等。这样才能使一个移动平均值包含一个完整的循环周期样本值，才能起到平滑的作用。对式（2－5）修改可得：

$$\begin{aligned}M_{\left(t+\frac{l}{2}\right)}&=\frac{1}{2}\left[\frac{y_t+y_{t+1}+\cdots+y_{t+l-1}}{l}+\frac{y_{t+1}+y_{t+2}+\cdots+y_{t+l}}{l}\right]\\&=\frac{1}{2l}\left[y_t+2y_{t+1}+\cdots+2y_{t+l-1}+y_{t+l}\right]\end{aligned} \tag{2-6}$$

这样，就可使经过移动平均值得到的序列和原始数据序列的下标同步。在季节平滑处理中常用到此法。

如果原始数据序列样本值基本上按某一固定的速率递增或递减，则宜采用几何平均法。几何平均值也称比例均值，记为 $M_t=\sqrt[T]{y_1y_2\cdots y_T}$，为了计算方便，可以采用其对数形式（设 $l>2$）

$$M_t=\text{antilg}\left[\frac{1}{l}\left(\lg y_t+\lg y_{t+1}+\cdots+\lg y_{t+l-1}\right)\right] \tag{2-7}$$

需要注意的是，如果序列中含有负数，则式（2－7）失去意义。在应用中，几何平均值常用来平均或预算某些指标序列，如价格指数、增长比率等。

2. 趋势移动平均法

当预测目标基本趋势发生变化时，移动平均法不能迅速地适应变化，将产生较大的预测偏差和出现一定的滞后现象。移动平均法与实际值的偏差如图 2－2 所示。

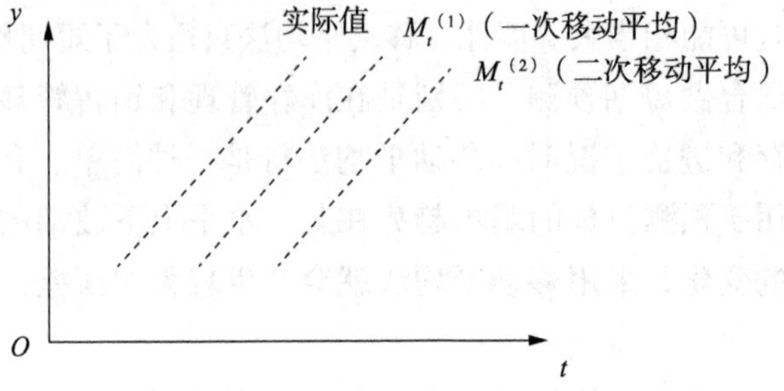

图 2－2　移动平均法与实际值的偏差

图 2－2 中的第一条斜虚线为实际值，向右的斜虚线分别为一次移动平均和二次移动平均。从图中可以看出，每进行一次移动平均，得到的新序列比原来序列要低一些。可以证明每平均一次，序列平均低$\frac{N-1}{2}b$（b 为原近似直线的斜率）。上述三条线之间的关系如下：

$$y_t - M_t^{(1)} = M_t^{(1)} - M_t^{(2)} = \frac{N-1}{2}b \tag{2-8}$$

二次移动平均是对一次移动平均结果再进行一次移动平均，即：

$$M_t^{(1)} = \frac{y_t + y_{t-1} + \cdots + y_{t-l+1}}{l},\ M_t^{(2)} = \frac{M_t^{(1)} + M_{t-1}^{(1)} + \cdots + M_{t-l+1}^{(1)}}{l} \tag{2-9}$$

趋势移动平均法是以最近样本值的移动平均估计量 $a_t = E(y_t)$ 为起点，以二次移动平均估计趋势变化斜率（设为 b_t）建立预测模型。由式（2－9）可得趋势移动平均法的预测模型。

$$y_{t+k} = a_t + b_t \cdot k,\ k = 1,\ 2,\ \cdots$$

$$a_t = 2M_t^{(1)} - M_t^{(2)},\ b_t = \frac{2}{l-1}\left(M_t^{(1)} - M_t^{(2)}\right) \tag{2-10}$$

式中，t 为当前时刻，也是序列的样本长度；l 为移动平均包含的样本序列个数；k 为预测的步长。

与用样本数值直接计算移动平均的递推公式一样，二次移动平均也可写成递推的形式：

$$M_t^{(1)} = M_{t-1}^{(1)} + \frac{y_t - y_{t-1}}{l},\ M_t^{(2)} = M_{t-1}^{(2)} + \frac{M_t^{(2)} - M_{t-1}^{(2)}}{l}$$

目前，在线性趋势预测中，比较常用的是二次指数平滑预测法。但是，对同时存在线性趋势与周期波动的序列，趋势移动平均法是既能反映趋势变化，又可有效地分离出季节变动的一种方法。

例如，某个商店的一种商品的年销售量数据，如表 2 – 1 所示，其步长为 3 的移动平均计算结果如表 2 – 1 所示，建立的预测模型如下。

表 2 – 1　　趋势移动平均数据计算与模型的建立　　单位：万台，步长 = 3

t	1	2	3	4	5	6	7	8	9	10	11	12	13	14	15
y_t	10	15	8	20	10	16	18	20	22	24	20	26	27	28	29
$M_t^{(1)}$	—	—	11	14	12	15	14	18	20	22	22	23	24	27	28
$M_t^{(2)}$	—	—	—	—	13	14	14	16	18	20	21	22	23	25	26

上表中的计算结果忽略了小数点后的位数。由以上的计算公式（2 – 10）可得：

$$a_t = 2M_t^{(1)} - M_t^{(2)} = 30$$

$$b_t = \frac{2}{l-1}\left(M_t^{(1)} - M_t^{(2)}\right) = 1.7$$

得到的线性近似预测模型为 $y_{15+k} = 30 + 1.7k$。由该预测模型可以得出预测的直线，预测结果与实际变化值如图 2 – 3 所示，图中表明了预测线和实际数据之间的区别，其中（1）代表预测线，（2）代表实际数据值。如果数据序列有新的变化趋势，也可进一步使用三次移动平均预测方法，甚至多次。当然，这时采用下面介绍的指数平滑预测法效果更好。

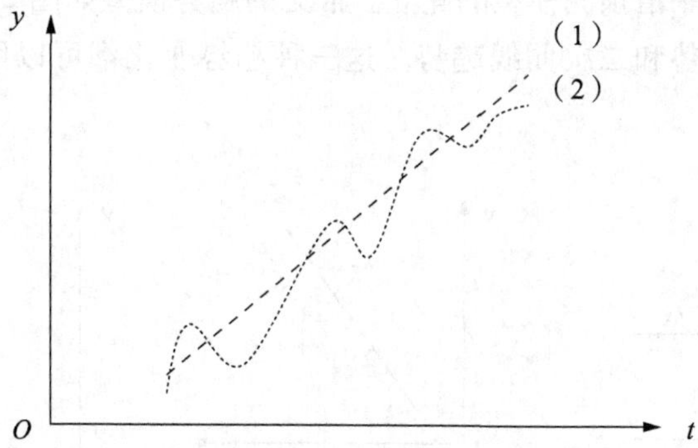

图 2 – 3　预测结果与实际变化值

（二）指数平滑预测法

指数平滑预测法，是在加权平均法的基础上发展起来的，也是移动平均法的改进。假设数据序列为 y_1，y_2，…，y_T，则一次指数平滑公式为：

$$S_t^{(1)} = ay_t + (1-a)\,S_{t-1}^{(1)},\ t = 1,\ 2,\ \cdots,\ T \tag{2-11}$$

式中，$s_t^{(1)}$ 为一次指数平滑值；a 为加权系数，$0 < a < 1$。

假定样本数据序列的长度无限，将式（2 – 11）中的 t 分别以 $t-1$，$t-2$，$t-3$，…

依次带入可得：

$$\begin{aligned} S_t^{(1)} &= ay_t + (1-a)\left[ay_{t-1} + (1-a)S_{t-2}^{(1)}\right] \\ &= ay_t + a(1-a)y_{t-1} + (1-a)\left[ay_{t-2} + (1-a)S_{t-3}^{(1)}\right] \\ &\vdots \\ &= ay_t + a(1-a)y_{t-1} + a(1-a)^2 y_{t-2} + \cdots + a(1-a)^j y_{t-j} + \cdots \\ &= a\sum_{j=0}^{\infty}(1-a)^j y_{t-j} \end{aligned} \tag{2-12}$$

可见 $S_t^{(1)}$ 实际上是 y_1，y_2，…，y_T 的加权平均。加权系数分别为 a，$a(1-a)$，$a(1-a)^2$，…，即首项为 a，公比为 $(1-a)$ 的等比数列。加权系数的和等于：

$$a\sum_{j=0}^{\infty}(1-a)^j = a\cdot\frac{1}{1-(1-a)} = 1$$

所以，指数平滑实际上是一种以时间定权的加权平均。越近的数据，加权系数也越大；越远的数据，加权的系数越小。从式（2-12）还可以看出，a 的取值实际上体现了新样本值与原平滑值之间的比例关系。a 越大，y_t 在式（2-12）中的比例越大，当 $a=1$ 时，$S_t^{(1)}=y_t$。

这时，t 期滑动值就等于 t 期样本值本身，即以当前信息为重，而不考虑以往的影响，a 越小，则 $S_{t-1}^{(1)}$ 占的比重就越大，当 $a=0$ 时，$S_t^{(1)}=S_{t-1}^{(1)}$。这时，本期平滑值就等于上期平滑值，而没有考虑当前数据 y_t 所载的信息。a 值的选择在指数平滑预测法中是非常重要的，一般取 0.01～0.3。a 值的选择问题在后面讨论。

现在来讨论指数平滑预测模型的建立。常见的趋势模型如图 2-4 所示，分别呈现出水平趋势、线性趋势和二次曲线趋势。这三种趋势变化都可以用合适的指数平滑预测模型来表达。

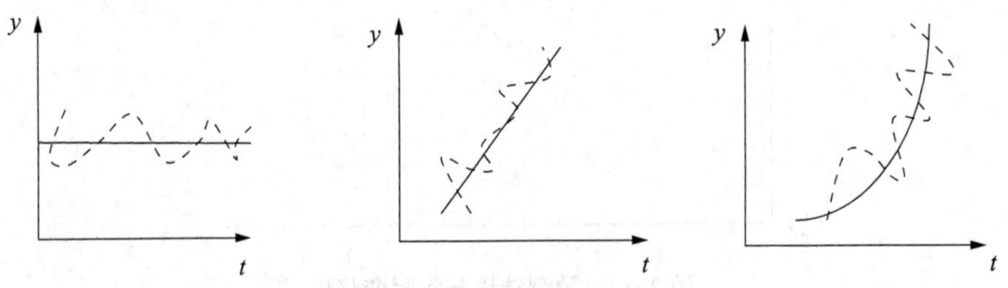

（a）水平趋势　（b）线性趋势　（c）二次曲线趋势

图 2-4　常见的趋势模型

（1）水平趋势预测。例如长度测量的随机误差、公交汽车到站的时间误差、易耗品和某些日用品的近期消费等常在一个水平上下波动。对这类目标的预测类似于简单的移动平均方法，指数平滑预测模型为：

$$y_{t+k} = S_t^{(1)},\ k=1,\ 2,\ \cdots \tag{2-13}$$

式中，t 为当前时间；k 为预测长度。

由指数平滑计算公式可知 $y_{t+k}=S_t^{(1)}=ay_t+(1-a)S_{t-1}^{(1)}=a\sum_{j=0}^{\infty}(1-a)^j y_{t-j}$，可见，这时未来各期预测值就是历史序列的时间加权平均值。这说明，指数平滑预测既赋予了各期数据不同的权重，同时又不需要存储很多数据。

从预测的实践中知，移动平均法和指数平滑预测法都是水平波动趋势预测的有效方法。

(2) 线性趋势预测。当时间序列存在线性趋势时，则需要用到二次指数平滑公式。线性趋势指数平滑预测模型为：

$$y_{t+k}=a_t+b_t\cdot k,\ k=1,\ 2,\ \cdots \tag{2-14}$$

$$a_t=2S_t^{(1)}-S_t^{(2)},\ b_t=\frac{a}{1-a}(S_t^{(1)}-S_t^{(2)})$$

式中，$S_t^{(1)}$，$S_t^{(2)}$ 为当前时间 t 的指数平滑值。

(3) 二次曲线预测。这是一种常见的非曲线性趋势变化情况。指数平滑预测模型为：

$$y_{t+k}=a_t+b_t\cdot k+\frac{1}{2}c_tk^2,\ k=1,\ 2,\ \cdots \tag{2-15}$$

式中的 a_t，b_t，c_t 的估计公式为：

$$a_t=3S_t^{(1)}-3S_t^{(2)}+S_t^{(3)}$$

$$b_t=\frac{a}{2(1-a)}\left[(6-5a)S_t^{(1)}-2(5-4a)S_t^{(2)}+(4-3a)S_t^{(3)}\right] \tag{2-16}$$

$$c_t=\frac{a^2}{(1-a)^2}\left[S_t^{(1)}-2S_t^{(2)}+S_t^{(3)}\right]$$

下面，用矩量法给出指数平滑公式系数 a_t，b_t，c_t 的推导过程。在三次指数平滑过程中，三个指数平滑公式为：

$$S_t^{(1)}=ay_t+(1-a)S_{t-1}^{(1)}$$

$$S_t^{(2)}=aS_t^{(1)}+(1-a)S_{t-1}^{(2)}$$

$$S_t^{(3)}=aS_t^{(2)}+(1-a)S_{t-1}^{(3)}$$

此三式可写成无限组合项形式：

$$S_t^{(1)}=a\sum_{j=0}^{\infty}(1-a)^j y_{t-1}$$

$$S_t^{(2)}=a\sum_{j=0}^{\infty}(1-a)^j S_{t-j}^{(1)}$$

$$S_t^{(3)}=a\sum_{j=0}^{\infty}(1-a)^j S_{t-j}^{(2)}$$

这三个公式表明初始值 $S_0^{(3)}$，$S_0^{(2)}$，$S_0^{(1)}$ 的计算可归结为计算起点 $t=0$ 以前所有历史数据的加权平均值。

将 $y_{t+k}=a_t+b_t\cdot k+\frac{1}{2}c_tk^2$ 改写为 $y_{t+k}=a+b\cdot k+\frac{1}{2}ck^2$ 并代入 y_{t-j}（注意这时 $k=$

$-j)$。对上述三个公式两边求数学期望，并利用级数求和公式可得：

$$E(S_t^{(1)}) = a\sum_{j=0}^{\infty}(1-a)^j\left(a-bj+\frac{c}{2}j^2\right) = a - \frac{1-a}{a}b + \frac{(1-a)(2-a)}{2a^2}c$$

$$E(S_t^{(2)}) = a\sum_{j=0}^{\infty}(1-a)^j\left[a-b\left(j+\frac{1-a}{a}\right)+\frac{c}{2}\left(j^2+\frac{(1-a)(2-a)}{2a^2}\right)\right]$$

$$= a - \frac{2(1-a)}{a}b + \frac{2(1-a)(3-2a)}{2a^2}c$$

$$E(S_t^{(3)}) = a\sum_{j=0}^{\infty}(1-a)^j\left[a-b\left(j+\frac{2(1-a)}{a}\right)+c\left(j^2+\frac{2(1-a)(3-2a)}{2a^2}\right)\right]$$

$$= a - \frac{3(1-a)}{a}b + \frac{3(1-a)(4-3a)}{2a^2}c$$

应用矩量法求解参数 a，b，c，就是以平滑值 $S_t^{(3)}$，$S_t^{(2)}$，$S_t^{(1)}$ 代替数学期望 $E(S_t^{(3)})$，$E(S_t^{(2)})$，$E(S_t^{(1)})$，用 a_t，b_t，c_t 代替 a，b，c，从而可得：

$$S_t^{(1)} = a_t - \frac{1-a}{a}b_t + \frac{(1-a)(2-a)}{2a^2}c_t$$

$$S_t^{(2)} = a_t - \frac{2(1-a)}{a}b_t + \frac{2(1-a)(3-2a)}{2a^2}c_t$$

$$S_t^{(3)} = a_t - \frac{3(1-a)}{a}b_t + \frac{3(1-a)(4-3a)}{2a^2}c_t$$

这是三个参数的一次线性方程组，有三个未知量，解此方程组可得到式（2－16）的结果，只要将 t 用 T 代替即可。

指数平滑预测法是以当前时刻 T 为起点，综合历史序列的信息，对未来进行预测。在实际应用中，往往需要建立多个指数平滑预测模型，然后，再对各个模型的预测结果进行分析比较，从中选择一个比较适合的预测模型和预测结果。

在运用指数平滑预测法时，选择合适的加权系数是非常重要的。因为 a 的选择是否得当，直接影响着预测的精度。以一次指数平滑为例，这时的 $S_t^{(1)}$ 也就是未来的预测值。公式 $S_t^{(1)} = ay_t + (1-a)S_{t-1}^{(1)}$ 说明，在 t 周期时对未来所做的预测是 t 期的实际值与上一期平滑值的加权平均，a 值的大小体现了对过去和当前信息的倚重程度。从前面的结果可知，如果将指数平滑公式展开，则 y_{t-j} 的加权系数为 $a(1-a)^j$。因为 $0<a<1$，故加权系数随着时间的前移按指数函数形式衰减，另外，它还具有修匀或平滑时间序列的功能，所以被称为指数平滑参数。

在依次平滑预测中，$S_{t-1}^{(1)}$ 实际上是 $t-1$ 时期对未来一期的预测值，故 $y_t - S_{t-1}^{(1)}$ 等于 $t-1$ 时期对 t 期的预测误差。所以，可以将前面的指数平滑预测公式（2－15）改变一下形式，得：

$$S_t^{(1)} = S_{t-1}^{(1)} + a(y_t - S_{t-1}^{(1)}) \tag{2-17}$$

该公式表明，指数平滑预测是用预测误差不断对上期预测值进行修正，而得到本期新的预测值。a 的大小则体现了修正的幅度。a 越大，修正的幅度越大；a 越小，修正的幅度也越小。

通过以上分析可知，a 越大，表示越倚重近期数据所载信息，修正的幅度也较大，采用的数据序列也越短；a 越小，修正的幅度也越小，采用的数据序列也越长。因此，可以按下面的一些准则来选择平滑参数 a。

（1）如果预测误差是由某些随机因素造成的，即预测目标的时间序列虽有不规则的起伏波动，但基本发展趋势比较稳定，只是由于某些偶然变动使预测产生或大或小的偏差，这时，a 应取值小一些，以减少修正的幅度，使预测模型能包含较长时间序列的信息。

（2）如果预测目标的基本趋势已经发生了系统变化，也就是说，预测误差是由于系统变化造成的，则 a 的取值应大一些。这样，就可以根据当前的预测误差对原预测模型进行大幅度的修正，使模型迅速跟上预测目标的变化。不过，a 取值过大，容易对随机波动反应过度。

（3）如果原始资料不足，初始值选取比较随便，a 的取值也应大一点。这样，可以使模型对以后逐步得到的近期资料更加依赖，提高模型的自适应能力，以便经过最初几个周期的校正后，迅速逼近实际过程。

（4）假如用以描述时间序列的模型仅在某一段时间内能较好地表达这个时间序列（假如平滑系数 b、c 为负），则应选择较大的 a 值，以减少对早期资料的依赖。

a 的取值宜为 0.01 ~0.3。但在早期阶段，也就是只有几个样本数据的情况下，选择较大的 a 往往是有益的。a 较大，赋予当前样本值的权数就越大，从而也就减少了由于初始值选择不当而引起的偏差。选择平滑参数的方法很多，应当根据具体的应用背景选择相应的平滑参数 a。

指数平滑预测法的另一个重要问题是初始值的确定。由于指数平滑预测法是一个迭代计算过程，用指数平滑进行预测计算时，首先必须确定初始值 $S_0^{(3)}$，$S_0^{(2)}$，$S_0^{(1)}$。初始值实质上应该是序列起点 $t=0$ 以前所有历史数据的加权平均值。初始值如何设置，从某种程度上来说，是一个理论性问题。实际工作中，在任何时间序列的平滑计算中，设置初始值仅有最初的一次，而且，通常总会收集到或多或少的历史数据（例如，一般的经济部门都有历史经济数据的记录），这使我们可以从中拟定一个合适的初始值。

假定有一定数目的历史数据，常用确定初始值的方法是将已知数据分成两部分，第一部分估计初始值，第二部分求平滑参数。最简单的方法是取几个数的平均值作为初始值。一般取前 3 ~5 个数据的算术平均值。

也可以用最小二乘法或其他方法对前几个数据进行拟合，估计 a_0，b_0，再根据 b_0 和 a_0 的关系式，计算出初始值。以二次指数平滑参数的估计公式为例，由：

$$a_t=2S_t^{(1)}-S_t^{(2)}，\ b_t=\frac{a}{1-a}\left(S_t^{(1)}-S_t^{(2)}\right)$$

可解得 $S_t^{(1)}$，$S_t^{(2)}$。将下标 $t=0$ 代入，可得：

$$S_0^{(1)} = a_0 - \frac{1-a}{a}b_0,\ S_0^{(2)} = a_0 = \frac{2\ (1-a)}{a}b_0 \tag{2-18}$$

假设 y_1，y_2 满足线性平滑方程，则应有 $y_1 = a_0$，$y_2 = a_0 + b_0$，解之得：

$$a_0 = y_1,\ b_0 = y_2 - y_1 \tag{2-19}$$

将式（2－19）估计的 a_0，b_0 代入式（2－18），就可以计算初始值 $S_0^{(1)}$，$S_0^{(2)}$。

（三）回归分析预测法（因果分析预测法）

1. 相关与回归

世界上各种事物之间或每个事物的各个方面之间总处于两种状态，即有关系或无关系，如果把各种事物或每个事物的各个方面用最能反映其本质特征的变量来表示，那么这些变量之间也只能存在两种状态：有关系或无关系。比如，物料的需求与价格，物料的采购量与需求量，物料的采购成本与销售利润等。如果变量间有关系，而这种关系通常又可以用两种形式表现出来，那就是变量间的确定性关系与变量间的非确定性关系。

变量间的确定性关系又称为变量间的函数关系，如果一些变量之间的关系能用确定的数学公式表示，就称这些变量间有确定性关系。比如所采购物料的总额与采购该物料时的单价及数量之间就是确定性关系，再比如某企业年采购物料总数量与该年度企业每月应采购物料总量间也是确定性关系。但在市场采购活动中，各种采购因素间的关系极为复杂，并且经常受一些偶然因素的影响。因此，有关采购变量之间存在完全确定的函数关系的情况是极为少见的，大部分变量之间存在着某种相互联系、相互制约的关系，而这种关系又有某些不确定性，故称这些变量间存在着非确定性关系，即相关关系。例如在物资采购中，物料的需求量与物料价格之间的关系就是非确定性的相关关系。一般而言，物料价格下降，需求量肯定上升，却不能用确切的函数关系式表示每减少一个单位的价格肯定能增加多少的需求量，而只能用统计的方法表示出某种物料每降低一个单位的价格时，大约能增加多少需求量。再如物料的采购成本与销售利润之间也存在着非确定性的相关关系。变量间非确定性的相关关系不能用精确的函数关系式唯一表达，但在统计学意义上，它们之间的相关关系可以通过统计的方法给出某种函数表达方式，这种处理变量间相关关系的方法就是回归分析预测法。回归分析预测法通过大量收集统计数据，在分析变量间非确定性关系的基础上，找出变量间的统计规律性，并用数学方法把变量间的统计规律较好地表现出来，以便进行必要的预测。

2. 一元线性回归分析预测法

一元线性回归分析预测法是回归分析预测法的基础。若预测对象只受一个主要因素影响，并且它们之间存在着明显的线性相关关系时，通常采用一元线性回归分析预测法。

设变量 x 与变量 y 之间有相关关系，且当 x 确定之后，y 有某种不确定性，如果在

散点图上可以看出 x 与 y 之间有线性相关关系，则其相关方程为：

$$y = a + bx \tag{2-20}$$

式中，a，b 是回归系数。

采用最小二乘法得到 a，b 的计算公式为：

$$b = \frac{\sum x_i y_i - n\,\overline{x}\overline{y}}{\sum x_i^2 - n\,\overline{x}^2} \tag{2-21}$$

$$a = \overline{y} - b\overline{x}$$

$$\overline{x} = \frac{1}{n}\sum x_i$$

$$\overline{y} = \frac{1}{n}\sum y_i \tag{2-22}$$

在物流系统中，这种情况并不特别常见。如果该需求预测基于单一因素，则使用的方法被称为简单回归分析；如果基于一个以上的因素，则使用的方法被称作多元回归分析。

回归分析预测法利用了主导事件或可预见事件与独立的销售量之间的相关关系。有时，即使表现出一贯高度的相关关系，也不一定存在着相关关系。比如，产品的销售量就不一定和一些独立的事件存在着相关关系。相关关系假定某种主导的独立因素先于预测的销售量，如一种相关产品的销售量。然而，建立在因果关系基础上的销售量回归分析预测最可靠。既然回归分析预测能够有效地考虑外部的因素和事件，那么因果关系技术就更适合于长期预测或总量预测。例如，它们常被用来做出年度的或全国的销售预测。

3. 相关性检验

研究两个变量 x 与 y 之间是否存在线性相关关系，通常的办法是将独立的 n 对观测数据（x_1，y_1），（x_2，y_2），…，（x_n，y_n）在坐标上画出散点图，通过直观的观察进行判断。但这时两个变量的线性相关程度到底有多大，却不得而知。借助于数理统计分析可以判断两个变量线性相关且能知晓两个变量的线性相关程度。

对两个变量的线性相关性的检验可以通过数理统计中的 F 检验和 R 检验进行。F 检验，即计算并比较由线性因素引起的变量 y 的分散程度与由其他因素引起的变量 y 的分散程度哪个大一些；R 检验，即计算由线性因素引起的变量 y 的分散程度与总的变量 y 的分散程度的比值有多大。

4. 多元线性回归分析预测法

在物流系统中，不仅存在一个因素作用于一个变量的情况，而且存在多个因素同时作用于某一变量的情况，这种情况也很常见。如果前一种情况可以用一元线性回归分析预测法进行有关的预测，那么后一种情况就可以用多元线性回归分析预测法进行有关的预测。多元线性回归分析预测法是一元线性回归理论与技术在多变量线性关系系统中的重要延伸，也是预测中常使用的方法。

多元线性回归分析预测法针对自变量和因变量的 n 组统计数据（X_{1i}，X_{2i}，…，X_{mi}；y_i）（$i=1$，2，…，n），在明确因变量 y 与各个自变量间存在线性相关关系的基础上，给出适宜的回归方程，并据此做出关于因变量 y 的发展变化趋势的预测。因此，多元线性回归分析预测法的关键是找到适宜的回归方程。

类似于一元线性回归分析，多元线性回归分析可以用线性方程来近似描述 y 与 x_1，x_2，…，x_n 之间的线性相关关系，它的参数也可以用最小二乘法进行估计。建立一个多元线性回归模型需要复杂的统计方法，但现在可以使用计算机软件包来根据统计数据建立合适的多元回归方程，这样就会方便许多。

线性方程如下所示：

$$y=b_0+b_1x_1+b_2x_2+\cdots+b_mx_m \tag{2-23}$$

回归分析预测法是利用变量间因果关系进行预测的重要方法之一，除了线性回归分析预测法外，还有非线性回归分析预测法。为了使预测结果比较切合实际，提高预测质量，为决策和计划提供可靠的依据，通常是将定性预测和定量预测两种预测方法相结合。

在物流需求预测中，由于企业中的物流管理者通常是对编制短期计划所需的物流需求进行预测，因此常用移动平均预测法、指数平滑预测法与时间序列法。

（四）聚焦预测

聚焦预测由伯尼·史密斯（Bernie Smith）首创。此方法主要应用于成品库存管理。

聚焦预测是指根据某些规则进行简单试算，这些规则符合逻辑，并且将其历史数据外推至未来。在计算机模拟程序中分别应用所有这些规则进行实际外推需求计算，然后通过将结果与实际需求对比，衡量出运用这些规则来预测的效果。由此可见，聚焦预测系统的两要素是：①有一些简单的预测规则；②利用历史数据对预测规则进行计算机模拟。

下面是一些简单的、符合一般常识的规则，可以验证这些规则并确定取舍。预测规则示例可能包括以下内容。

（1）过去三个月内的销量为未来三个月内的可能销量。

（2）去年某三个月内的销量为今年同期的可能销量（这也可以解释季节效应）。

（3）未来三个月内的销量可能比过去三个月增加10%。

（4）未来三个月内的销量可能比去年同期增加50%。

（5）今年某前三个月销量的变化率（与去年同期相比）等于其后三个月销量的变化率。

上述规则并非固定不变，如果又出现适用的新规则，则将它补充进去。如果某一规则不再适用，则将它剔除。

聚焦预测的第二部分是计算机模拟。要使用该系统，历史数据必须已知，比如已知 18 ~24 个月的数据。然后分别照上述规则进行模拟，预测近期的历史数据，预测结果最好的那条规则便可用于预测未来。

（五）神经网络预测模型

与传统的预测模型相比，神经网络预测模型是一种隐式模型，它将系统的结构隐含于网络的权值当中，适用于表达那些只有数据而无法用公式表达的系统。此外，无论系统的模型是何种类型的，用于表达这些神经网络的结构是不变的，因此，对于系统来讲，这是一种“结构固定”的表达方式。即无论对于何种系统，它们的模型都可以放在统一的神经网络框架结构内处理（或描述）。它在结构上的优点，使得它在时间序列问题上有广泛的应用前景。首先，神经网络的训练方式，使得它特别适用于剧烈变化的情况，在这种情况下，它仍能取得较为稳定的模型。其次，神经网络不要求时间序列的间隔一致，这使得样本集更为灵活和适用。最后，神经网络的输入不要求是单一的时间序列数据，还可以是其他各信息，比如环境因素、变化数据、相关因素等。这极大地方便了建模过程，可尽可能包含各种有用信息，进而做出更为精确的预测模型。这也是一种信息组合的有效方法。虽然某些方法，如回归分析，也具有一些类似特点，但它们都只适用于线性的或简单的非线性问题。神经网络预测模型的另一个优点是计算机程序的实现比较简单，有利于对网络结构进行优化分析，当外界环境或系统本身性质发生剧烈变化时，更新模型也非常容易。

下面给出具体的建模过程。模型的结构采用三层网络 $I \times H \times O$，其中 I、H 和 O 分别是输入层、隐含层和输出层中的节点数。其中将输出层 O 的节点数固定为1，而输入层和隐含层的节点数可以视变量的个数以及预测期由决策者进行调整。

隐含层神经元的作用函数是非线性的，用双曲正切函数表示，得：

$$f(x) = (e^{x+b} - e^{-x+b}) / (e^{x+b} + e^{-x+b}) \tag{2-24}$$

输出层神经元的作用函数是线性函数，即 $f(x) = x + b$；输入层神经元的作用函数为 $f(x) = x$。参数 b 的引进给每一个神经元提供了附加的自由度。

对于网络的训练，通常使用 BP（反向传播）算法。

记 $I = \{1, 2, \cdots, m\}$ 为输入层节点集，元素用 i 表示；

$H = \{1, 2, \cdots, l\}$ 为隐含层节点集，元素用 j 表示；

$O = \{1, 2, \cdots, n\}$ 为输出层节点集，元素用 k 表示。

对预测模型而言，输出层通常只有一个节点，直接记为 k。

记 $\boldsymbol{W}^1$ 为输入层到隐含层的各边的权系数矩阵，$\boldsymbol{W}^2$ 为隐含层到输出层的各边的权系数矩阵。当输出层只有一个节点，$\boldsymbol{W}^2$ 为一个向量。

$$\boldsymbol{W}^1 = \begin{bmatrix} w_{11}^1 & w_{12}^1 & w_{13}^1 & \cdots & w_{1l}^1 \\ w_{21}^1 & w_{22}^1 & w_{23}^1 & \cdots & w_{2l}^1 \\ \vdots & \vdots & \vdots & \cdots & \vdots \\ w_{m1}^1 & w_{m2}^1 & w_{m3}^1 & \cdots & w_{ml}^1 \end{bmatrix}$$

$$W^2 = (W_{1k}^2\ W_{2k}^2 \cdots W_{lk}^2)$$

（1）确定输入层节点数 m，隐含层节点数 l。m 和 l 的确定没有具体的方法，由经验可知，太少的输入层节点数会导致网络的不收敛。为了找出合适的网络结构，可用试探法在多种结构中进行优选。

（2）令 $t=0$，给定允许误差 ε，给 $\boldsymbol{W}^1$ 和 $\boldsymbol{W}^2$ 赋初始值：$\boldsymbol{W}_{ij}^1(0)$，$\boldsymbol{W}_{jk}^2(0)$。初始值一般要求随机、非零，不全相等且数值较小。

（3）给各节点选定作用函数 f。隐含层神经元的作用函数是非线性的，用双曲正切函数，即 $f(x)=(\mathrm{e}^{x+b}-\mathrm{e}^{-x+b})/(\mathrm{e}^{x+b}+\mathrm{e}^{-x+b})$。输出层神经元的作用函数是线性函数，即 $f(x)=x+b$；而输入层节点的 $f(x)$ 取线性函数，甚至可直接取 $f(x)=x$。

（4）对于某一输入样本 $X=\{x_1, x_2, \cdots, x_m\}$，计算输入层节点 i（$i=1, 2, \cdots, m$）的输出 u_i：

$$u_i = f(x_i) \quad i=1, 2, \cdots, m$$

（5）计算隐含层节点 j（$j=1, 2, \cdots, l$）的输入 v_j：

$$v_j = \sum_{i=1}^{m} w_{ij}^1(t) u_i \quad j = 1,2,\cdots,l \tag{2-25}$$

（6）计算隐含层节点 j（$j=1, 2, \cdots, l$）的输出 y_j：

$$y_j = f(v_j) \quad j=1, 2, \cdots, l$$

（7）计算输出层节点 k 的输入 Z_k：

$$Z_k = \sum_{j=1}^{l} w_{jk}^2(t) y_j \tag{2-26}$$

（8）计算输出层节点 k 的输出 $O(t)$：

$$O(t) = f(Z_k) \tag{2-27}$$

（9）换一组样本，按以下公式修正权系数：

$$W_{jk}^2(t+1) = W_{jk}^2(t) - \eta \nabla_{jk} \quad j=1, 2, \cdots, l$$

$$W_{ij}^1(t+1) = W_{ij}^1(t) - \eta \nabla_{ij} \quad i=1, 2, \cdots, m;\ j=1, 2, \cdots, l \tag{2-28}$$

式中，∇_{jk}是连接隐含层与输出层节点的边上的权系数所对应的梯度向量的分量；∇_{ij}是连接输入层与隐含层的第 j 个节点的边上的权系数所对应的梯度向量的分量；η 是步长因子，一般小于1。

令 $t=t+1$，重复（4）至（8），直至样本用完，得输出序列 $\{O(t)\}_{t=1,2,\cdots,N}$（设有 N 组样本）。

（10）定义平方型误差函数 E 并计算其值：

$$E = \sum_{t=1}^{N} [O_k(t) - O(t)]^2 \tag{2-29}$$

如果 $E<\varepsilon$（给定的允许误差），则建模结束。否则，重复（4）到（9），进行另一轮循环。

由上述建模过程可知，BP 算法使用多变量优化方法中的梯度下降法来调整权值。

权值的调整过程是一个逐层向前的过程，是指利用偏微分的连接规则，使神经网络实际输出与目标输出之间差的平方最小化。

三、预测误差

在预测中，使预测的结果能够尽量与实际情况相符合，是所有预测方法的根本目的。预测结果与实际情况是否相符合的标志是通过将预测结果与实际情况相比较，得到两者的偏差结果，分析偏差的多少及产生原因，并作为反馈信号以调整和改进所使用的预测模型，使预测的结果与实际情况更相符。这里的偏差称为预测误差，将这里的计算、分析、反馈、调整过程称为误差分析。

（一）产生预测误差的原因

预测是研究事物发展的客观规律，但经过预测得到的规律并不是实际的客观规律，充其量它只是事物过去的规律，即便是在此基础上参照现在的情况推断出的未来，也毕竟不是现实的未来。事物总是发展变化的，事物的未来是不确定的，它可能发生，也可能不发生，即使发生了，在范围和程度上也很可能与事先的推断有较大的出入。因此，预测误差在预测中是不可避免的。通常将实际值与预测值之间的差定义为预测值的误差（预测误差），表示为：

$$e_i = x_i - x_i' \tag{2-30}$$

式中：x_i——第 i 时刻的实际值；

x_i'——第 i 时刻的预测值；

e_i——第 i 时刻的预测误差。

在物流需求预测过程中，预测误差产生的原因是多方面的。主要有以下几种。

1. 用于预测的信息与资料引起的预测误差

物流需求预测的信息与资料是通过市场调查得到的，它是进行预测的基础，其质量优劣对预测的结果有直接的影响。对信息与资料的一般要求是系统完整并真实可靠，否则会产生预测误差。

2. 预测方法及预测参数引起的预测误差

预测是对实际过程的近似描述，同时预测中使用的参数仅仅是对真实参数的近似，不同的预测方法或同一预测方法，使用不同的预测参数，其预测误差大小是不一样的。因此选择适宜的预测方法及预测参数是减少预测误差的关键之一。为了获得较好的预测结果，人们通常采用多种预测方法或多个预测参数进行多次预测计算。然后用综合评价方法找到实际变动线的最佳趋势预测线或确定最佳的预测方法及预测参数。

3. 预测时间的长短引起的预测误差

预测是根据已知的历史及现实而对未来的描述，但未来是不确定的，未来的环境和条件也会与历史及现实有所不同，如果差异很大而预测过程中没有估计到，就必然会产生误差。一般预测的时间越长预测误差越大，减少预测误差的办法是重视对事物的未来环境与条件的分析，重视事物的转折点并加强对信息和资料的收集与分析整理。

4. 预测者的主观判断引起的预测误差

预测者的知识、经验和判断能力对预测结果也有很大影响，因为无论是预测目标的制定、信息与资料的收集整理，还是预测方法的选择、预测参数的确定以及对预测结果的分析都需要有预测者的主观判断。要减少预测误差就要求预测者具备广泛的知识、丰富的经验、敏锐的观察能力和思考能力以及精确的自我判断能力。

（二）预测误差的一般计算方法

根据预测误差的定义，预测误差的计算方法也有许多，最一般的方法是式(2－30)所表示的方法。另外，常用的预测误差计算方法还有以下几种。

1. 平均误差

几个预测值的预测误差的平均值称为平均误差，记为 MD，其计算方法为：

$$MD = \frac{1}{n}\sum e_i = \frac{1}{n}\sum (x_i - x'_i) \tag{2-31}$$

由于每个 e 值有正有负，求代数和有时会相互抵消，所以 MD 无法精确地显示预测误差。

2. 平均绝对误差

几个预测值的预测误差绝对值的平均值称为平均绝对误差，记为 MAD，其计算方法为：

$$MAD = \frac{1}{n}\sum |e_i| = \frac{1}{n}\sum |x_i - x'_i| \tag{2-32}$$

式（2－32）中由于每项为正值，因而弥补了式（2－31）的缺点。

3. 相对误差平均值

几个预测值相对误差的平均值称为相对误差平均值。其计算方法为：

$$\frac{1}{n}\sum e'_i = \frac{1}{n}\sum \frac{x_i - x'_i}{x_i} \tag{2-33}$$

式中，e'_i是预测值的相对误差。

式（2－33）与式（2－31）有同样的缺点。

4. 相对误差绝对值平均值

几个预测值相对误差绝对值的平均值称为相对误差绝对值平均值，其计算方法为：

$$\frac{1}{n}\sum |e'_i| = \frac{1}{n}\sum \left|\frac{x_i - x'_i}{x_i}\right| \tag{2-34}$$

5. 均方差

几个预测值误差平方和的平均值称为均方差，记为 S^2，其计算方法为：

$$S^2 = \frac{1}{n}\sum {e_i}^2 = \frac{1}{n}\sum (x - x'_i)^2 \tag{2-35}$$

6. 标准差

均方差的平方根称为标准差，记为S，其计算方法为：

$$S = \sqrt{\frac{1}{n}\sum e_i^2} = \sqrt{\frac{1}{n}\sum (x_i - x_i')^2} \qquad (2-36)$$

在以上几种预测误差计算方法中，均方差和标准差计算最为常用。

四、特殊的物流需求预测问题

在进行预测需求时常常会遇到一些特殊的问题，如启动问题、不规律需求问题、地区性预测问题和预测误差问题。虽然所有这些问题并不仅仅出现在物流管理中，但对物流管理者来讲，这些都是他们准确预测需求时非常关心的问题。

（一）预测数据的获取

物流管理者常常面临的问题是需要预测产品和服务的需求水平，但又没有足够的、用于预测的历史数据。常见的情形就是在推出新产品和服务时需要为之提供物流支持。在这种早期预测中会用到的方法有：①将最初的预测任务交给营销人员来做，直到积累一定的销售数据。营销部门对促销活动的力度、早期用户的反应、所期待的用户接受程度理解得最透彻。一旦积累了一定的需求历史数据（如6个月的数据），就可以比较有信心地使用现在的预测方法了。②可以利用产品线中类似产品的需求模式估计新产品的销售情况。虽然许多企业平均五年更新一次产品线，但只有少数产品是全新的。多数产品只是改变规格、风格或在现有产品基础上加以改进。所以，以前的需求模式可以为新产品最初的需求预测提供一些启示。③如果使用指数平滑预测法进行预测，在最初预测阶段可以将指数平滑系数定得很高。在得到了足够的需求历史数据后，再将指数平滑系数降低到一般水平。

（二）不规律需求

不规律需求模式中的随机波动非常大，以至于趋势和季节性特征非常模糊。由于各种原因，不规律需求会频繁出现，如需求模式主要以不频繁的大额订单为主；需求由对其他产品和服务的需求决定；没有考虑季节性需求高峰；需求模式可能由例外点、异常点或特殊情况形成。

从性质上说，由于时间序列波动幅度较大，所以很难用数学方法准确预测不规律需求，但可以就如何处理这种情况提出一些建议：①寻找导致需求不规律的明显原因，利用这些因素进行预测。将不规律产品的需求预测与其他有规律产品的需求预测分开，分别使用不同的方法。②如果没有找到需求偏移的原因，就不对这类产品或服务需求模式的变化迅速做出反应。相反，要利用简单、平稳的预测方法，如基本的指数平滑预测法。同时取较小的指数平滑系数或者采用回归模型，将模型的频率调整为至少一年以上。③因为不规律需求多数发生在低需求产品上，预测精度可能并不是最重要的事。如果用预测来决定库存水平，可以多保有一些库存以抵消预测的不精确。这样做可能比改进预测的努力更经济。

（三）地区性预测

以上讨论的主要是与时间有关的预测，但预测的地理分解或汇总也是值得关注的，即物流管理者必须决定是否进行总量预测，并按地区（如工厂或仓库的供货范围）分配，或者对每一地区单独进行预测。如何在区域水平上实现最精确预测是人们所关心的问题。

（四）预测误差

最后要考虑的是要充分利用现有的预测方法。目前，讨论集中在对单个模型和方法的利用上。实践中，没有哪个预测模型在所有的时间都是最好的。相反，综合几个模型的结果可能会使预测值更稳定、更准确。

本章小结

物流需求预测是物流运筹的基础和前提，决策的过程往往从预测开始。本章主要讲述了物流需求预测的含义、作用、原理、步骤及常用方法，物流需求预测的常用方法主要有移动平均预测法、指数平滑预测法、回归分析预测法等。最后还介绍了处理预测误差的方法和特殊的物流需求预测问题。

参考文献

[1] 赵刚．物流运筹［M］．成都：四川人民出版社，2002.

[2] 李怀祖．管理研究方法论［M］．2 版．西安：西安交通大学出版社，2004.

[3] RONALD H. BALLOU. 企业物流管理：供应链的组织、规划和控制［M］．王晓东，胡瑞娟，等，译．北京：机械工业出版社，2002.

案　例

1. 位于美国得克萨斯州的某个工厂生产水泥管以及公路、牧场和商业建筑中使用的预制水泥产品。该企业希望对销售做预测以提高生产和物流运作的计划管理水平。经过分析，人们认为某些变量会影响销售——时间、人口数、开工的房屋（上一年批准的建设项目）数量、建筑利用率、民用住宅数量、预计的公路预算、农场数量、允许兴建的商业建筑、州内竞争企业的数量等。多元回归分析表明有三个变量对销售预测非常重要：人口数、建筑利用率和上一年批准的建设项目数量。

(1) 你是否认为这些变量与销售量之间有因果关系?

(2) 除了最初列举的变量外，还有没有要考虑的其他重要变量?

2. 请举例说明以下概念。

(1) 需求的空间特征和时间特征。

(2) 规律性需求和不规律性需求。

(3) 派生需求和独立需求。

第三章　物流运输优化与决策

学习目标

1. 了解运输优化的作用。
2. 掌握运输问题的表示方法——线性规划模型的建立。
3. 掌握运输问题的基本性质。
4. 掌握运输问题的表上作业法。
5. 掌握指派问题的具体解法。

运输优化问题是物流系统的常见问题。现代物流运输优化是从物流的“规模适中、结构合理、发展健康、效益显著”总体目标出发，运用系统理论和系统工程原理与方法，充分利用各种运输方式的优点，以运筹学等数量方法建立模型选择及规划合理的运输线路和运输工具，以最短的路径、最少的环节、最快的速度和最少的费用，组织好物品的运输活动，避免不合理运输情况和次优化的出现，提高物流效率和效益。

第一节　物流运输优化概述

运输优化是指按商品自然流向，组织商品合理运输的活动，它直接决定着商品物流的效率与效果，合理优化商品运输不仅能节约物流成本，还能提高商品运动的速度。而且，还因其能有效地连接生产与消费，从而既有利于物流服务和商品附加价值的实现，又能有效地促进生产商按时生产。要优化商品运输，就必须了解其内容及作用，在满足经济发展和客户生活需求的前提下，保证商品生产和流通的社会劳动耗费最小。

一、运输优化的内容

运输优化的内容是避免不合理运输的出现，因为不合理运输是对运力的浪费，会造成运输费用不必要的增加，从而使运输费用及服务失衡，以下是运输优化所需要解决的主要问题。

（一）对流运输

对流运输是不合理运输中最突出、最普遍的一种。对流运输不合理的实质在于多占用了运输工具，出现了额外的车辆走行公里和货物走行的吨公里，增加了不必要的运费。对流运输浪费的吨公里可表示为：

对流运输浪费的吨公里 = 最小对流吨数 × 对流区段里程 ×2

（二）迂回运输

迂回运输的原因很多，但多是选择运输路径不当引起的。如果因道路施工、事故等因素被迫绕道被允许，也应当尽快恢复正常，因为它毕竟会引起运输能力的浪费和运输费用的超支。迂回运输浪费的费用可表示为：

迂回运输浪费的费用 = 迂回运输浪费的吨公里 × 该种物品每吨公里的平均运费

（三）重复运输

把可以直线运输的物品经不必要的中转，称为重复运输。这不仅浪费装卸劳力，增加作业和负担，而且增加物品损耗和出入库手续，因而造成物流时间长、费用消耗和占用多等问题。

（四）过远运输

过远运输在运输总量中占有相当大的比重，主要表现在木材和建筑材料上。在木材的不合理运输总量中，过远运输甚至达 70% 以上。过远运输浪费的吨公里和过远运输浪费的费用可表示为：

过远运输浪费的吨公里 = 过远运输的物品吨数 × （过远运输的全部里程 – 该物品的合理运输里程）

过远运输浪费的费用 = 过远运输浪费的吨公里 × 该物品的平均运费

（五）无效运输

无效运输即不必要的运输，它不仅浪费了大量的运输能力，而且还往往人为地夸大了生产单位的成果，使消费者不能按质按量地得到价格适当的产品。消除无效运输具有十分惊人的经济效果。

二、运输优化的作用

合理组织物品的运输，有利于加速社会再生产的进程，促进国民经济持续、稳定、协调的发展。具体作用有以下几方面。

（一）合理运输能节约运输费用，降低物流成本

运输费用是构成物流费用（成本）的重要组成部分。在物流过程中，运输作业所消耗的活劳动和物化劳动占的比例最大。据统计，物流成本中运输费用的支出约占

30%，如果再把运输过程中的装卸搬运费加上，其比例将会更大。因此，降低运输费用是提高物流系统效益、实现物流系统目标的主要途径之一。物流过程的合理运输，就是通过运输方式、运输工具和运输路线的选择，对运输分类进行优化，从而实现物品运输合理化。物品运输合理化必然会缩短运输里程，提高运输工具的运用效率，从而达到节约运输费用、降低物流成本的目的。

（二）合理运输能缩短运输时间，加快物流速度

运输时间的长短决定着物流速度的快慢。所以物品的运输时间是决定物流速度的重要因素。合理组织物品的运输，才能使被运输的物品在途时间尽可能地缩短，达到到货及时的目的，从而降低库存物品的数量，加快物流速度。因此，从宏观的角度讲，物流速度的加快，减少了物品的库存量，节约了资金的占用。

（三）合理运输可以节约运力，缓解运力紧张，节约能源

合理运输克服了许多不合理的运输现象，从而节约了运力，提高了物品的通过能力。同时，物品运输的合理化，也降低了运输部门的能源消耗，提高了能源利用率。

物流运输优化问题确切地说包括运输路线选择、车辆配载及物流设施的选址问题。本章主要讲述应用单纯形法解决运输规划问题。

三、运输决策的构成要素

以下是企业进行物流系统规划、设计和运营时所必须考虑的运输决策的几个关键构成要素。

（一）运输方式

运输方式是指将物品从供应链网络的一个位置移动到另一个位置所采用的方式。有以下六种基本运输方式可供选择。

（1）航空运输：最昂贵、最快捷的运输方式。

（2）公路运输：较快速、较廉价、高度灵活的运输方式。

（3）铁路运输：适用于大宗货物的廉价运输方式。

（4）水路运输：最慢的运输方式，通常是大宗海外货运唯一的经济选择。

（5）管道运输：主要用于输送石油和天然气。

（6）电子运输：一种最新的、电子化的、通过互联网完成的“运输”方式，可输送如音乐等原先只以物态形式流通的商品。

（二）路径和网络选择

管理者必须做出的另一个主要决策是运输的路径和网络的选择。

路径是指运输的路线，网络是指运输的地点与路径的整体。例如，供应商需要决定是直接将产品送到客户手中，还是利用配送中心进行配送。供应商在物流设计阶段

就做出运输路径决策，同时还要做出日常或短期决策。

（三）内部化还是依靠外部资源

传统上，大部分运输职能在公司内部完成。今天，许多运输（甚至整个物流体系）职能却依靠外部提供。当厂商决策运输体系时，他们不得不在部分运输内部化或依靠外部资源之间做出选择，这就引出了外包的决策问题。

（四）运输决策中反应能力与盈利水平的全面平衡

关于运输的最根本的权衡，就是某一给定产品的运输费用（盈利水平）与运输速度（反应能力）之间的权衡。

四、物流运输系统中常用的数学方法

物流系统的最优化定量分析一般采用数学方法进行描述。在物流系统中，可以建立各种各样的数学模型，进行系统或子系统的效益、功能最优化和评价分析。随着研究对象的不同，采用的模型也不尽相同，而同一对象也可用不同的模型进行优化。

以下是一些常用的物流运输系统数学模型。

（一）资源分配型

任何一个生产经营系统，允许使用的资金、能源、原材料、资源、运输工具、台时、工时等都是有限的，环境对生产经营系统也有一定约束。所以，企业在这些限制条件下进行生产。如何合理安排和分配有限的人力、物力、财力，充分发挥其作用，使目标函数达到最优，就是资源分配型。通常可以利用的模型有线性规划、动态规划和目标规划。

（二）运输型

在一定的运输条件下（如道路、车辆），如何使运输量最大、运输费用最省、运输距离最短，这就是运输型。图论、网络理论、规划理论为解决这类问题提供了有用模型。

（三）指派型

任务的分配、生产的安排及加工顺序问题均是企业中常见的问题，如何以最少费用或最少时间完成全部任务，这就是指派型，在数学上将其称为指派问题和排序问题。通常可以利用的模型有整数规划和动态规划。

（四）其他模型

物流系统中的运输问题是很复杂的，可以利用的数学模型很多，除以上介绍的模型以外，还有如排队等待模型、布局选址型模型等。

本章主要介绍运输问题的线性规划模型和指派模型。

第二节　运输问题的线性规划模型

一、运输问题的线性规划模型实例

在经济建设中，经常碰到大宗货物调运问题，如煤、木材、粮食等，它们在全国有若干个生产基地和销售基地，如何根据已有的交通网络制订调运方案，将这些物资运到各消费地点，并且使总的运费最少？在这里先给出一个实际运输问题的线性规划模型。

［**例 3－1**］　某公司经销甲产品，其下设有 A_1，A_2，A_3 三个加工厂，每日产量分别如下：A_1 为 7 吨，A_2 为 4 吨，A_3 为 9 吨。该公司把这些产品分别运往 B_1，B_2，B_3，B_4 四个销售点，各销售点每日的销量如下：B_1 为 3 吨，B_2 为 6 吨，B_3 为 5 吨，B_4 为 6 吨。从各工厂到销售点的单位产品运费如表 3－1 所示，问该公司应该如何调运产品，才能在满足各销售点需要量的前提下，使总运费最少？

表 3－1　　**从各工厂到销售点的单位产品运费**　　单位：元

	B_1	B_2	B_3	B_4	产量
A_1	3	11	3	10	7
A_2	1	9	2	8	4
A_3	7	4	10	5	9
销量	3	6	5	6	20

解： 总产量为 20 吨，总需求量也为 20 吨，故此问题属于产销平衡问题。

设：x_{ij}表示由第 i 个加工厂运往第 j 个销售点的甲产品的数量（吨），则可得到该问题的数学模型如下：

$$\min z = 3x_{11} + 11x_{12} + 3x_{13} + 10x_{14} + x_{21} + 9x_{22} + 2x_{23} + 8x_{24} + 7x_{31} + 4x_{32} + 10x_{33} + 5x_{34}$$

$$\text{s.t.}\begin{cases} x_{11} + x_{12} + x_{13} + x_{14} = 7 \\ x_{21} + x_{22} + x_{23} + x_{24} = 4 \\ x_{31} + x_{32} + x_{33} + x_{34} = 9 \\ x_{11} + x_{21} + x_{31} = 3 \\ x_{12} + x_{22} + x_{32} = 6 \\ x_{13} + x_{23} + x_{33} = 5 \\ x_{14} + x_{24} + x_{34} = 6 \\ x_{ij} \geqslant 0 \end{cases}$$

二、运输问题的线性规划模型的特征

运输问题的线性规划模型约束方程的系数矩阵结构具有以下特点。

（1）元素非 1 即 0。

（2）每一列正好有两个非零元素，所有变量在前 m 个（本例为 3 个）约束中各出现一次，在后 n 个（本例为 4 个）约束里也都出现了一次。

（3）所有的约束条件（不包括非负约束）都是等式。

（4）产量之和等于销量之和。

三、运输问题的表上作业法

表上作业法是一种迭代算法，即先求出初始基本可行解，然后用检验数判定其是否为最优解，若是则停止计算，否则就要对解进行调整、判定，直到求出最优解为止。因为以上计算都可以在产销平衡表中进行，所以叫表上作业法。

1. 初始基本可行解的特征

（1）由于运输问题的 $m+n$ 个约束中有一个是多余的，所以起作用的约束只有 $m+n-1$ 个。这是因为运输问题约束条件方程中前 m 个约束相加正好得出一个与后 n 个约束相加完全相等的约束，这说明约束条件中起作用的约束只有 $m+n-1$ 个。

（2）$m+n-1$ 个变量构成初始基本可行解的充要条件是它不能构成闭回路。

2. 求初始基本可行解的方法

求初始基本可行解的方法有西北角法、最小元素法及差值法。

1）西北角法

西北角法的一般步骤如下。

第一步：先确定左上角变量的值，令这个变量取尽可能大的值，并将这个数字标在左上角。

第二步：在填数的格子所在的行或列的应该为 0 的格子上打“×”。若行或列都应该取 0，则在行上打“×”后，就不能在列上打“×”；反之，在列上打“×”后就不能在行上打“×”。

第三步：对没有填数及打“×”的地方重复上述步骤，若剩余空格对应的变量应该取 0，则应写上 0，而不能打“×”，以保证初始解的个数为 $m+n-1$ 个。

例 3－1 西北角法求解如表 3－2 所示，得到可行解：$x_{11}=3$，$x_{12}=4$，$x_{22}=2$，$x_{23}=2$，$x_{33}=3$，$x_{34}=6$。其是否为基本可行解，还有待于后面的定理判定。

表 3－2　　西北角法求解

	B_1	B_2	B_3	B_4	产量
A_1	3 3	4 11	× 3	× 10	7
A_2	× 1	2 9	2 2	× 8	4
A_3	× 7	× 4	3 10	6 5	9
销量	3	6	5	6	20

2）最小元素法

西北角法没有考虑单位运费的大小，显然求解结果比较粗糙。若把运费的大小考虑进去，得到的结果就会更满意一些。基于此，可以使用最小元素法。

最小元素法的步骤如下。

第一步：从运费（一般用 c_{ij} 表示）取最小值的空格开始（若有几个地方同时达到，可任选一个），令与它对应的变量取最大值。

第二步：在不可能分配运量的地方画“×”，以此类推，直到选够 $m+n-1$ 个变量为止，但要注意在解的数量不够的情况下加上“0”。如表 3－3 所示，按照此方法，得出例 3－1 的初始解如下。

表 3－3　　最小元素法求解

	B_1	B_2	B_3	B_4	产量
A_1	× 3	× 11	4 3	3 10	7
A_2	3 1	× 9	1 2	× 8	4
A_3	× 7	6 4	× 10	3 5	9
销量	3	6	5	6	20

得到可行解：$x_{13}=4$，$x_{14}=3$，$x_{21}=3$，$x_{23}=1$，$x_{32}=6$，$x_{34}=3$。

3）差值法（伏格尔法）

最小元素法的缺点是为节省一处的费用，有时要造成其他处多花几倍的运费。基于此，差值法（伏格尔法）考虑：假如某产地的产品不能按最小运费就近供应，就考虑次小运费，这就有一个差额，差额越大，说明不能按最小运费调运时，运费增加越多，因而对于差额最大处，就应当优先采用最小运费调运。

差值法（伏格尔法）的步骤如下。

第一步：在表中分别计算出各行和各列的最小运费与次小运费的差额，并填入该表的最右列和最下行。

第二步：从行或列差额中选出最大者，选择它所在行或列中的最小元素。在表 3－4 中，B_2 列是最大差额所在列。B_2 列中最小元素为 4，可确定 A_3 的产品先供应 B_2 的需要。同时将运价表中的 B_2 列数字画去。

第三步：对表中未画去的元素再分别计算出各行、各列的最小运费和次小运费的差额，并填入该表的最右列和最下行。重复第一、二步。直到给出初始解为止。用此法给出例 3－1 的初始解，如表 3－4 所示。

表 3－4　　差值法（伏格尔法）

	B_1	B_2	B_3	B_4	产量	行差
A_1	× 3	× 11	5 3	2 10	7	0
A_2	3 1	× 9	× 2	1 8	4	1
A_3	× 7	6 4	× 10	3 5	9	1
销量	3	6	5	6	20	—
列差	2	5	1	3	—	—

得到可行解：$x_{13}=5$，$x_{14}=2$，$x_{21}=3$，$x_{24}=1$，$x_{32}=6$，$x_{34}=3$。

由以上可见，伏格尔法同最小元素法除在确定供求关系的原则上不同外，其余步骤相同。通过计算可以看出，伏格尔法求得的初始解比用最小元素法给出的初始解更接近最优解。

上面只说求得的解是可行解，那么它是不是基本可行解，下面的定理将给出结论。

定理 1：西北角法、最小元素法、差值法得到的 x_{ij} 的值是一组基本可行解，没有画“×”的地方对应的变量正好是基变量。

那么运输问题的求解会出现什么样的结果？

定理 2：任何运输问题都有最优解。

有最优解包括两种情况：一是有唯一最优解；二是有多个最优解。

3. *求检验数的方法*

由于表上作业法是迭代算法，何时终止迭代，必须有一个判定条件，这个判定条件类似于单纯形法中的检验数，由于运输问题的特殊性，求检验数的方法与单纯形法有所不同，下面给出求检验数的两种方法。

1）闭回路法

定理3：运输问题的表上作业法中，任意一个非基变量都能和若干个基变量构成唯一的闭回路，如图3-1所示。

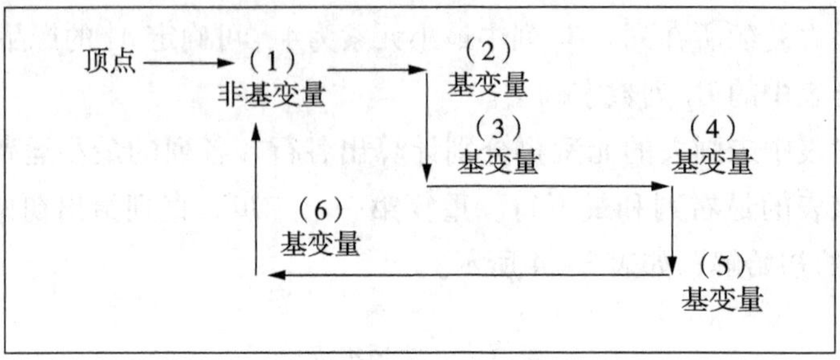

图3-1　闭回路示意

非基变量的检验数等于闭回路上所有奇数顶点［（1）（3）（5）］对应的单位运价之和减去所有偶数顶点［（2）（4）（6）］对应的单位运价之和。

下面通过例3-1来检验表3-3的解的检验数。例如要计算非基变量 x_{11} 的检验数，按照定理3非基变量 x_{11} 与基变量 x_{13}、x_{23}、x_{21} 组成唯一的闭回路。闭回路的奇数顶点对应的单位运价之和为3+2，偶数顶点对应的单位运价之和为3+1，所以 x_{11} 的检验数为5-4=1。

利用闭回路法求检验数可以做出如下的经济解释。

所谓 X_{11} 的检验数，就是给 x_{11} 处分配一个单位运量，看看会给目标函数值带来什么影响（增加还是减少）。由于表上作业法中表的每行上分配的运量之和是一个常数（等于对应产地的产量），所以若给 x_{11}（分配前 $x_{11}=0$，是非基变量）分配了1个单位的运量，将增加1×3个单位的运费；同时为保持产量平衡，对应的 x_{13} 处就要减少一个单位的运量，这样将减少1×3个单位的运费；与此同时，由于表上作业法中表的每列上分配的运量之和是一个常数（等于对应销地的销量），所以当 x_{13} 减少了1个单位的运量时，为保持销量平衡，x_{23} 将增加1个单位的运量，这样将增加1×2个单位的运费；同理可知对应的 x_{21} 处就要减少一个单位的运量，将减少1×1个单位的运费。

综上所述，目标函数值增加了3+2，同时又减少了3+1。所以目标函数总的变化量为（3+2）-（3+1）=1。这就是说，每给 x_{11} 分配一个单位的运量，目标函数（总运费）将增加一个单位。因此在表上作业法中对检验数大于零的地方不再分配运量，若所有非基变量的检验数全大于零，任何形式的运量调整只能使目标函数值增加，这时算法终止，此时的解就是最优解。

通过上述的闭回路法，可以把所有非基变量的检验数求出来。从运算上说，都是简单的加减运算，关键在于寻找闭回路。

2）位势法

用闭回路法求检验数，需要对每一个非基变量（表上画“×”的地方）寻找闭回路，然后再去求检验数，当一个运输问题的产销点很多时，这种方法的计算工作量是很大的，不如位势法简单，下面通过例3－1简单介绍一下位势法。

简单地说，位势法就是通过与基变量的对应的单位运价把各行、各列对应的位势（可以先设成未知数）求出来，再利用它求出非基变量检验数的一种方法，这种方法的合理性来自线性规划问题的对偶理论。

线性规划问题的对偶理论和单纯形法，基变量对应的检验数为零，所以有下面的方程组：

$u_1+v_3=3$；　$u_1+v_4=10$；　$u_2+v_1=1$。

$u_2+v_3=2$；　$u_3+v_2=4$；　$u_3+v_4=5$。

由于是7个未知数和6个方程，所以必须对某一变量赋初始值。一般令$u_1=0$，可以解出其他的位势，如表3－5所示。

表3－5　位势法求解

	B_1	B_2	B_3	B_4	u_i（位势）
A_1	× 3	× 11	4 3	3 10	$u_1=0$
A_2	3 1	× 9	1 2	× 8	$u_2=-1$
A_3	× 7	6 4	× 10	3 5	$u_3=-5$
v_j（位势）	$v_1=2$	$v_2=9$	$v_3=3$	$v_4=10$	

非基变量x_{ij}的检验数λ_{ij}为：$\lambda_{ij}=c_{ij}-u_i-v_j$。

以x_{11}为例，用位势法求得的结果为$\lambda_{11}=c_{11}-u_1-v_1=3-0-2=1$。

与前面用闭回路法求出的x_{11}的检验数为1的结果是一样的。

4. 运输方案的调整方法

前例中，在已求得的基本可行解及检验数的平衡表中，若有负的检验数，此时的解就不是最优解，应进行调整，以求出另外一组基本可行解，使目标函数值下降。

要求出下一组基本可行解，首先要确定哪一个非基变量要进入基中去，哪一个要被换出来，同单纯形法一样，在负的检验数中，一般要取检验数最小的非基变量作为换入变量。由换入变量（此时还是非基变量）和一组基变量可以组成唯一的一个闭回路。

非基变量要进入基中，就是其值由原来的等于零（没有运量）变成大于零（分配了运量)。前面已经说过,表上作业法的表中,每行、每列所分配的运量之和是一个常数(分别等于产地的产量和销地的销量),那么,一旦给非基变量所在的地方分配了运量,就会引起这个回路的所有顶点对应基变量的值发生变化,为保持行、列量的平衡,增量等于减量,最终能增加多少受制于最多能减少多少(运量最大减少为零,不会出现负值)。下面结合图形说明闭回路的顶点对应基变量的值哪些该增加,哪些该减少以及增加(减少)多少。基变量调整(Ⅰ)如图3-2所示。

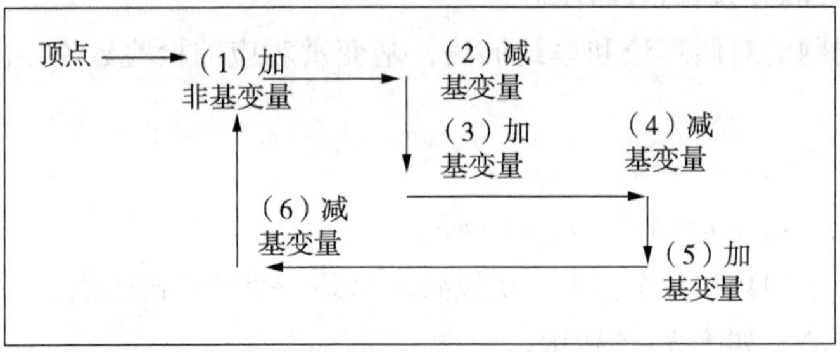

图3-2　基变量调整(Ⅰ)

可以看出,从非基变量开始,将编号为奇数[(1)(3)(5)]的顶点对应的变量增加,将编号为偶数[(2)(4)(6)]的顶点对应的变量减少。增加量的大小等于偶数顶点对应基变量的最小值。基变量调整(Ⅱ)如图3-3所示。

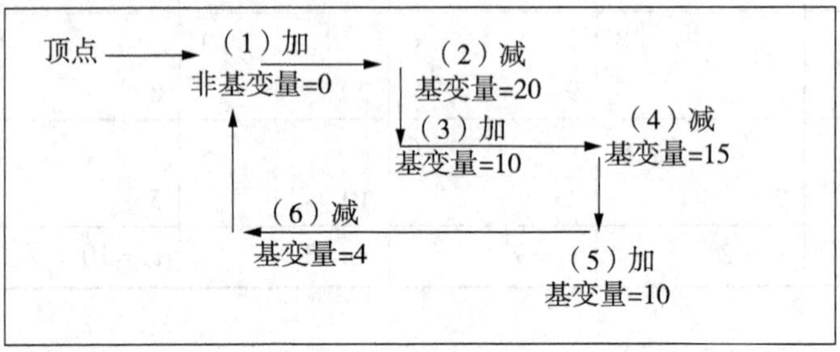

图3-3　基变量调整(Ⅱ)

最大调整量 = min {20, 15, 4} = 4,基变量调整(Ⅲ)如图3-4所示。

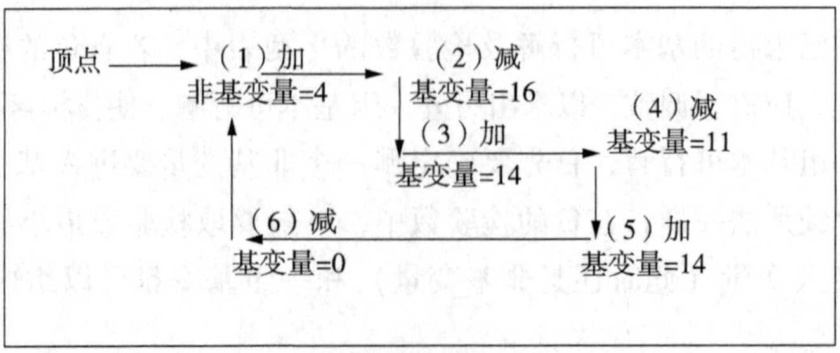

图3-4　基变量调整(Ⅲ)

变成零的变量退出基成为非基变量，原来的非基变量成了基变量。每次调整后，基变量都发生了变化，所有非基变量的检验数都要重新计算一次，就像单纯形法每进行一次换入换出运算，所有的检验数都要重新计算一样。如此反复进行直到所有非基变量的检验数大于或等于零为止。

应用此方法，本章例 3 - 1 最后的求解结果是总运费最小为 85 元。

5. 表上作业法应用中的特殊问题

前面所讲述的运输问题的算法以总产量等于总销量（产销平衡）为前提。而在很多实际运输问题中，总产量不等于总销量。为了能使用表上作业法求解，就需将产销不平衡运输问题化为产销平衡运输问题。

如果总产量大于总销量，得：

$$\sum_{i=1}^{m} a_i > \sum_{j=1}^{n} b_j$$

这时的数学模型为：

$$\min z = \sum_{i=1}^{m}\sum_{j=1}^{n} c_{ij}x_{ij}$$

$$\text{s.t.}\begin{cases}\sum_{j=1}^{n} x_{ij} \leqslant a_i,(i=1,2,\cdots,m)\\ \sum_{i=1}^{m} x_{ij} = b_j,(j=1,2,\cdots,n)\\ x_{ij} \geqslant 0\end{cases} \tag{3-1}$$

为借助产销平衡时的表上作业法求解，可增加一个假想的销地 B_{n+1}，由于它实际上不存在，因而由产地 A_i（$i=1, 2, \cdots, m$）调运到这个假想销地的物品数量 $X_{i,n+1}$（相当于松弛变量）实际上是就地存储在 A_i 的物品数量。就地存储的物品不经运输，故可令其单位运输价格 $c_{i,n+1}=0$（$i=1, 2, \cdots, m$）。

若令假想销地的销量为：

$$b_{n+1} = \sum_{i=1}^{m} a_i - \sum_{j=1}^{n} b_j \tag{3-2}$$

则模型（3 - 1）变为

$$\min z = \sum_{i=1}^{m}\sum_{j=1}^{n+1} c_{ij}x_{ij}$$

$$\text{s.t.}\begin{cases}\sum_{j=1}^{n+1} x_{ij} \leqslant a_i,(i=1,2,\cdots,m)\\ \sum_{i=1}^{m} x_{ij} = b_j,(j=1,2,\cdots,n+1)\\ x_{ij} \geqslant 0\end{cases} \tag{3-3}$$

将模型（3 - 3）相对应的运输表示于表 3 - 6 中。

表3－6　产量大于销量的产销平衡

	B_1	B_2	…	B_n	B_{n+1}	产量
A_1	x_{11} c_{11}	x_{12} c_{12}	…	x_{1n} c_{1n}	0 $x_{1,n+1}$	a_1
A_2	x_{21} c_{21}	x_{22} c_{22}	…	x_{2n} c_{2n}	0 $x_{2,n+1}$	a_2
⋮	⋮	⋮	…	⋮	⋮	⋮
A_m	x_{m1} c_{m1}	x_{m2} c_{m2}	…	x_{mn} c_{mn}	0 $x_{m,n+1}$	a_m
销量	b_1	b_2	…	b_n	$\sum_{i=1}^{m} a_i - \sum_{j=1}^{n} b_j$	$\sum_{i=1}^{m} a_i$

总销量大于总产量的情形可仿照上述方法类似处理，即增加一个假想的产地 a_{m+1}，它的产量等于：

$$a_{m+1} = \sum_{j=1}^{n} b_j - \sum_{i=1}^{m} a_i \quad (3-4)$$

由于假想的产地并不存在，求出由它发往各个销地的物品数量 $x_{m+1,j}$ ($j=1, 2, \cdots, n$)，实际上是各销地 b_j ($j=1, 2, \cdots, n$) 所需物品的欠缺额。

[例3－2]　某市有三个造纸厂，其产量分别为8个单位、5个单位和9个单位，有4个集中用户，其需用量分别为4个单位、3个单位、5个单位和6个单位。由各造纸厂到各用户的单位运价如表3－7所示，请确定总运费最少的调运方案。

表3－7　产销量及运价

	B_1	B_2	B_3	B_4	产量
A_1	3	12	3	4	8
A_2	11	2	5	9	5
A_3	6	7	1	5	9
销量	4	3	5	6	

解：由于总产量22个单位大于总销量18个单位，因此本问题是产销不平衡运输问题。为用表上作业法求解，需增加一假想销地 B_5，并可仿照表3－6的形式写出其运输表，再用表上作业法求解。请读者自己完成求解过程。

有转运的运输问题如下。

在以上讨论中，假设物品由产地直接运送到销售目的地，不经中间转运（Transshipment）。但是，实际常常会遇到这种情形：需先将物品由产地运到某个中间转运站

（可能是另外的产地、销地或中间转运仓库），然后再转运到销售目的地。有时，经转运比直接运到目的地更为经济。总之，在很多情况下，在决定运输方案时有必要把转运也考虑进去。显然，考虑转运将使运输问题变得更为复杂（见图3－5）。图3－5中实线代表物品由产地直接运送到销售目的地，不经中间转运；虚线代表两地之间存在转运。

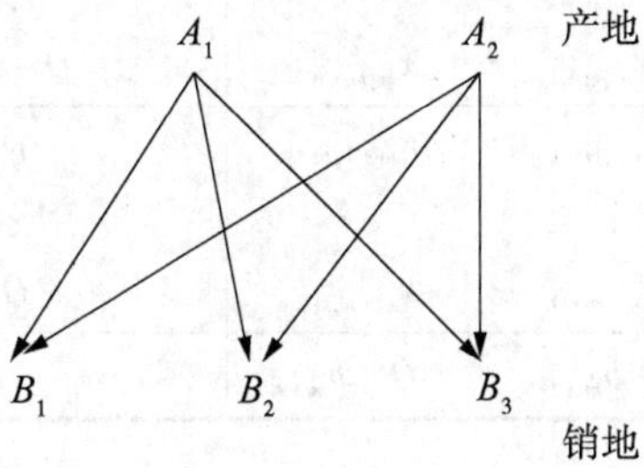

（a）无转运

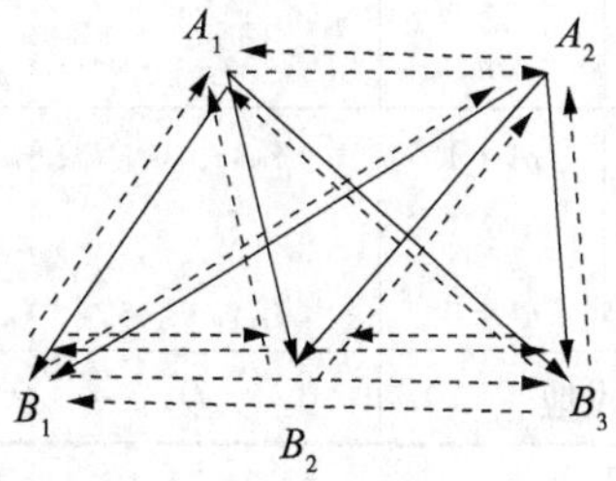

（b）包含转运

图3－5　转运问题

假定 m 个产地 A_1，A_2，…和 n 个销地 B_1，B_2，…都可以作为中间转运站使用，从而发送物品的地点和接受物品的地点都有 $m+n$ 个。这样一来，就得到了一个扩大了的运输问题。参数表示如下。

a_i：第 i 个产地的产量（净供应量）。

b_j：第 j 个销地的销量（净需要量）。

x_{ij}：由第 i 个发送地运到第 j 个接受地的物品数量。

c_{ij}：由第 i 个发送地到第 j 个接受地的单位运价。

c_i：第 i 个地点转运单位物品的费用。

若将产地和销地统一编号，并把产地排在前面，销地排在后面，则有：

$$a_{m+1}=a_{m+2}=\cdots=a_{m+n}=0^{①}$$

$$b_1=b_2=\cdots=b_m=0^{②}$$

①表明是转运站，并不提供净供应量；

②表明是转运站，没有净需要量。

假定为产销平衡运输问题，即有：

$$\sum_{i=1}^{m}a_i=\sum_{j=m+1}^{m+n}b_j=Q$$

将转运运输问题的运输表的运价表分别表示于表3－8和表3－9中。

当不考虑转运费用时，可令 $c_i=0$（$i=1$，2，…，$m+n$）。

表 3－8 转运费为 0 的产销平衡

		产地			销地			发送量
		1	⋯	m	$m+1$	⋯	$m+n$	
产地	1	x_{11}	⋯	x_{1m}	$x_{1,m+1}$	⋯	$x_{1,m+n}$	$Q+a_1$
	⋮	⋮		⋮	⋮			⋮
	m	x_{m1}	⋯	x_{mm}	$x_{m,m+1}$	⋯	$x_{m,m+n}$	$Q+a_m$
销地	$m+1$	$x_{m+1,1}$	⋯	$x_{m+1,m}$	$x_{m+1,m+1}$	⋯	$x_{m+1,m+n}$	Q
	⋮	⋮		⋮	⋮		⋮	⋮
	$m+n$	$x_{m+n,1}$	⋯	$x_{m+n,m}$	$x_{m+n,m+1}$	⋯	$x_{m+n,m+n}$	Q
接收地		Q	⋯	Q	$Q+b_{m+1}$	⋯	$Q+b_{m+n}$	

表 3－9 有转运费的产销平衡

		产地			销地			发送量
		1	⋯	m	$m+1$	⋯	$m+n$	
产地	1	c_{11}	⋯	c_{1m}	$c_{1,m+1}$	⋯	$c_{1,m+n}$	$Q+a_1$
	⋮	⋮		⋮	⋮			⋮
	m	c_{m1}	⋯	c_{mm}	$c_{m,m+1}$	⋯	$c_{m,m+n}$	$Q+a_m$
销地	$m+1$	$c_{m+1,1}$	⋯	$c_{m+1,m}$	$c_{m+1,m+1}$	⋯	$c_{m+1,m+n}$	Q
	⋮	⋮		⋮	⋮		⋮	⋮
	$m+n$	$c_{m+n,1}$	⋯	$c_{m+n,m}$	$c_{m+n,m+1}$	⋯	$c_{m+n,m+n}$	Q
接收地		Q	⋯	Q	$Q+b_{m+1}$	⋯	$Q+b_{m+n}$	

[例 3－3] 图 3－6 表示了一个运输系统，它包括两个产地①和②、两个销地④和⑤及一个中间运输站③，各产地的产量和各销地的销量用相应节点处箭线旁的数字表示，节点连线上的数字表示其间的运输单价，节点旁的数字为该地的转运单价，试确定最优运输方案。

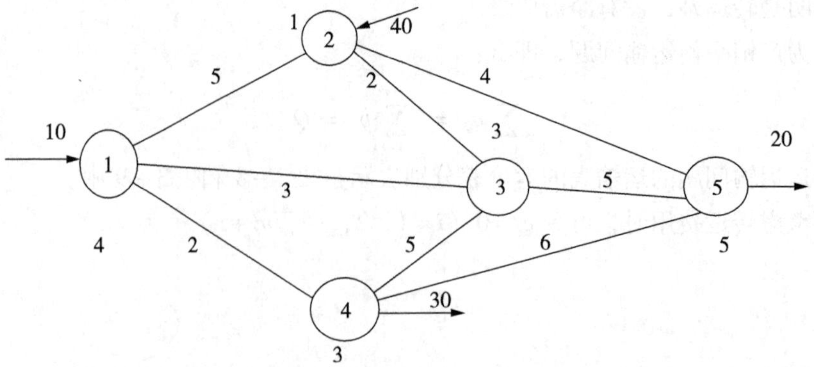

图 3－6 有转运的运输系统

解：在本例中，

$$a_1 = 10, a_2 = 40, a_3 = a_4 = a_5 = 0$$
$$b_1 = b_2 = b_3 = 0, b_4 = 30, b_5 = 20$$
$$Q = 10 + 40 = 30 + 20 = 50$$
$$c_1 = 4, c_2 = 1, c_3 = 3, c_4 = 3, c_5 = 5$$

现以 M 表示足够大的正数，可将该运输问题的运输表列出，如表 3 – 10 所示。

表 3 – 10　　转运问题的产销平衡（1）

		产地		转运	销地		发送量
		1	2	3	4	5	
产量	1	−4	5	3	2	M	60
	2	5	−1	2	M	4	90
转运	3	3	2	−3	5	5	50
销量	4	2	M	5	−3	6	50
	5	M	4	5	6	−5	50
接收量		50	50	50	80	70	—

根据表 3 – 10，用最小元素法得出本例的初始运输方案（见表 3 – 11），再经过两次迭代得最优解（见表 3 – 12）。其运输方案是：由①地运 10 个单位物品到④地，由②地运 20 个单位物品到⑤地，由②地运 20 个单位物品到③地，再由③地转运到④地。总运费为：

$$Z = 2 \times 10 + 4 \times 20 + 2 \times 20 + 3 \times 20 + 5 \times 20 = 300$$

表 3 – 11　　转运问题的产销平衡（2）

	1	2	3	4	5	发送量
1	50			10		60
2		50		20	20	90
3			50		0	50
4				50		50
5					50	50
接收量	50	50	50	80	70	—

表 3 – 12　　转运问题的产销平衡（3）

	1	2	3	4	5	发送量
1	50			10		60

续 表

	1	2	3	4	5	发送量
2		50	20	20	20	90
3			30			50
4				50		50
5					50	50
接收量	50	50	50	80	70	—

第三节 指派问题

一、指派问题的数学模型

在生活中经常遇到这样的问题，某单位需完成 n 项任务，恰好有 n 个人可承担这些任务。由于每人的专长不同，各人完成任务的效率（或所需时间）也不同。于是就产生了应指派哪个人去完成哪项任务，使完成 n 项任务的总效率最高（或所需总时间最少）的问题。这类问题被称为指派问题或分配问题（Assignment Problem）。

下面先通过例 3－4 了解指派问题的特征。

[例 3－4] 有一份中文说明书需要译成英、日、德、俄四种文字，分别记作任务 E、任务 J、任务 G、任务 R。现有甲、乙、丙、丁四人。他们将中文说明书翻译成不同语种的说明书所需时间列出，如表 3－13 所示。问应指派何人去完成何工作，使所需总时间最少？

表 3－13 **任务完成时间** 单位：小时

	E	J	G	R
甲	2	15	13	4
乙	10	4	14	15
丙	9	14	16	13
丁	7	8	11	9

类似问题如下。

有 n 项加工任务，怎样指派到 n 台机床上分别完成任务的问题；有 n 条航线，怎样指定 n 艘船去航行的问题；等等。对应每个指派问题，需有类似表 3－13 那样的数表，称为效率矩阵或系数矩阵，其元素 $c_{ij}>0$（i，$j=1$，2，…，n）表示指派第 i 人去完成第 j 项任务时的效率（或时间、成本等）。解题时需引入变量 x_{ij}，其取值只能是 1

或0，并令：

$$x_{ij}=\begin{cases}1 & \text{当指派第 } i \text{ 个人去完成第 } j \text{ 项任务}\\0 & \text{当不指派第 } i \text{ 个人去完成第 } j \text{ 项任务}\end{cases}$$

当问题要求极小化时数学模型是：

$$\min z=\sum_i\sum_j c_{ij}x_{ij}$$

$$\text{s.t.}\begin{cases}\sum_i x_{ij}=1, j=1,2,\cdots,n & ①\\\sum_j x_{ij}=1, i=1,2,\cdots,n & ②\\x_{ij}=1 \text{ 或 } 0 & ③\end{cases}$$

约束条件①说明第 j 项任务只能由 1 人去完成；约束条件②说明第 i 人只能完成 1 项任务。满足约束条件的可行解也可写成表格或矩阵形式，称为解矩阵。如例 3－4 的一个可行解矩阵如下：

$$(x_{ij})=\begin{bmatrix}0&1&0&0\\0&0&1&0\\1&0&0&0\\0&0&0&1\end{bmatrix}$$

解矩阵中各行各列的元素之和都是1。

二、指派问题解的特性

指派问题是运输问题的特例，也是线性规划（0－1 规划）的特例，当然可用求运输问题、整数规划或 0－1 规划的解法去求解。但这就如同用单纯形法求运输问题一样，是不高效的。利用指派问题的特点可以有更简便的解法。

指派问题的最优解有这样的性质，若从系数矩阵（c_{ij}）的一行（列）元素中分别减去该行（列）的最小元素，得到新矩阵（b_{ij}），那么以（b_{ij}）为系数矩阵求得的最优解和用原系数矩阵求得的最优解相同。

利用这个性质，可使原系数矩阵变为含有很多 0 元素的新系数矩阵，而最优解保持不变。在系数矩阵（b_{ij}）中，把位于不同行不同列的 0 元素简称为独立 0 元素。若能在系数矩阵（b_{ij}）中找出 n 个独立的 0 元素，则令解矩阵（x_{ij}）中对应这 n 个独立 0 元素的元素取值为 1，其他元素取值为 0，将其代入目标函数中得到 $z_b=0$，它一定最小。这就是以（b_{ij}）为系数矩阵的指派问题的最优解，亦即原问题的最优解。

库恩（W. W. Kuhn）于 1955 年提出了指派问题的解法，他引用了匈牙利数学家康尼格（D. Konig）关于矩阵中 0 元素的定理：系数矩阵中独立 0 元素的最多个数等于能覆盖所有 0 元素的最少直线数。该解法称为匈牙利法。以后在方法上虽有不断改进，但仍沿用这名称。以下用例 3－4 来说明指派问题的解法。

三、指派问题的解法

指派问题的解法步骤如下。

第一步：使指派问题的系数矩阵经变换，在各行各列中都出现0元素。

①从系数矩阵的每行元素中减去该行的最小元素。

②再从所得系数矩阵的每列元素中减去该列的最小元素。

若某行（列）已有0元素，那就不必再减了。例3-4的计算如下：

$$(c_{ij})=\begin{bmatrix}2 & 15 & 13 & 4\\10 & 4 & 14 & 15\\9 & 14 & 16 & 13\\7 & 8 & 11 & 9\end{bmatrix}\begin{matrix}-2\\-4\\-9\\-7\end{matrix}\rightarrow\begin{bmatrix}0 & 13 & 11 & 2\\6 & 0 & 10 & 11\\0 & 5 & 7 & 4\\0 & 1 & 4 & 2\end{bmatrix}$$

$$\downarrow -4 \quad -2$$

$$\begin{bmatrix}0 & 13 & 7 & 0\\6 & 0 & 6 & 9\\0 & 5 & 3 & 2\\0 & 1 & 0 & 0\end{bmatrix}$$

第二步：进行试指派，以寻求最优解。为此，按以下步骤进行。

经第一步变换后，系数矩阵中每行每列都已有了0元素；但需找出 n 个独立0元素。若能找出，独立0元素对应解矩阵（x_{ij}）中的元素为1，其余为0，这便得到最优解。当 n 较小时，可用观察法、试探法找出 n 个独立0元素。若 n 较大，就必须按一定的步骤寻找，常用的步骤如下。

（1）从只有一个0元素的行（列）开始，给这个0元素加“()”，记作（0），这表示对这行所代表的人，只有一种任务可指派。然后画去（0）所在列（行）的其他0元素，记作Ø，这表示这列所代表的任务已指派完，不必再考虑别人了。

（2）给只有一个0元素列（行）的0元素加“()”，记作（0）；然后画去（0）所在行的0元素，记作Ø。

（3）反复进行（1）（2）两步，直到所有0元素都被“()”出和画掉为止。

（4）若仍有没有画“()”的0元素，且同行（列）的0元素至少有两个（表示对这人可以从两项任务中指派其一），这可用不同的方案去试探。从剩有0元素最少的行（列）开始，比较这行各0元素所在列中0元素的数目，选择0元素少的那列的这个0元素加“()”（表示选择性多的要“礼让”选择性少的）。然后画掉同行同列的其他0元素。可反复进行，直到所有0元素都已“()”出和画掉为止。

（5）若（0）元素的数目 m 等于矩阵的阶数 n，那么这一指派问题的最优解已得到。若 $m<n$，则转入第三步（下一步）。

现用例3-4的（b_{ij}）矩阵，按上述步骤进行运算。按步骤（1），先给 b_{22} 加

"( )"，然后给 b_{31} 加"( )"，画掉 b_{11}，b_{14}；按步骤（2），给 b_{43} 加"( )"，画掉 b_{44}，最后给 b_{14} 加"( )"，得到：

$$\begin{bmatrix} \emptyset & 13 & 7 & (0) \\ 6 & (0) & 6 & 9 \\ (0) & 5 & 3 & 2 \\ \emptyset & 1 & (0) & \emptyset \end{bmatrix}$$

可见 $m=n=4$，所以得最优解为：

$$[x_{ij}] = \begin{bmatrix} 0 & 0 & 0 & 1 \\ 0 & 1 & 0 & 0 \\ 1 & 0 & 0 & 0 \\ 0 & 0 & 1 & 0 \end{bmatrix}$$

这表示：指定甲译出俄文，乙译出日文，丙译出英文，丁译出德文，所需总时间最少。

$$\min Z_b = \sum_i \sum_j b_{ij} x_{ij} = 0$$

$$\min Z = \sum_i \sum_j c_{ij} x_{ij} = c_{31} + c_{22} + c_{43} + c_{14} = 28$$

刚才从各行、列中减去的数字之和为 $2+4+9+7+4+2=28$。

从上面的三个式子可以看出，原系数矩阵因为减掉 28 后得到的最优目标值为零，所以原指派问题的最优目标函数值为 28。

第三步：若 $m<n$，则做最少的直线覆盖所有的 0 元素，以确定在该系数矩阵中能找到最多的独立元素，为此进行下列步骤。

（1）对没有"(0)"的行打"√"号。

（2）对已打"√"号的行中所有含 0 元素的列打"√"号。

（3）再对打有"√"号的列中含（0）元素的行打"√"号。

（4）重复（2）（3）直到得不出新的打"√"号的行、列为止。

（5）对没有打"√"号的行画横线，有打"√"号的列画纵线，这就得到覆盖所有 0 元素的最少直线数。

令这些直线数为 l。若 $l<n$，说明必须再变换当前的系数矩阵，才能找到 n 个独立的 0 元素，为此转第四步；若 $l=n$，而 $m>n$，应回到第二步（4），另行试探。

对于简单的问题，最小的直线覆盖可以通过观察便可直接得到，因为熟练掌握上面的步骤确实不易。

如某指派问题的矩阵经过行、列分别减去最小元素，经过第二步后得到如下的系数矩阵（1）：

$$\begin{array}{c}\begin{bmatrix} 5 & (0) & 2 & \varnothing & 2 \\ 2 & 3 & \varnothing & (0) & \varnothing \\ (0) & 10 & 5 & 7 & 2 \\ 9 & 9 & (0) & \varnothing & 4 \\ \varnothing & 6 & 3 & 6 & 5 \end{bmatrix}\begin{matrix} \\ \\ \surd \\ \\ \surd \end{matrix} \\ \begin{matrix}\surd & & & & & & & & & & & & \end{matrix}\end{array} \tag{1}$$

按第三步（5）操作可知 $l=4<n$，所以应对上面的矩阵继续进行变换，转换到第四步。

第四步：对上面矩阵进行变换的目的是增加 0 元素，为此在没有被直线覆盖的部分元素中找出最小元素，然后在打“√”行的各元素中减去这一最小元素，而在打“√”的列的各元素加上这个最小元素，以保证原来的 0 元素不变，这样得到新系数矩阵（它的最优解与原问题相同），若得到 n 个独立 0 元素，则问题已取得最优解，否则再回到第三步重复进行。

在矩阵（1）中，经过第四步以后得到的矩阵（2）如下：

$$\begin{bmatrix} 7 & 0 & 2 & 0 & 2 \\ 4 & 3 & 0 & 0 & 0 \\ 0 & 8 & 3 & 5 & 0 \\ 11 & 8 & 0 & 0 & 4 \\ 0 & 4 & 1 & 4 & 3 \end{bmatrix} \tag{2}$$

按第二步，找出所有独立 0 元素，得矩阵（3）：

$$\begin{bmatrix} 7 & (0) & 2 & \varnothing & 2 \\ 4 & 3 & \varnothing & (0) & \varnothing \\ \varnothing & 8 & 3 & 5 & (0) \\ 11 & 8 & (0) & \varnothing & 4 \\ (0) & 4 & 1 & 4 & 3 \end{bmatrix} \tag{3}$$

它具有 5 个独立 0 元素，说明得到了最优解，相应的解矩阵为：

$$(x_{ij}) = \begin{bmatrix} 0 & 1 & 0 & 0 & 0 \\ 0 & 0 & 0 & 1 & 0 \\ 0 & 0 & 0 & 0 & 1 \\ 0 & 0 & 1 & 0 & 0 \\ 1 & 0 & 0 & 0 & 0 \end{bmatrix}$$

四、非标准指派问题的处理

（1）若有 m 项工作、n 个人，且 $m<n$，这时可以虚增 $n-m$ 项工作，系数矩阵新增加一列，费用按题意要求设定，就像运输问题中设定单位运费一样（若不考虑人空

闲时的损失，系数为零，否则为损失费用），从而可以把原问题化为标准指派问题。

（2）若有 m 项工作、n 个人，且 $m>n$，这时可以虚增 $m-n$ 个人，系数矩阵新增加一行，费用按题意要求设定，就像运输问题中设定单位运费一样（若不考虑缺人所造成的损失，系数为零，否则为损失费用），从而可以把原问题化为标准指派问题。

（3）对于极大化指派问题，可令新的系数矩阵中的元素 $b_{ij}=M-c_{ij}$，其中 M 是足够大的常数（一般选取 c_{ij} 中的最大元素为 M），这时系数矩阵可变换为 $\boldsymbol{B}=\{b_{ij}\}$，其中，$b_{ij}\geqslant 0$，满足匈牙利法的条件。目标函数经过变换后，即解：

$$\min z' = \sum_i \sum_j b_{ij}x_{ij}$$

所得的最小值就是原问题的最大值。因为：

$$\begin{aligned}\sum_i \sum_j b_{ij}x_{ij} &= \sum_i \sum_j (M-c_{ij})x_{ij} \\ &= \sum_i \sum_j Mx_{ij} - \sum_i \sum_j c_{ij}x_{ij} \\ &= nM - \sum_i \sum_j c_{ij}x_{ij}\end{aligned}$$

因为 nM 为常数，所以当 $\sum_i \sum_j b_{ij}x_{ij}$ 取最小值时，$\sum_i \sum_j c_{ij}x_{ij}$ 为最大值。

本章小结

本章首先讲述了物流运输优化的作用及主要研究内容。运输问题这个名称的获得是因为这类模型首先在物资运输的合理规划中形成并运用的缘故。但是，运输问题及其求解方法所管辖、研究的对象事实上要广得多，例如，对于计划等管理类问题也是行之有效的。由于运输问题属于一类特殊结构的线性规划问题，因此第二节介绍了运输问题的线性规划模型的建立及表上作业法。第三节主要介绍了在物流运输优化中常用的指派问题及解法。

参考文献

[1]《运筹学》教材编写组．运筹学［M］．北京：清华大学出版社，1990.
[2] 崔介何．物流学［M］．北京：北京大学出版社，2003.
[3] 傅家良．运筹学方法与模型［M］．上海：复旦大学出版社，2006.
[4] 滕传琳．管理运筹学［M］．北京：中国铁道出版社，1986.

案　例

1. 某公司生产一种产品，春夏秋冬四季的需要量分别为 100，200，400，350 单位。它的工厂生产能力是每季度250单位，出厂单位成本为1200元，存储费是200元/单位·季。公司也可以向外部购买此产品，单位成本为1500元，四季不变。问如何安排该公司的生产及购货任务，以满足需要并使总成本最小？试建立模型。

2. 有4个工人甲、乙、丙、丁，要指派他们分别完成4项装卸搬运工作A、B、C、D。每人做各项工作所消耗的时间见表3－14。问如何安排工作，使总消耗时间最少？

表3－14　　4个工人完成4项工作消耗的时间　　单位：小时

	A	B	C	D
甲	3	3	5	3
乙	3	2	5	2
丙	1	5	1	6
丁	4	6	4	10

第四章　库存管理优化

学习目标

1. 掌握库存管理中的基本概念。
2. 了解库存的分类。
3. 掌握库存管理的基本原理。
4. 掌握库存管理的基本策略。
5. 掌握确定型存储模型的计算。
6. 掌握随机型存储模型的计算。
7. 了解供应链环境下的库存管理策略。

第一节　库存管理理论概述

库存管理问题在经济可持续发展的今天是一个很重要的问题。一方面，由于资源短缺，需要从总体上控制库存量，使有限的资源用在最需要的地方，创造最佳经济效益和社会效益，保持经济的可持续发展；另一方面，企业需要合理分配资金，把资金投入核心产品的研制开发和增强自身的核心竞争力中去。

本节主要介绍库存管理中一些基本概念，库存的功能分析、库存的分类以及库存管理的基本原理和策略。

一、库存管理中的基本概念

库存管理是对库存的管理与控制，它只考虑库存的合理性、经济性与最优性，而不是从技术角度考虑存货的保管与储藏以及如何运输。

（一）库存

库存表示某段时间内持有的存货（可看见、可称量和可计算的有形资产）。库存之所以在供应链中存在，是因为供给与需求的不匹配。存货是协调供需关系的常用手段。

存货由于需求而减少，通过补充而增加。

（二）库存订货点水平

库存订货点水平也称为订货点（订购点）或报警点，企业为了保证生产与经营的连续性，当库存量降到这一点时，必须立即进行订货或采购。在所订物料尚未到货验收之前，该点库存量应能按既定服务水平满足订货提前期的需求。订货时所订物料的数量称为订货批量。

（三）订货提前期

订货提前期又称订货前置时间，指当库存量降到订货点时安排了订货，等待物料到达以补充库存的等待时间，也就是从发出订单开始至物料到达为止的一段时间。

（四）订购费用

订购费用也称订货费用，是指为取得物料而订购时所需要的费用。库存的订购成本包括以下几项内容。

（1）订购手续费用：如订购所花费的人工费用、事务用品费用、主管及有关部门的检查费用等。

（2）采购费用：包括估价、询价、比价、采购、通信联络等所花费的费用等。

（3）进货验收费用：如检验人员的验收手续所花费的人工费用、交通费用、检查仪器仪表费用等。

（4）进货费用：主要指物料搬运所花费的费用。

（5）其他费用：如会计入账支付款项等所花费的费用等。

（五）存储费用

存储费用也称库存保管费用，是指货物在库存期间所需要的费用，主要包括以下几种。

（1）资金费用：存货的品质维持需要资金的投入，而这种投入就意味着其他需要使用资金的地方丧失了使用这笔资金的机会。

（2）搬运费用：库存货物的搬运及装卸所花费的人工费用及仪器设备费用等。

（3）仓储费用：仓库的租金及仓库管理、盘点、（安全、消防等）维护设施的费用。

（4）折旧及陈腐费用：存货容易发生品质变异、破损、报废、价值下跌以及呆滞料的出现等，由此造成的费用。

（5）其他费用：如存货的保险费用及其他管理费用等。

（六）缺货费用

缺货费用也称为亏空费用，是由于外部或内部中断供应所导致的库存费用。当企业的用户得不到它的全部订货时，叫外部短缺。当企业内部某一部门得不到它的全部订货时，叫作内部短缺。外部短缺将造成延期交货和中断交货，从而导致当前利润损失（潜在销售量的损失）和未来利润损失（商誉受损）。内部短缺可能导致生产损失（人员和机器的闲置）和完工日期的延误。

假如某项货物或物料缺货时出现需求，则经济损失要根据这种短缺是延期付货还是用其他替代物品来补偿或者取消订货而定。在第一种情况和第二种情况下，不会失销，但会导致额外费用、手续费用及专门的装运和包装等费用的产生。而在后一种情况下，缺货费用包括销售利润的损失，甚至还包括难以估量的商誉损失。

（七）服务水平

库存满足用户需求的能力称为服务水平。对每个企业而言，从理论上讲，仓库绝对不缺货是不可能的，在实际上也是不经济的，因为这样要保持过高的安全库存。问题在于恰如其分地规定缺货的程度，使用户的需求得到一定程度的满足。

服务水平的定义有多种，最常用的关于服务水平的定义为按照订货周期的定义，服务水平表示为在定长时段对应的订货周期总数中，不发生缺货的周期的百分比。

（八）安全库存

安全库存表示当不确定因素导致更高的预期需求或导致完成周期更长时间的缓冲存货。

安全库存是库存的一部分，它主要是为了应对需求和订货点发生短期的随机变动而设置的。通过建立适当的安全库存，减少缺货的可能性，从而在一定程度上降低库存短缺成本。但安全库存的加大会使库存持有成本增加。因此，必须在缺货成本和库存持有成本两者之间进行权衡。

二、库存的功能分析

库存的科学管理可以使企业降低费用，产生更多的流动资金，提高投资收益率，并且使企业的用户满意。库存管理是现代物流管理的一个重要组成部分，也是各企业力求解决的问题。企业管理者发现，不适当的库存会造成企业巨大的浪费，因此力求使企业库存合理化、最优化，达到良好的库存水平，从而使企业获得利润。库存管理不但能维持正常的生产和经营，而且可以有效地降低生产成本和提高经营效率。

商业组织或企业之所以需要库存，是由于货物的供应和需求往往是不同步的，因此必须要有库存，否则商业组织或企业无法连续其生产和经营活动。库存具有以下几个方面的功能因素。

（1）时间性：在一般情况下，生产者与消费者之间存在产品供应和产品需求时间差，库存的主要功能就是在供应和需求之间进行时间调整。产品在到达最终客户之前要经过一个漫长的生产和分配过程，即使最短的周期也要包括制订生产计划、原材料采购、生产和销售等时间。因此商业组织或企业备有适当库存，可以缩短前置时间，并及时满足需求。

（2）经济性：生产或收获的产品，产出多少就销售多少，不进行库存管理，价格必然暴跌。为了防止这种情况的发生，需要把产品保管在仓库里，达到调整产品价格的目的。此外，有数量折扣的大量采购也可以降低库存费用，一定的库存量也可以防范需求的波动和季节性产品的缺货风险。

（3）分离性：有了库存，就没有必要把生产者和消费者直接地连接在一起，也没有必要强行消费者适应生产的要求。库存使相互依存的业务（零售、分配、生产和采购）独立开来，也使依次进行的供应、生产、销售过程中的每一环节得以相互分离，使其能以更经济、有效的方式去独立经营。

（4）不确定性：库存的不确定性是指使企业改变计划的不测事件。它包括需求量的估计误差、产量的变化、设备的故障、天灾、发运延误、天气异常等。如果企业有适当的库存，就可以对不可预测的或计划外的事件有所防范。

随着世界经济的发展，从经济高度增长的大批量生产、大批量销售的时代进入稳定增长时期之后，由于需求方式出现了个性化、多样化、特色化的改变，生产方式也变为多品种、小批量的柔性生产方式。物流也由少品种、大批量方式进入多品种、少批量或多批次、小批量方式，库存管理功能从重视保管效率逐渐变为重视如何才能更顺利地进行发货和配送作业。周转仓库作为物流服务的据点，将不再以保管为主要目的，其库存管理还包括拣选、配送、检验、分类等作业，并具有多品种小批量、多批次小批量等收货配送功能以及附加标签、重新包装等流通加工功能。

三、库存的分类

库存可以从库存物品的经济用途、存放地点、来源、物品所处状态、生产经营角度等几个方面来分类。

（一）按经济用途分类

（1）商品库存：指企业购进后供转售的货物，其特征是在转售之前保持其原有实物形态。

（2）制造业库存：指购进后直接用于生产制造的货物。其特点是在出售前需要经过生产加工过程，改变其原有的实物形态或使用功能。具体分类为材料、在制品、半成品、制成品等。

（3）其他库存：指除了以上库存外，供企业一般耗用的用品和生产经营服务的辅助性物品。其主要特点是满足企业的各种消费性需要，而不是为了将其直接转售或加工制成产品后再出售。为生产经营服务的辅助性物品是指企业进行生产经营必不可少、服务于企业生产经营的物品，如包装物和低值易耗品等。

（二）按存放地点分类

（1）存货库存：指已经运到企业，并已验收入库的各种材料和商品以及已验收入库的各种物料。

（2）在途库存：在途库存包括运入在途库存和运出在途库存。运入在途库存是货款已经支付或虽未付款但已取得所有权、并且正在运输途中的各种外购库存。运出在途库存是指按照合同规定已经发出或送出，但尚未转化所有权、也未确认销售收入的库存。从需求和供应的角度分析，运入在途库存是针对需求方而言的，而运出在途库存是针对供应方来说的。

（3）委托加工库存：指企业已经委托外单位加工，但尚未加工完成的各种库存。

（4）委托代销库存：指企业已经委托外单位代销，但按合同规定尚未办理代销货款结算的各种库存。

（三）按库存来源分类

（1）外购库存：指企业从外部购入的库存，如外购材料等。

（2）自制库存：指企业内部制造的库存，如自制材料、在制品和制成品等。

（四）按物品所处状态分类

（1）静态库存：指长期或暂时处于储存状态的库存，就是一般意义上的库存。

（2）动态库存：指处于制造加工状态或运输状态的库存。

（五）按生产经营角度分类

从生产经营角度，库存可分为原材料库存、零部件库存、半成品库存和产品库存四类。

（1）原材料、零部件及半成品库存是针对制造业而言的，购入和持有原材料的目的是将其生产加工为产品，而设立库存的目的是保证生产的连续性。

（2）产品库存是针对商品流通业（批发、零售）而言的，持有其的目的是出售。

四、库存管理的基本原理

库存过程包括订货、进货、保管及供货四个活动阶段。从库存管理的角度来看，订货、进货和供货活动过程对库存策略起着关键作用。订货、进货过程使库存量增加，供货过程使库存量减少。要进行库存控制，既可以控制订货、进货过程，也可以控制供货过程，均可达到控制库存的目的。

通过对订货和进货过程进行控制，从而控制库存，是在保证用户需求的情况下，通过控制订货、进货的批量和频次达到控制库存的目的，由于它以满足用户需求为出发点，因而它是可行的、主动的。

通过供货过程来控制库存，意味着要对用户需求进行限制性的供应，这样自然会影响用户需求的满足度，即影响客户服务水平。这种情况一般适用于紧缺物资的营销库存系统。

通过控制订货、进货过程来控制库存的基本思想，是要制定一个合适的采购订货策略。即对采购订货时间、数量和操作方法等进行优化控制，从而达到对整个库存水平进行优化控制的目的。制定采购订货策略主要考虑需求类型、经营者的经营方式和选择合适的库存控制方法三个方面的问题。

1. 需求类型

对库存控制系统而言，要针对不同性质的需求采用不同的采购订货策略。

（1）根据需求的特征，其可分为确定型需求和随机型需求两种。

确定型需求是指单位时间内的需求量均匀稳定，是确定的需求。

随机型需求是指单位时间内的需求量随机变化，需求的变化是随机的。但是可以知道它的取值范围和取值的可能性，取值情况可以用概率分布表来描述。

（2）根据物料需求的重复程度，其分为单周期需求和多周期需求。

单周期需求也叫一次性订货，这种需求的特征是具有偶发性和物品生命周期短，因而很少重复订货，如报纸、月饼等生命周期短和特定时间物品。

多周期需求是在长时间内需求反复发生，需要不断地补充库存，在实际生活中，这种需求现象较为多见。

（3）根据需求物料的依存程度，其分为独立需求和相关需求。

独立需求是指企业无法控制而是由市场决定的需求，它与企业对其他库存物料所做出的生产决策没有关系，如用户对企业产成品、维修备件等的需求。

相关需求是与其他需求有内在相关性的需求，其需求数量和需求时间与其他的变量存在一定的关系，可以通过一定的数学关系推算得出。如生产过程中的在制品以及需要的原材料等，可以通过产品结构关系和一定的生产比例来确定。

2. 经营者的经营方式

在库存控制理论中，经营者的经营方式分为不允许缺货、允许缺货及实行补货三种。

（1）不允许缺货：用户的所有需求都能由仓库实行现货供应，不能缺货，意味着整个物资供应期间，仓库里总是有现货供应用户。

（2）允许缺货：用户的供应可以缺货，意味着整个物资供应期间，库存量可以等于零，但不能小于零。

（3）实行补货：对于用户的订货，没有现货供应，为了不失去销售机会，实行赊账，待进货后马上予以补货，意味着整个物资供应期间，库存量能够等于零，也能够小于零。

3. 选择合适的库存控制方法

库存通常是为了达到一定的目的而采取的手段，为了达到不同的目的，库存的类型也各有不同，因而要求采用不同的方法对库存进行管理。

库存控制的方法很多，但无论哪一种方法，都要以何时订货和订货多少这两个问题为中心进行分析。根据经营者的经营方式和市场需求的变化特征，选择合适的库存控制方法是影响库存控制水平的最直接的要素，也是最关键的要素。

五、库存管理的基本策略

库存控制的目的是对企业整体运营进行有效的监控和管理，以维护客户服务水平和库存投资的最佳平衡。要以较小的库存投资保持较高的客户服务水平，就需要采取科学的库存控制方法。

库存控制要解决两个问题：一是对需求进行预测，二是计算订货批量。常用的库存控制方法主要有 ABC 分类法、经济订货批量法、订货点法（ROP）等。应用最广泛的是订货点法，订货点法是指现有库存量降至预定的水平即订货点就开始订货的方法，它是将现有库存量与订货点比较，只要库存水平达到订货点立刻按批量方式进行批量订货。订货点法就是通过控制订货点和订货批量来对订货、进货进行有效控制，以达到既满足用户需求又使库存量最小的目的。就订货点库存控制方法而言，最基本的策略有以下四种。

（1）连续性检查的固定订货量、固定订货点策略，也称为（Q，R）策略，其基本思想是对库存进行连续性检查，当库存降到订货点 R 时，即发出一个订货，每次的订货量保持不变，都为固定值 Q。

（2）连续性检查的固定最大库存量策略，也称为（R，S）策略，其基本思想是连续检查库存状态，当库存降到订货点 R 时，开始订货，订货后使最大库存保持不变，即为常量 S，若当时库存量为 I，则订货量即为 $S-I$，该策略和（Q，R）策略不同之处在于其订货量按实际的库存而定，因而订货量是可变的。

（3）定期检查的固定最大库存量策略，也称为（t，S）策略，该策略是每隔一定时期检查一次库存，并发出一次订货，把现有库存补充到最大库存水平 S，如果检查时库存量为 I，则订货量为 $S-I$，经过固定的检查周期 t，发出订货，每次发出的订货量取决于现有库存量。该库存策略不设订货点，只设固定检查周期和最大库存量。

（4）定期检查的固定订货点及最大库存量策略，也称为（t，R，S）策略，这种策略有一个固定的检查周期 t、最大库存量 S、固定订货点水平 R，当经过一定的检查周期 t 后，若库存低于订货点，则发出订货，否则，不订货。订货量的大小等于最大库存量减去检查时的库存量。

六、库存控制系统的类型

通常使用的库存控制系统有三种类型：定量订货系统、定期订货系统和需求驱动精益供应系统。

（一）定量订货系统

定量订货系统是指库存量降到一定水平（订货点）时，按固定的订货数量进行订货的方法。因此，它主要靠控制订货点和订货批量两个参数来控制订购进货。

定量订货法的原理是：预先确定一个订货点，在销售过程中随时检查库存，当库存下降到这个订货点时，就发出一个订货批量，订货批量取经济订货批量。

（二）定期订货系统

定期订货法又称定期盘点法订货，是指每隔一段时间进行订货，订货时间固定，每次订货量不定。该方法的关键在于确定订货周期 T 和最高库存量 α_{max}，这个订货周期就是控制库存的订货时机，最高库存量就是控制库存的一个给定库存水准。此后每隔一个周期，就检查库存发出订购，其订货量的大小，就是最高库存量与当时的实际库存量之差。

（三）需求驱动精益供应系统

在现代供应链管理中，为了适应顾客对商品的多样化、个性化需求和准时化生产的要求，企业追求零库存目标，采用更先进的物料需求计划（MRP），及时掌握需求信息，根据需求制订生产计划，再根据主生产计划和产品的结构，制订各零部件的生产计划和采购计划。

第二节　库存控制的基本方法

库存控制是运筹学研究的一个经典课题，库存模型不断发展，有些模型的数学公式比较繁杂，而实际应用并不广泛。本节只介绍一些基础性方法，包括定量订货系统中的订货点、订货批量、安全库存量的确定方法，定期订货系统中的订货周期、最高订货量的确定方法等。

一、确定型模型处理方法

（一）基本假设

库存不允许缺货，补充时间极短。库存水平随时间的变化如图 4－1 所示。

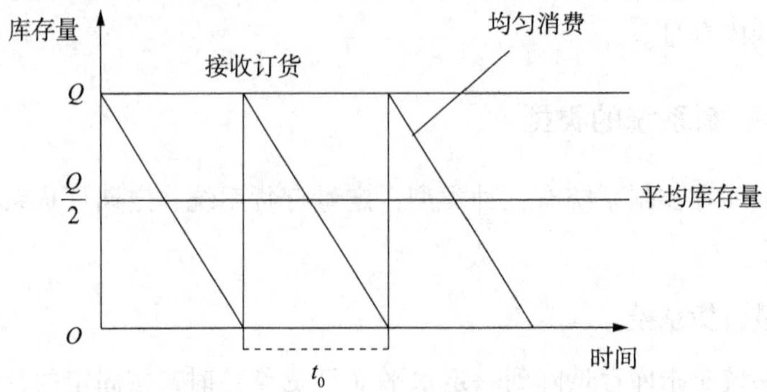

图 4－1　库存水平随时间的变化

（1）缺货费用无穷大。

（2）当库存量降至零时，可以得到立即补充。

（3）需求是连续的、均匀的。

（4）每次订货量不变，订购费用不变（每次生产量不变，装配费不变）。

（5）单位存储费不变。

另外，变量符号的含义如下：

R——单位时间的需求量；

A——全年的需求量；

C_1——单位时间内的存储费；

C——全年的存储费；

Q——每次订货量。

（二）平均库存量

平均库存量是指库存量的平均数。对于均匀出库情况，即每天出库量都是相等数量。假设一次进货后，库存总量为 Q，每天出库量便为$\frac{Q}{N}$，经过 N 天全部出库，期终库存量为零，则平均库存量为：

$$\overline{Q}=\frac{1}{N+1}\left[Q+\left(Q-\frac{1}{N}Q\right)+\left(Q-\frac{2}{N}Q\right)+\cdots+\left(Q-\frac{N-1}{N}Q\right)+\left(Q-\frac{N}{N}Q\right)\right]=\frac{1}{2}Q$$

因此，平均存储费用为：$\frac{Q}{2}C_1$。这就是说在均匀出库的情况下，平均库存量等于期初库存量的一半。如果一年内多次等值进货，每次进货批量为 Q，则年平均库存量等于批量的一半，如图 4－2 所示。

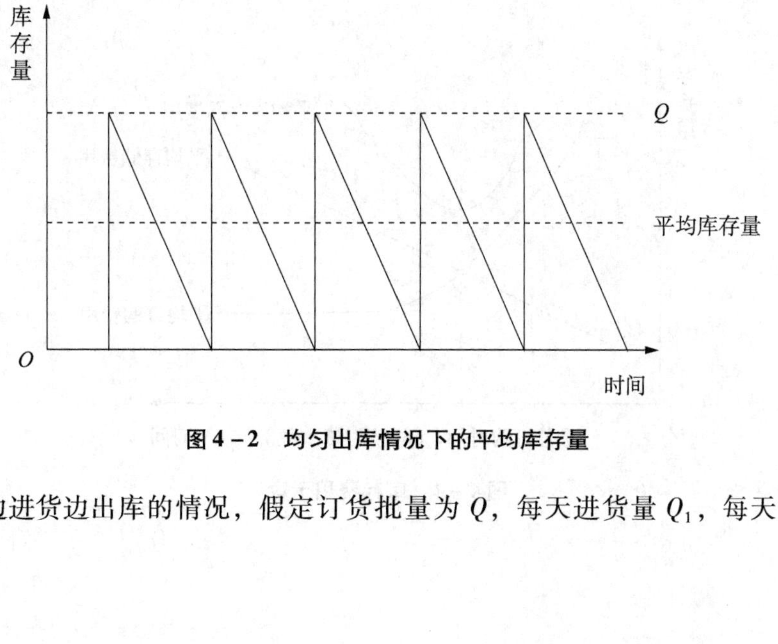

图 4－2　均匀出库情况下的平均库存量

对于边进货边出库的情况，假定订货批量为 Q，每天进货量 Q_1，每天出库量 Q_2

(需求速度 R)，这批货物全部送达需要$\frac{Q}{Q_1}$天，此期间的出库量为$\frac{Q_2Q}{Q_1}$，每批订货累计的最高库存量为 $Q-\frac{Q_2Q}{Q_1}$，平均库存量为 $\overline{Q}=\frac{Q}{2}\left(1-\frac{Q_2}{Q_1}\right)$。边进货边出库情况下的平均库存量如图 4-3 所示。

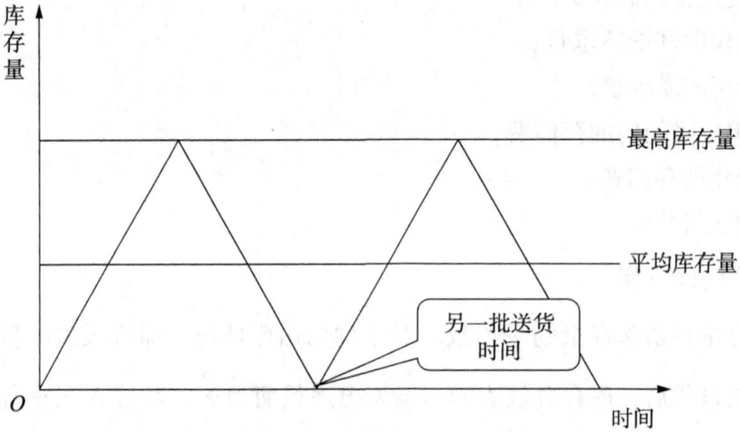

图 4-3　边进货边出库情况下的平均库存量

（三）经济订购批量

经济订购批量（Economic Order Quality，EOQ）是指 t 时间内的平均库存总费用最小时的订购量。平均库存总费用随时间变化而变化，如图 4-4 所示，平均订购费用与订货次数成正比，而平均存储费用随订货次数增加而减少。在平均库存总费用的最低点，平均订购费用与平均存储费用相等。

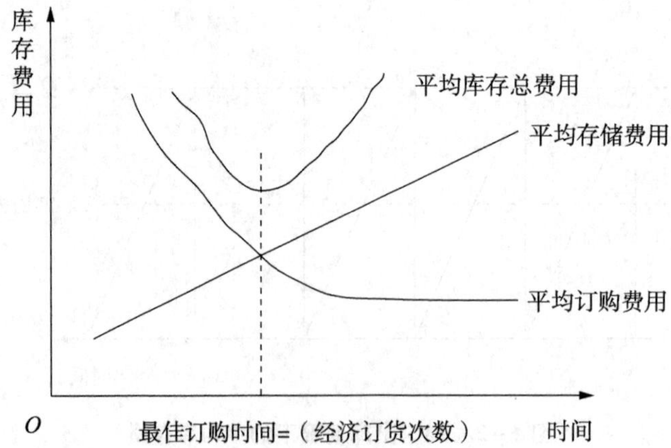

图 4-4　库存费用示意

1. 用列表法求解

先用列表法进行分析。

[例4-1] 假设某企业全年耗用某货品为10000件，每次订货费250元，每件存储费1.5元。现分析不同订货次数对成本的影响。

解：订货次数多，每次订货批量就少，平均库存量就少，存储费就低。订货次数与费用的关系分析如表4-1所示。由表中分析可知，全年订货5次或6次的总成本最低。

表4-1 **订货次数与费用的关系分析**

全年订货次数	1	2	3	4	5	6	7
每批订货数量（件）	10000	5000	3333	2500	2000	1667	1429
平均库存量（件）	5000	2500	1667	1250	1000	834	715
存储费（元）	7500	3750	2500	1875	1500	1250	1071
订货费（元）	250	500	750	1000	1250	1500	1750
总费用（元）	7750	4250	3250	2875	2750	2750	2821

2. 分析模式

1）经济订货次数

设A表示全年需耗用的物品总量，C_3表示每次订货费，C表示单位物品存储成本，N为订货次数。库存总费用等于订货费与平均存储费之和，得：

$$F = NC_3 + \frac{AC}{2N}$$

把F看作N的函数，欲求极值，求其微分，并令其为零，求得最佳订货次数为：

$$N_0 = \sqrt{\frac{AC}{2C_3}}$$

例4-1中，全年需求量$A=10000$件，存储费$C=1.5$元/件，$C_3=250$元，求最佳订货次数为$N_0=\sqrt{\frac{AC}{2C_3}}=\sqrt{\frac{10000\times1.5}{2\times250}}\approx5.5$（次）。这个结果与前面列表分析的结果是一致的。

2）经济订货量

设A表示全年耗用的物品数量，C_3表示每次订货费，K表示物品单价，C_1表示单位时间单位货物的存储费，Q表示每批订货量。在A确定的情况下，订货费与Q成反比，平均存储费与Q成正比。库存总成本等于订货费与存储费之和，把它看作Q的函数，用$G(Q)$表示，则有：

$$G(Q) = \frac{AC_3}{Q} + \frac{QC}{2}$$

对上式微分求极值，得：

$$Q_0 = \sqrt{\frac{2AC_3}{C}} = \sqrt{\frac{2RC_3}{C_1}}$$

在上例中，每批最佳订货量为：

$$Q_0 = \sqrt{\frac{2AC_3}{C}} = \sqrt{\frac{2 \times 10000 \times 250}{1.5}} \approx 1818(\text{件})$$

这个结果与前面计算的5.5次是一致的，因为1818×5.5≈10000（件）。

3）最佳订货间隔

t时间内平均总费用为：$C(t) = \frac{C_3}{t} + KR + \frac{1}{2}C_1Rt$，微分求极值得：

$$T = \sqrt{\frac{2C_3}{RC_1}}$$

在上例中，$R = A/12$，$C_1 = C/12$，代入公式得：$T \approx 2.2$（月）。

3. 订货点和订货批量的确定

在定量订货系统中，主要靠控制订货点和订货批量两个参数来控制订购进货。上面介绍了经济订货批量的计算方法，而订货点的计算公式如下：

订货点 = 平均需求速度 × 交货期 + 安全库存量

安全库存量的计算方法将在后面介绍。

[例4-2] 某库存所储存的A产品每天平均出库量为200件，订货后的交货期为7天，安全库存量为500件，请问订货点是多少？

解： 订货点 = 200×7 + 500 = 1900（件）。

4. 订货周期和最高库存量的确定

在定期订货系统中，关键在于确定一个订货周期T和一个最高库存量Q_{max}。下面分别举例介绍这两个参数的计算方法。

1）订货周期T

[例4-3] 某产品的需求量$R = 2000$件/年，价格$C_0 = 2.5$美元/件，每次订货的订货费为25美元，年持有成本率为20%，试求最佳订货周期。

解： $R = 2000$，$C_0 = 2.5$，$C_3 = 25$，$C_1 = 0.20 \times 2.5 = 0.5$

$$T = \sqrt{\frac{2C_3}{RC_1}} = \sqrt{\frac{2 \times 25}{0.5 \times 2000}} \approx 0.2235\ (\text{年})$$

2）最高库存量Q_{max}

假设订货后的交货期为10天，以年为单位，即约为0.0274年。另外，平均消费速度为2000件/年，则：

Q_{max} = 消费速度 ×（订货周期 + 交货期）+ 安全库存量 + 附加量 ΔQ

ΔQ = 已售出尚未提货的库存量 − 现有库存量 − 在途库存量

假定附加量 ΔQ 为零，安全库存为 300 件，则 Q_{max} = 消费速度 ×（订货周期 + 交货期）+ 安全库存量 = 2000 ×（0.2235 + 0.0274）+ 300 = 801.8（件）≈802（件）。

二、考虑不确定因素的影响

前面的库存分析都假定需求量保持不变、均匀出库和订货后按时交货。实际上，由于各种因素的影响，订货往往不能按时送达，从而发生缺货现象，也可能因为需求量突然增加，使库存提前用完，出现缺货现象。

安全库存量是用以应付缺货情况的库存量。它是一种额外的库存量，在正常情况下不必动用它，当出现缺货情况时才动用它。

（一）允许缺货情况与安全库存量

在定量订货方式中，每当库存量减至库存水准 H 时，即按一定批量 Q 订货补充到 A。如果订货后按时交货，并在交货期间无过量使用，如图 4 - 5 中的甲，并不动用安全库存量，这是多余的库存量。如果订货后不按时交货，出现迟误时间，如图 4 - 5 中的乙，将要动用安全库存量，以应付迟误时间内的用量。如果在订货到交货期间，出现过量使用，库存量下降速率增加，甚至完全用掉安全库存，如图 4 - 5 中的丙。

对于一次到货情况，有：

$$\overline{Q} = \frac{Q}{2} + S$$

式中：Q——每批订货量；

S——安全库存量。

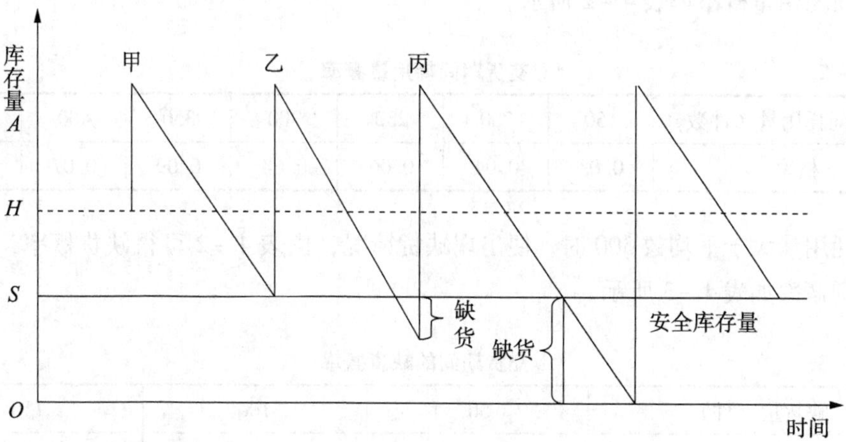

图 4 - 5 允许缺货情况下安全库存量随时间变化

对于边进货边出库的情况，则有：

$$\overline{Q}=\frac{Q}{2}\left(1-\frac{Q_2}{Q_1}\right)+S \quad (Q_1 \geqslant Q_2)$$

式中：Q——每批订货量；

Q_1——每日送达的数量；

Q_2——每日耗用的数量。

（二）安全库存量的确定

确定安全库存量，需要积累并分析历史资料。对于两种缺货情况，可以从不同角度进行分析。

（1）过量使用情况下的安全库存量。假设每日耗用量为 Q_1，订货后正常交货时间为 N 天，则订货水准为：

$$H=NQ_1+S$$

如果等量使用，N 天后按时到货，则到货时的库存量为 S，即不动用安全库存量。如果过量使用，每日平均耗用量为 Q_2，$Q_2 \geqslant Q_1$，则 N 天后按时交货时，库存量为：

$$Q=S-N\ (Q_2-Q_1)$$

假定 $Q_2 \geqslant Q_1$，则 $Q \leqslant S$，即库存量小于安全库存量，动用了安全库存量。选择安全库存量的原则是应使交货时的库存量尽可能小。由上面的表达式可得：

$$S=N\ (Q_2-Q_1)$$

下面举例说明安全库存量的估算方法。由上式可知，只要估计出过量使用的平均数量（Q_2-Q_1），就能估算出安全库存量 S。

[例 4－4] 某种货品每日平均出库量 $Q_1=50$ 件，订货后的交货时间 $N=6$ 天，交货期间耗用量概率如表 4－2 所示。

表 4－2　交货期间耗用量概率

交货期间耗用量（件数）	150	200	250	300	350	400	450
概率	0.03	0.04	0.06	0.68	0.09	0.07	0.03

当耗用量大于平均数 300 时，便出现缺货情况，由表 4－2 可得缺货概率，交货期间的缺货概率如表 4－3 所示。

表 4－3　交货期间的缺货概率

缺货量（件）	50	100	150
概率	0.09	0.07	0.03

假定存储成本是每件每年 10 元，单位缺货成本为 50 元，订货 5 次，缺货成本按如下公式计算：

缺货成本＝单位缺货成本×缺货量×概率×订货次数

缺货成本如表 4 - 4 所示。

表 4 - 4　　缺货成本

<table>
<tr><th>安全库存量（件）</th><th>缺货量（件）</th><th>概率</th><th>缺货成本（元）</th><th>年合计（元）</th></tr>
<tr><td rowspan="3">0</td><td>50</td><td>0. 09</td><td>1125</td><td rowspan="3">4000</td></tr>
<tr><td>100</td><td>0. 07</td><td>1750</td></tr>
<tr><td>150</td><td>0. 03</td><td>1125</td></tr>
<tr><td rowspan="2">50</td><td>50</td><td>0. 07</td><td>875</td><td rowspan="2">1625</td></tr>
<tr><td>100</td><td>0. 03</td><td>750</td></tr>
<tr><td>100</td><td>50</td><td>0. 03</td><td>375</td><td>375</td></tr>
<tr><td>150</td><td>0</td><td>0</td><td>0</td><td>0</td></tr>
</table>

安全库存量成本按如下公式计算：

安全库存量成本 = 缺货成本 + 存储成本

安全库存量成本如表 4 - 5 所示。

表 4 - 5　　安全库存量成本

安全库存量（件）	缺货成本（元）	存储费（元）	总成本（元）
0	4000	0	4000
50	1625	50 × 10 = 500	2125
100	375	100 × 10 = 1000	1375
150	0	150 × 10 = 1500	1500

（2）不按时交货情况下的安全库存量。

对于耗用量不变、均匀出库、不按时交货的情况，可以化为过量使用的情况。例如，某仓库每日固定出库 50 件，订货后规定 6 天交货，但因某种原因，往往不能按时交货，交货时间的变化相当于耗用量的变化，如表 4 - 6 所示（表中第 3 列与表 4 - 3 类似）。可以用类似前面的方法确定安全库存量。

表 4 - 6　　交货时间变化及缺货情况

交货时间（天）	交货期间耗用量（件）	缺货量（件）	概率
5	250	—	0. 03
6	300	0	0. 91
7	350	50	0. 03
8	400	100	0. 02

续 表

交货时间（天）	交货期间耗用量（件）	缺货量（件）	概率
9	450	150	0.01

第三节　确定型存储模型

前一节的计算公式从应用角度引出，本节比较系统地介绍确定型存储模型。

一、一般情况的计算模型

首先给出需求连续均匀时一般情况的计算公式，然后讨论几种存储模型。

1. 变量设置

R：需求速度（物品单位/天）；

P：供应能力（物品单位/天）；

C_1：存储费［元/（物品单位·天）］；

C_2：缺货费［元/（物品单位·天）］；

C_3：订货费（元/批）；

T_1：供货时间（天）；

T：订货周期（天）；

Q：订货批量（物品单位/批）；

Q_m：最高存储量（物品单位）；

Q_0：存储量峰谷差（物品单位）。

2. 参数计算公式

参数计算公式如下：

$$订货批量 = 供应能力 \times 供货时间 = 需求速度 \times 订货周期$$

代入变量可得：

$$Q = P \times T_1 = RT$$

则有：

$$T_1 = \frac{RT}{P}$$

$$（供应能力 - 需求速度）\times 供货时间 = 存储量峰谷差$$

代入变量可得：

$$(P - R)T_1 = Q_0$$

将 $T_1 = \frac{RT}{P}$代入得：

$$Q_0=\frac{(R-P)\ RT}{P}$$

利用图 4－6 中三角形性质，可以推导出如下的一般性结果。

经济订货周期计算公式为：

$$T_0=\sqrt{\frac{2C_3P\ (C_1+C_2)}{C_1C_2\ (P-R)\ R}}$$

经济订货批量计算公式为：

$$Q_0=\sqrt{\frac{2RC_3P\ (C_1+C_2)}{C_1C_2\ (P-R)}}$$

最高存储量计算公式为：

$$Q_m=\sqrt{\frac{2C_2C_3R\ (P-R)}{PC_1\ (C_1+C_2)}}$$

最大缺货量计算公式为：

$$Q_0-Q_m=\sqrt{\frac{2C_1C_3R\ (P-R)}{PC_2\ (C_1+C_2)}}$$

最小总费用计算公式为：

$$C\ (Q)\ =\sqrt{\frac{2C_1C_2C_3R\ (P-R)}{P\ (C_1+C_2)}}$$

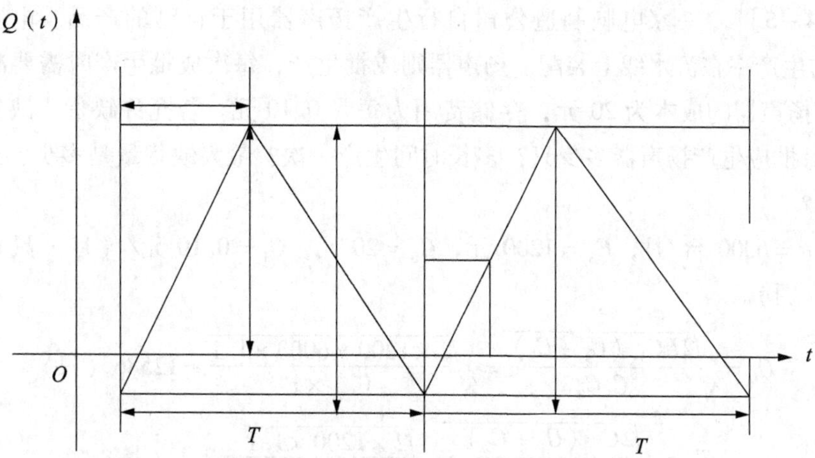

图 4－6　需求连续均匀库存变化

注：图 4－6 中，在横轴之上表示有库存，横轴之下表示缺货，斜线交点处代表没有订货。

利用上面的一般公式，可以推导出不同情况的存储模型。例如前一节中使用的确定型模型就是由一般公式转换而得，即在不允许缺货（缺货费用无穷大）和即时补充（供应能力无穷大）情况下产生的模型。

二、瞬时补充，允许缺货情况下的存储模型

假设需求是均匀连续的，瞬时补充，允许缺货，随时供应，即 $P\to\infty$。

整理得到经济订货周期计算公式为：

$$T_0=\sqrt{\frac{2C_3(C_1+C_2)}{C_1C_2R}}$$

经济订货批量计算公式为：

$$Q_0=\sqrt{\frac{2RC_3(C_1+C_2)}{C_1C_2}}$$

最高存储量计算公式为：

$$Q_m=\sqrt{\frac{2C_2C_3R}{C_1(C_1+C_2)}}$$

最大缺货量计算公式为：

$$Q_0-Q_m=\sqrt{\frac{2C_1C_3R}{C_2(C_1+C_2)}}$$

最小总费用计算公式为：

$$C(Q)=\sqrt{\frac{2C_1C_2C_3R}{C_1+C_2}}$$

[例 4-5] 一家电脑制造公司自行生产扬声器用于自己的产品。电脑以每月 6000 台的生产率在流水线上装配，扬声器则成批生产，每次成批生产时需要准备 1200 元，每只扬声器的成本为 20 元，存储费用为每月 0.10 元。若允许缺货，缺货费为 1 元/只，每批应生产扬声器多少只？多长时间生产一次？最大缺货量是多少？最小总费用是多少？

解： $R=6000$ 台/月，$C_3=1200$ 元，$C_0=20$ 元，$C_1=0.10$ 元/（月·只），$C_2=1$ 元/（只·月）。

$$Q_0=\sqrt{\frac{2RC_3(C_1+C_2)}{C_1C_2}}=\sqrt{\frac{2\times1200\times6000\times1.1}{0.1\times1}}\approx12586\text{（只）}$$

$$T_0=\sqrt{\frac{2C_3(C_1+C_2)}{C_1C_2R}}=\sqrt{\frac{2\times1200\times1.1}{0.1\times1\times6000}}\approx2.1\text{（月）}$$

$$Q_m=\sqrt{\frac{2C_2C_3R}{C_1(C_1+C_2)}}=\sqrt{\frac{2\times1\times1200\times6000}{0.1\times1.1}}\approx11442\text{（只）}$$

最大缺货量：

$$Q_0-Q_m=\sqrt{\frac{2C_1C_3R}{C_2(C_1+C_2)}}=\sqrt{\frac{2\times0.1\times1200\times6000}{1\times1.1}}\approx1144\text{（只）}$$

最小总费用：

$$C\ (Q)\ =\sqrt{\frac{2C_1C_2C_3R}{C_1+C_2}}=\sqrt{\frac{2\times0.1\times1\times1200\times6000}{1.1}}\approx1144\ (元/月)。$$

即每批生产扬声器12586只，2.1个月生产一次，最大缺货量是1144只，每月最小总费用为1144元。

三、不允许缺货情况下的存储模型

在不允许缺货情况下，可将缺货成本视为无穷大，即 $C_2\to\infty$。可以推出有关公式。

订货周期计算公式为：

$$T_0=\sqrt{\frac{2C_3P}{C_1\ (P-R)\ R}}$$

订货批量计算公式为：

$$Q_0=\sqrt{\frac{2RC_3P}{C_1\ (P-R)}}$$

最高存储量计算公式为：

$$Q_m=\sqrt{\frac{2C_3R\ (P-R)}{PC_1}}$$

最大缺货量计算公式为：

$$Q_0-Q_m=\sqrt{\frac{2C_1C_3R\ (P-R)}{PC_2\ (C_1+C_2)}}=0$$

最小总费用计算公式为：

$$C\ (Q)\ =\sqrt{\frac{2C_1C_3R\ (P-R)}{P}}$$

第四节 随机型存储模型

本节将介绍随机型存储模型。这里假定需求是随机离散的，其概率或分布为已知。

一、引论

［**例4－6**］ 商店订购某种商品1000件，这1000件商品可能在一个月内售完，也可能在两个月之后还有剩余。可供选择的策略有以下3种。

策略1：定期订货，需要根据一个周期末剩余货物的数量决定订货量。

策略2：定点订货，存储降到某一确定的数量时订货，不再考虑间隔的时间。

策略3：定期订货与定点订货的综合，隔一定时间检查一次存储，如果存储数量高于数值 s，则不订货，小于 s 时，则订货补充存储，订货量要能够使存储量达到 S，这种策略简称为（s，S）存储策略。

在确定性存储模型中，不允许缺货的条件只能从概率的意义方面理解，如不缺货的概率为0.9等。在随机型存储模型中，以赢利的期望值的大小作为衡量存储策略优劣的选择标准。

[例4-7] 某商店拟在新年期间出售一批日历画片。每售1000张可赢利7元。如果在新年期间不能售出，必须削价处理。削价策略可以使日历画片售完，此时每千张赔损4元。需求概率分布如表4-7所示。每年只订一次货，问应订购多少张才能使利润的期望值最大？

表4-7 **需求概率分布**

需求量 r	0	1	2	3	4	5
需求概率 $P(r)$	0.05	0.10	0.25	0.35	0.15	0.10

解：先用列表法求解，不同订货量的获利如表4-8所示。

表4-8 **不同订货量的获利** 单位：千张，元

	0	1	2	3	4	5	利润期望值
0	0	0	0	0	0	0	0
1	-4	7	7	7	7	7	6.45
2	-8	3	14	14	14	14	11.80
3	-12	-1	10	21	21	21	14.40
4	-16	-5	6	17	28	28	13.15
5	-20	-9	2	13	24	35	10.25

期望值的计算是需求量乘对应的概率的累加。例如订货4000张，获利的可能数值为如下。

(1) 当市场需求为0时获利为 $(-4)\times4=-16$（元）。

(2) 当市场需求为1时获利为 $(-4)\times3+7=-5$（元）。

(3) 当市场需求为2时获利为 $(-4)\times2+7\times2=6$（元）。

(4) 当市场需求为3时获利为 $(-4)\times1+7\times3=17$（元）。

(5) 当市场需求为4时获利为 $(-4)\times0+7\times4=28$（元）。

(6) 当市场需求为5时获利为 $(-4)\times0+7\times4=28$（元）。

订购量为4000张时获利的期望值 $E[C(4)]=(-16)\times0.05+(-5)\times0.10+6\times0.25+17\times0.35+28\times0.15+28\times0.10=13.15$（元）

由表4-8可以看出，订购3000张时，期望利润最大。

本例还可以从相反的角度考虑求解。当订货量为 Q 时，有两种情况。

(1) 供过于求的情况下，可能发生滞销赔损。

（2）求过于供的情况下，可能发生因缺货而失去销售机会的损失。

把这两种损失合起来考虑，取损失期望值最小者所对应的 Q 值。

当该店订购量为 2000 张时，计算其损失的可能值如下。

（1）当市场需求量为 0 时滞销损失为（-4）×2 = -8（元）。

（2）当市场需求量为 1 时滞销损失为（-4）×1 = -4（元）。

（3）市场需求量为 2 时滞销损失为 0（元）。

以上三项皆为供货大于需求时滞销损失。

（1）当市场需求量为 3 时缺货损失为（-7）×1 = -7（元）。

（2）当市场需求量为 4 时缺货损失为（-7）×2 = -14（元）。

（3）当市场需求量为 5 时缺货损失为（-7）×3 = -21（元）。

以上三项皆为供不应求时，失去销售机会而少获利的损失。

订购量为 2000 张时缺货和滞销两种损失的期望值 $E[C(2)] = (-8)\times 0.05 + (-4)\times 0.10 + 0\times 0.25 + (-7)\times 0.35 + (-14)\times 0.15 + (-21)\times 0.10 = -7.45$（元）。

不同订货量的损失如表 4-9 所示。由表 4-9 可以看出，订购 3000 张时，损失最小为 4.85 元。

表 4-9　不同订货量的损失

需求量 r	0	1	2	3	4	5
损失期望值	-19.25	-12.8	-7.45	-4.85	-6.1	-9

二、离散型的存储模型

报童问题：报童每天售报是个随机变量。报童每售出一份报纸赚 k 元，报纸未能售出，每份赔 h 元。每日售出报纸份数的概率为 $P(r)$，问报童每日最好准备多少份报纸？

1. 损失期望值最小法

设售出报纸数量为 r，其概率为 $P(r)$，则：

$$\sum_{r=0}^{\infty} P(r) = 1$$

设报童订购报纸数量为 Q。供过于求（$r \leqslant Q$），报纸不能售出而造成损失的期望值为：

$$\sum_{r=0}^{Q} h(Q-r)P(r)$$

供不应求（$r > Q$），因报纸缺货而造成损失的期望值为：

$$\sum_{r=Q+1}^{\infty} k(r-Q)P(r)$$

当订货量为 Q 时，总的损失期望值为：

$$C(Q)=h\sum_{r=0}^{Q}(Q-r)P(r)+k\sum_{r=Q+1}^{\infty}(r-Q)P(r)$$

下面确定 Q 值，使 $C(Q)$ 最小。

r 是离散变量，不能求导以及求极值。求 $C(Q)$ 步骤如下。

设报童订购报纸数量为 Q，若 $C(Q)$ 最小，则有：

$$C(Q)\leqslant C(Q+1) \tag{4-1}$$

$$C(Q)\leqslant C(Q-1) \tag{4-2}$$

推导如下。

由式（4-1）有：

$$h\sum_{r=0}^{Q}(Q-r)P(r)+k\sum_{r=Q+1}^{\infty}(r-Q)P(r)\leqslant h\sum_{r=0}^{Q+1}(Q+1-r)P(r)+k\sum_{r=Q+2}^{\infty}(r-Q-1)P(r)$$

简化后有：

$$(k+h)\sum_{r=0}^{Q}P(r)-k\geqslant 0$$

进一步简化为：

$$\sum_{r=0}^{Q}P(r)\geqslant\frac{k}{k+h}$$

由式（4-2）有：

$$h\sum_{r=0}^{Q}(Q-r)P(r)+k\sum_{r=Q+1}^{\infty}(r-Q)P(r)\leqslant h\sum_{r=0}^{Q-1}(Q-1-r)P(r)+k\sum_{r=Q}^{\infty}(r-Q+1)P(r)$$

简化后有：

$$(k+h)\sum_{r=0}^{Q-1}P(r)-k\leqslant 0$$

进一步简化为：

$$\sum_{r=0}^{Q-1}P(r)\leqslant\frac{k}{k+h}$$

由上面两个不等式确定最优批量 Q。

2. 赢利期望值最大法

（1）供过于求（$r\leqslant Q$），售出 r 份报纸赚 kr 元，未售出报纸赔 $h(Q-r)$ 元，报纸赢利期望值为：

$$\sum_{r=0}^{Q}[kr-h(Q-r)]P(r)$$

（2）供不应求（$r>Q$），只有 Q 份报纸可售，报纸赢利期望值为：

$$\sum_{r=Q+1}^{\infty} kQP(r)$$

（3）当订货量为 Q 时，总的赢利期望值为：

$$C(Q) = \sum_{r=0}^{Q} krP(r) - \sum_{r=0}^{Q} h(Q-r)P(r) + \sum_{r=Q+1}^{\infty} kQP(r)$$

下面决定 Q 值，使 $C(Q)$ 最大。

r 是离散变量，不能求导求极值。类似上面的方法可以导出报童应准备的报纸最佳数量为：

$$\sum_{r=0}^{Q-1} P(r) < \frac{k}{k+h} \leqslant \sum_{r=0}^{Q} P(r)$$

从上面的不等式出发，确定最优批量 Q，求得的结果与损失期望值最小法求得的结果相同。

用赢利期望值最大法求解例 4－7 中的问题。

解：由 $k=7$，$h=4$，得：

$$\frac{k}{k+h} \approx 0.636$$

$$P(0) = 0.05, P(1) = 0.10, P(2) = 0.25, P(3) = 0.35$$

$$\sum_{r=0}^{2} P(r) = 0.40$$

$$\sum_{r=0}^{3} P(r) = 0.75$$

$$\sum_{r=0}^{2} P(r) = 0.40 < \frac{k}{k+h} \approx 0.636 < \sum_{r=0}^{3} P(r) = 0.75$$

由此可知，该店订购 3000 张日历画片为最佳。

第五节 供应链环境下的库存管理

供应链管理思想对企业最直接和最深刻的影响是企业决策思维方式的转变，即从传统、封闭的纵向思维方式向横向、开放的思维方式转变。库存管理是企业管理主要内容之一，供应链管理思想无疑会对其产生很大的影响。与传统的企业管理方法相比，在信息来源、信息的集成方法、计划的决策模式、计划的运行环境、控制的手段等许多方面，供应链管理模式下的管理方法都有显著不同。

在供应链管理环境下，供应链的各个环节的活动都应该同步进行，而传统的库存控制方法无法满足这一要求。近年来，出现了新的库存管理策略，体现了供应链的集成化管理思想，适应了市场变化的要求。

一、供应商管理库存策略

（一）供应商管理库存策略的基本思想

供应商管理库存（Vendor - Managed Inventory，VMI），是指以供应商和客户等供应链上的合作伙伴获得最低成本为目的，在共同的协议下，由供应商管理库存，并不断监督协议执行情况，修正协议内容，使库存管理得到持续改进。

供应链管理的目的是通过贸易伙伴间的密切合作，以最小的成本提供最大的客户价值（包括产品和服务），这就要求供应链上各环节企业从只注重自身的库存控制转向注重整个供应链的库存控制，其活动应该是同步进行的。库存管理职能也应当进行必要的整合，企业应当从以物流控制为目的的库存管理转向以过程控制为目的的库存管理，即供应链的库存管理是基于工作流的管理，应尽量减少需求放大现象。显然，传统的库存控制方法已无法满足供应链管理的需要，供应商管理库存适应市场变化的要求，使供应商可以与其用户共享需求变化的透明性，体现供应链的集成化思想。实行 VMI 管理，购买方不再需要执行传统库存中的任务，使购买方对供应商产品的交货和管理费用降低，有助于打破传统企业各自为政的库存管理模式，使整个供应链的库存管理最优化目标得以实现。VMI 的主要思想，是指在用户和供应商相互合作的基础上，按照双方成本最优化的原则，由供应商管理用户的库存，确定库存水平和补给策略，并拥有库存控制权。这种管理可以在双方协调的基础上经常被修改和改进。

目前 VMI 主要应用于制造商与其分销商或代理商之间。制造商为了准确地掌握实际需求信息，将分销商的库存纳入自己的管理范围，通过库存信息间接地了解需求信息。在 VMI 中，制造商确定产品的销售价格，并根据库存信息决定分销商的订货点及订货量，以此为主要依据，指导和安排自己的生产活动。其主要特征如下。

（1）管理责任和决策主体转移。客户的库存管理决策和费用由供应商承担。

（2）销售活动延迟。由于客户库存由供应商管理，其所有权仍属于供应商，只有当存货被客户使用时商品销售才真正实现。

（3）信息共享。供应商能够及时获取客户库存及需求信息，并负责对客户的产品需求进行预测分析。

（二）VMI 对供应链的作用

作为目前国际上前沿的供应链库存管理模式，VMI 对整个供应链的形成和发展都产生了影响。VMI 帮助供应商等上游企业通过信息手段掌握其下游客户的生产和库存信息，并对下游客户的库存调节做出快速反应，降低供需双方的库存成本。目前许多跨国巨头和国内知名制造企业都在拥抱 VMI，并享受着由它带来的丰硕果实——提高库存周转率，降低库存成本，实现供应链的整体优化。

1. 消除供应链中的“牛鞭效应”

长期以来，供应链中的库存是各自为政的。供应链中的每个环节都有自己的库存控制策略，各自管理自己的库存。由于各自的库存控制策略不同，因此不可避免地产生了需求的扭曲现象，即所谓的需求放大现象，形成了供应链中的“牛鞭效应”，加重了供应商的供应和库存风险。

在由供应商、制造商、分销商、零售商和客户依次连接的供应链中，沿着供应链环节向上游移动，随着需求不稳定性的增加，预测的准确度也逐渐降低，这是由零售商管理库存的方式所导致的结果。其中补充订货的决策及相关信息由库存的使用者掌握，而库存的供应者只是被动地接受信息，响应周期长、库存积压风险大，导致制造商和零售商库存增加。而如果由供应商管理库存，将大大减少信息失真和库存积压的情况，减少库存使用者的管理负担，降低总成本。众所周知，库存与服务水平总是相互矛盾的。提高顾客服务水平就需要更多的缓冲库存以减少缺货，提高准时交货率；而降低库存水平会增加缺货的可能性，影响服务水平。早在20世纪80年代末，沃尔玛和宝洁就开始实施VMI，但当时并未引起学术界和企业界的重视。随着产品生命周期缩短，需求不确定性的加大，以及顾客对服务水平要求的不断提高，库存与服务水平的矛盾更加突出。同时，随着信息技术的发展，信息共享能力增强，信息成本下降，VMI的优越性也逐步显现。

2. 使供应链的库存逼近零库存

VMI的核心思想在于零售商放弃商品库存控制权，而由供应商掌握供应链上的商品库存动向，即由供应商依据零售商提供的每日商品销售资料和库存情况来集中管理库存，并且替零售商下订单或连续补货，从而实现对顾客需求变化的快速反应。

VMI不仅缩短了整个供应链面对市场的回应时间，较早得知市场准确的销售信息，而且可以最大化地降低整个供应链的物流运作成本，即降低供应商与零售商因市场变化带来的不必要的库存，达到挖潜增效、开源节流的目的。对于制造商来说，VMI允许制造商以互联网为工具远距离管理他们的库存，完成补货循环，将补货时间推迟到生产线所需要的最迟时刻。对于分销商和零售商来说，VMI可以让其拥有少量的库存，甚至逼近零库存。而供应商通过获取分销商和零售商的销售资料和库存量，再根据市场需求预测补货方法和安全库存模式，可以有计划、快速地反映市场变化和消费者需求。VMI系统主要可分成两个模块：一个是需求计划模块，可以产生准确的需求预测；另一个是配送计划模块，可以根据客户实际订单和运送方式，提供顾客满意度高及成本低的配送。

（三）VMI的缺陷及其对策

通过几年的实施，VMI被证明是比较先进的库存管理办法。VMI由上游企业拥有并管理库存，下游企业只需要帮助上游企业制订计划，从而使下游企业实现零库存，上游企业库存亦大幅度减小。但VMI也有一些局限性。第一，在VMI中供应商和零售商协作水平有限。第二，VMI 对企业间的信任要求较高。VMI 是跨企业边界的集成与协调，要求供需双方建立互信的合作伙伴关系。如果企业间缺乏信任，双方都视对方为竞争对手而不是合作伙伴，要实现信息共享和企业间的集成与协调是不可能的。供需双方互信与合作是 VMI 成功的必备条件。第三，VMI 中的框架协议虽然是双方协商确定的，但供应商处于主导地位，决策过程中缺乏足够的协商，难免造成失误。第四，VMI 的实施减少了库存总费用，但在 VMI 系统中，库存费用、运输费用和意外损失不是由用户承担，而是由供应商承担。由此可见，VMI 实际上是对传统库存控制策略进行“责任倒置”后的一种库存管理方法，这无疑加大了供应商的风险。

二、联合库存策略

（一）联合库存管理的基本思想

VMI 是一种供应链集成化运作的决策代理模式，它把用户的库存决策权代理给供应商，由供应商代理分销商或批发商行使库存决策的权利。

联合库存管理（Jointly Managed Inventory，JMI）是一种在 VMI 基础上发展起来的供应商与用户权利责任平衡和风险共担的库存管理方式。地区分销中心就是联合库存管理思想的体现，它既是商品的联合库存中心又是需求信息的交互中心。

联合库存管理能消除部分由于供应链环节之间的不确定性和需求信息扭曲现象导致的供应链的库存波动现象，提高供应链的同步化程度。JMI 强调供需双方同时参与、共同制订库存计划，任何相邻节点需求的确立都是双方协调的结果，库存管理不再是企业各自为政的独立运作过程，而是连接供需双方的纽带和协调中心，它体现了供应链企业间的战略合作伙伴关系。传统供应链活动过程模型示意如图 4－7 所示。基于协调中心的联合库存管理供应链系统模型如图 4－8 所示。

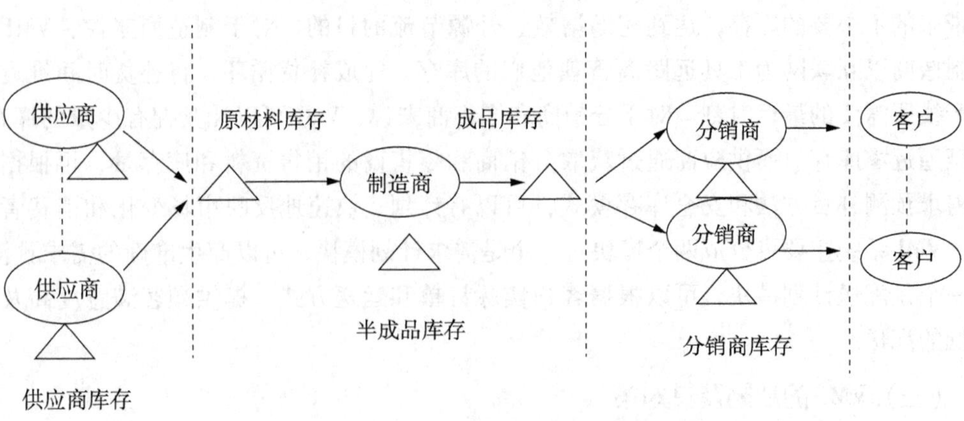

图 4－7　传统供应链活动过程模型示意

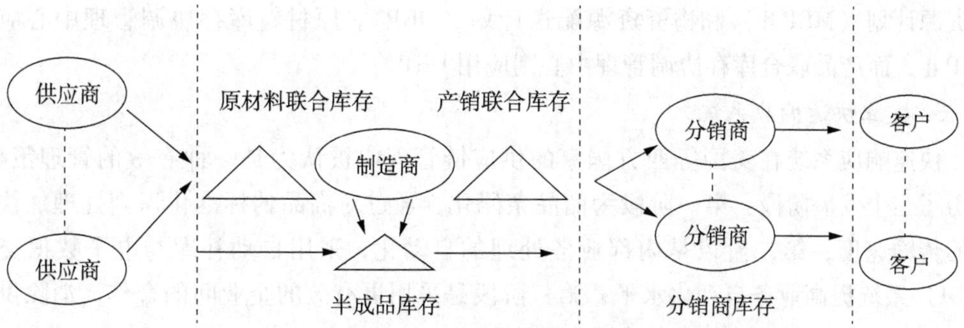

图4-8 基于协调中心的联合库存管理供应链系统模型

如图4-7所示，在传统的供应链过程中，从供应商、制造商到分销商，各个供应链节点企业都有各自的库存。如图4-8所示。基于协调中心的联合库存管理供应链系统模型有如下的优点。

（1）为实现供应链的同步化运作提供了条件和保证。

（2）减少了供应链中的需求扭曲现象，降低了库存的不确定性，提高了供应链的稳定性。

（3）库存作为供需双方的信息交流和协调的纽带，可以暴露供应链管理中的缺陷，为改进供应链管理水平提供依据。

（4）为实现零库存管理、准时采购以及精细供应链管理创造了条件。

（5）进一步体现了供应链管理的资源共享和风险分担的原则。

（二）联合库存管理的实施策略

1. 建立供需双方的协调管理机制

为了发挥联合库存管理的作用，供需双方应秉持合作的精神，建立供需协调管理的机制，通过相互的协调作用，明确各自的目标和责任，建立合作沟通的渠道，为供应链的联合库存管理提供有效的机制。

建立供需协调管理机制，主要包括下面四个方面的内容：

（1）本着互惠互利的原则，建立双方共同的合作目标；

（2）建立联合库存的协调控制方法，明确库存优化方法，包括库存如何在多个需求商之间调节与分配、库存最大量和最小量、安全库存量以及库存预测等；

（3）建立信息交互的渠道或系统，只有保证供应链上供求信息和库存信息的一致性、及时性等，才能增强预测的准确性；

（4）建立公平的利益分配和激励机制，防止机会主义，增加企业间的协作性和协调性。

2. 发挥两种资源计划系统的作用

在供应链的联合库存管理中，应充分利用目前比较成熟的两种资源管理系统：制造资源计划（MRPⅡ）和物资资源配送计划（DRP）。原材料库存协调管理中心应用MRPⅡ，而产品联合库存协调管理中心则应用DRP。

3. 建立快速响应系统

快速响应系统在美国等西方国家的供应链管理中被认为是一种有效的管理策略，经历了三个发展阶段：第一阶段为商品条码化，通过对商品的标准化识别处理加快订单的传输速度；第二阶段是内部业务处理的自动化，采用自动补库与电子数据交换（EDI）系统提高业务自动化水平；第三阶段是采用更有效的企业间的合作，消除供应链组织之间的障碍，提高供应链的整体效率。

快速响应系统需要双方的密切合作，因此协调管理中心的建立可以为快速响应系统发挥更大的作用创造有利的条件。

基于协调中心的联合库存管理只是协调了供应链相邻两节点之间的库存，对于多层级的供应链而言，是对其进行的局部优化，而要进行供应链的全局优化则必须采用多级库存优化与控制。

三、多级库存优化与控制策略

基于协调中心的联合库存管理是一种联邦式供应链管理策略，是对供应链的局部优化与控制，而要进行供应链的全局优化与控制，则必须采用多级库存优化与控制方法。

多级库存优化与控制是在单级库存控制的基础上形成的，它可以达到对供应链库存资源进行整体优化的目的。多级库存的控制方法有两种：一种是集中式控制，另一种是分布式控制。集中式控制是指所有库存点的控制参数是同时决定的，通过对供应链运营系统的全面把握，获得供应链库存的整体优化；分布式控制由各个库存点独立地决定库存控制策略，通过信息共享实现相互之间的协调。分布式控制管理较简单，各个库存点独立地进行各自的库存控制，但是这样无法保证供应链库存的整体优化，如果信息共享程度较低，多数情况下产生的是次优的结果。采用集中式控制方法，所有库存控制参数是同时决定的，并且考虑各个库存点的相互联系，通过相互的协调来达到优化的目的，然而这种方法对信息交互的要求更高，所需信息量也更大，这必然增加了供应链管理的难度和复杂度，尤其是多层次和网状供应链。

采用供应链多级库存优化与控制时，应着重考虑以下几个问题。

1. 首先要考虑优化的目标是什么——成本还是时间

传统的库存优化问题无一例外地进行库存成本优化，但是在强调敏捷制造、基于时间的竞争条件下，库存控制必须同时要考虑基于时间的优化与控制，那么如何在二者之间选择一个最佳平衡点，既满足成本优化的目标，又满足确定的客户服务水平，这是目前多级库存控制研究的重点。

2. 明确库存优化的边界

供应链的结构有各种各样的形式：有全局的供应链，包括供应商、制造商、分销商和零售商各个部门；有局部的供应链，分为上游供应链和下游供应链。不同结构的供应链在进行库存优化的时候采取的控制策略是不同的，所以在进行多级库存优化的时候，一定要明确所优化的库存范围。

3. 多级库存优化实施的前期准备效率问题

在应用基于目标函数来进行优化的多级库存管理策略时，可能会因为供应链上下级组织和管理等这一类的原因达不到预期的效益，因此要想让多级库存策略产生真正优化的效果，就需要对供应链的组织、管理进行优化，做好前期的准备工作。

4. 明确采用库存控制策略

单级库存控制中的周期性检查策略和连续性检查策略在多级库存控制中仍然适用。

传统的多级库存控制是基于成本的库存优化，主要考虑的是生产—分销模式，现在把问题推广到整个供应链的一般情况，如图 4-9 所示。

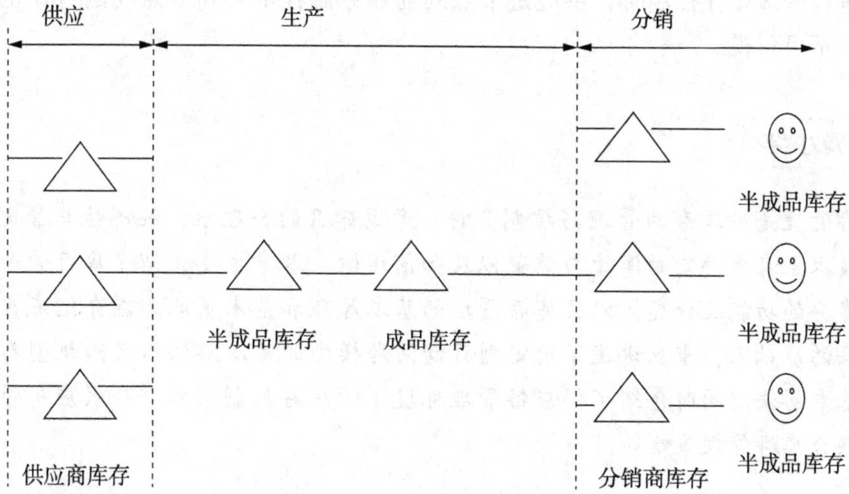

图 4-9 多级供应链库存模型

供应链的成本结构主要包括三部分：库存维持费用 C_0、缺货损失成本 C_1、交易成本 C_2，所以供应链的总体成本 $C = C_0 + C_1 + C_2$。基于成本优化的多级库存控制实际上就是确定最佳的库存控制参数，即库存检查周期、订货点、订货量，从而使供应链的总体成本 C 最小。

采用中心化控制策略的多级库存的优势在于能够对整个供应链系统的运行有一个较全面的掌握，能够协调各个节点企业的库存活动。它将控制中心放在核心企业上，由核心企业对供应链系统的库存进行控制，协调上游和下游的企业的库存活动，核心企业也就成为供应链的数据中心（数据仓库），负责数据的集成、协调功能，如图 4-10 所示。

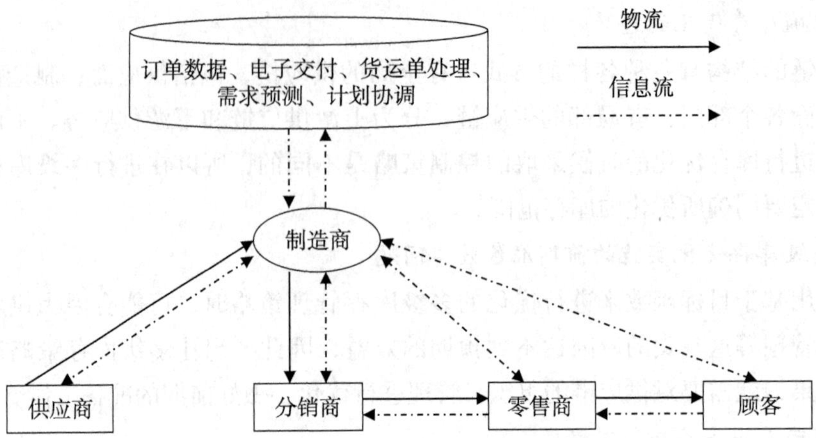

图 4－10　供应链中心化库存控制模型

尽管多级库存控制在数学模型及理论上都比较成熟，但这些模型和算法都很难解决多级库存控制中的关键问题，即如何建立企业之间或部门之间的合作与协调机制，所以在进行多级库存控制时，供应链节点间的业务流程重组和节点间的合作也是重要的一环，不可忽视。

本章小结

库存管理是对库存的管理与控制，它只考虑库存的合理性、经济性与最优性，而不是从技术上考虑存货的保管与储藏以及如何运输。本章主要介绍了库存管理的基本概念、库存的功能及分类，以及库存管理的基本原理和基本策略。在介绍库存控制的基本方法的基础上，重点讲述了确定型存储问题模型的基本解法以及随机型存储问题模型的基本解法。同时介绍了供应链管理环境下的库存控制策略，如供应商管理库存策略、联合库存管理策略等。

参考文献

[1]《运筹学》教材编写组．运筹学［M］．北京：清华大学出版社，1990.
[2] 傅家良．运筹学方法与模型［M］．上海：复旦大学出版社，2006.
[3] 刘永胜．供应链管理基础［M］．北京：中国物资出版社，2009.

案　例

1. 某电器厂平均每个月需要购入某种电子元件 100 件，每件电子元件的价格为 4 元，每批货物的订购费为 5 元。每次货物到达后先存入仓库，则平均每月每件电子元件的存储费为0.4元。试求电器厂对该电子元件的最佳订货批量、每月的最佳订货次数和每月的费用。

2. 某宾馆与一家饮料公司签订长期订购瓶装矿泉水的合同，合同规定，每次订货的提前时间为3天，在此期间，宾馆的需求呈正态分布，其均值为1000瓶，标准差为250瓶。一次订货的手续费为100元，存储费用是每月每瓶0.15元，假定拖后时间内的缺货在下次到货后要补齐，缺货损失费用为每瓶1元。试根据上述条件确定最佳订货批量和最佳订货点。

第五章　采购与供应决策

学习目标

1. 了解采购的作用和重要性。
2. 掌握采购的具体策略及采购量的确定。
3. 了解看板制度及其管理理念。
4. 了解物料需求计划的运行机制。

采购被视为计划过程中的一个环节。尽管采购主要是一项购买活动，但是许多采购决策直接影响物流渠道中商品或服务的流动。因此，要选出其中的一部分决策问题来进行考察，并提出一些解决方法或建议。

供应渠道中，运作、营销、采购和所有其他活动之间的充分协调是极其重要的。这些经营活动之间的相互关联常常使针对单独一项活动进行优化的努力可能对其他的一项或几项活动造成损害。忽视这种背反现象就会给公司运作带来负面影响。

第一节　采购决策

“采购”一词用得比较广泛，常用于生产制造行业。供应链环境下企业采购将包含更广泛的含义。供应链条件下的企业，以下游客户多样化需求为导向，从外部供应商获取物资、服务、技术、能力、知识等有利资源来提升自身核心竞争力。这是企业内外部资源整合的过程，体现了供应链环境下资源配置的本质要求，有利于合作企业之间合作伙伴关系的发展，也有利于企业互惠共赢目标的实现。

虽然物流管理人员不会直接关注采购的全部活动，但是采购间接影响了货物在实物供应渠道中的流动。供应商发货地点的选择、采购数量的确定、货物供应的时间安排、产品形态与运输方式的选择等都是影响物流成本的重要因素。反过来，有关合同磋商、供应商绩效评定、质量保证以及价值分析等活动与货物在供应渠道里的运输和存储却没有直接的关系。因此，采购不完全是物流人员的职责的说法是合理的。但是，采购与运输、存储活动之间存在着密切的关系。这里重点讨论的是那些与物流直接相关的采购活动。

一、采购的重要性

采购在公司里占据非常重要的地位，因为购进的零部件和辅助材料一般要占到最终产品销售价值的40% ~60%。这意味着，在获得物料方面所做的点滴成本节约对利润生产的影响，要大于公司其他成本的节约给利润带来的影响。

当通用电器公司、通用汽车公司和美国联合航空公司等企业决定采用成本节约的方案时，对他们来说，向供应商压价不足为奇。因为他们意识到购入物料的开支平均要占总开支的50%以上，显然供应商处于降价成本的焦点位置。这些公司应用的一些战略可归纳为以下四个方面。

（1）重新就合同进行谈判。与供应商沟通，要求其降低价格的5%或者更多。对于那些拒绝降价的供应商，则取消合同，重新组织投标。

（2）提供帮助。向供应商的工厂派驻专家小组，帮助他们进行生产重组，并提出其他提高生产率的建议以及和供应商一起努力简化零部件的设计，降低生产成本。

（3）不断施加压力。为了保证改进措施不断涌现，设定每年的全面成本削减目标，通常为1年5%或者更多。

（4）减少供应商数量。大幅度减少供应商的数量，有时减幅可达80%；对于那些致力于提高规模经济的供应商，则增加对他们的购买。

很显然，这些公司深谙投资回报率效应的作用。网上竞标是企业寻找降低其产品及服务采购价格的另一途径。互联网与生俱来的优势是在采购过程中，网络可以很方便、不费成本地把许多供应商聚集在一起。由于有更多的卖家提供产品和服务，市场规模扩大了，价格就下降了。换言之，市场更加完善，价格更接近其最低水平。

二、采购数量和时间安排

采购的数量和时间安排也影响价格、运输成本和库存持有成本。一种采购策略是仅在需求产生时购买，采购量就是需求量。这就是适时管理战略（Just - In - Time Strategy），又称为按需购买（Hand - To - Mouth Buying）。企业也可以采用其他方法，如某种形式的先期采购（Forward Buying）或预先采购（Anticipatory Buying）。如果人们预测未来价格会上涨，这样做就有利可图。同样，如果采购者想要回避未来价格上涨的风险，也可采用投机性采购策略，购买铜、银、金之类的原材料，可能在未来重新售出以赚取利润。投机性采购与先期采购的不同之处在于采购量是否超过未来需求量决定的合理购买量。

卖方不断提供的价格折扣也会影响到采购量。一方面，买方可能希望在一个较为优惠的价格水平上突击采购，“囤积物料”。另一方面，买方也可能希望通过谈判得到优惠的价格，而只有在需求出现时才要求卖方实际送货，以此避免存货的积聚。具体战略有以下几种。

1. 混合采购战略

如果可以预测到某种商品价格的季节性变化，那么混合采购战略（既有按需购买，也有先期购买）得到的平均价格比单纯使用按需购买得到的平均价格更低。先期购买指购买的数量大于当前的需求量，但不超过未来可预见的需求量。一方面，当价格看涨时，这种战略很有吸引力，因为可以以较低的价格购买更多的产品，但也由此产生了一定量的库存，从而必须权衡价格优势与库存增加引起的成本负担。另一方面，在价格下跌时则按需购买很有优势，因为这样做可以避免在现在的高价位上购买过多的产品，推迟购买可以因价格下跌而获益。当产品需求呈季节性大幅度变化时，把这两种策略有效地结合起来可以产生巨大的价格优势。

2. 金额平均法（Dollar Averaging）

只有价格的季节性波动是平稳且可以预测时，先期采购的策略才有效果。使用金额平均法也可以达到同样的效果。该方法假定价格一般会随着时间的推移而增长，此外，还假定价格会有不确定的上下波动。公司定期采购，但是采购的数量取决于购买时的价格水平。企业根据未来合理时期内的平均价格设定购买预算金额，这一合理时期至少为一个完整的季节性周期。预算金额除以价格就会得到采购数量。因此，如果价格普遍上涨，这种方法就会使企业在低价位时购买的数量大于在高价位时购买的数量。使用这种策略的风险在于价格很高时，采购的数量可能会低于实际需求量，因而有必要持有一定量的库存来规避缺货风险。

3. 数量折扣（Quantity Discounts）

采购机构经常受到鼓动进行大量购买。如果采购量很大，供应商的报价会更低，因为采购量大能够使供应商享受规模经济带来的利益，所以供应商愿意通过价格优惠来把其中一部分收益传递给买方。

普遍使用的价格优惠有两种：普遍数量折扣价格优惠和非普遍数量折扣价格优惠。普遍数量折扣价格优惠计划（Inclusive Quantity Discount - Price - Incentive Plan）是指随着购买量的增大，供应商会降低适用于所有的订购产品的报价。这在消费品的采购中十分常见。与之相对，非普遍数量折扣价格优惠计划（Noninclusive Quantity Discount - Price - Incentive Plan）指降低的报价只适用于数量折扣范围内的产品。运输服务中的超量运价（In - excess Rate）就是一个很好的例子。

如果购买量已经足够大，即大于最后一个数量，即价格折扣分界点，就无须进一步考虑。但是，如果购买量相对较小，买方就会处于两难的境地：是在较高的价位上少量购买呢，还是增加库存持有成本加大采购量以获得优惠价格呢？接下来将对这两种定价策略进行深入探讨。

1）普遍数量折扣价格优惠计划

普遍数量折扣价格优惠计划可以简单地表示成表 5－1。

表 5－1　　普遍数量折扣价格优惠计划

数量，Q_i	价格，P_i
$1 \leqslant Q_i < Q$	P_1
$Q_i \geqslant Q$	P_2

其中，Q_i 是采购量，P_i 是对所有 Q_i 个单位产品支付的价格。对第 1 到第 Q 单位产品，适用价格是 P_1；其他产品，适用价格 P_2，P_2 小于 P_1。

这样求最优采购量的问题就变为求最低总成本的问题，其中总成本包括采购成本、订货成本和库存持有成本。总成本的数学公式表示为：

$$TC_i = P_i \times D + \frac{D}{Q_i}S + P_i \times I + \frac{Q_i}{z}G_i \qquad (5-1)$$

式中：TC_i——采购量为 Q_i 时发生的总相关成本；

P_i——采购量为 Q_i 时的价格；

D——每年的平均需求量（件数）；

S——采购成本（元/订单）；

Q_i——采购量（件数）；

I——用百分比表示的年持有成本；

C_i——库存点商品的单位成本（元/件）。

普遍数量折扣价格优惠计划下的总成本曲线如图 5－1 所示。由于总成本曲线中存在不连续点，因此最佳采购量的计算要比单一价格情况下复杂一些。然而，我们可以导出某种要求最小计算量的计算方法。该方法的步骤分解如下。

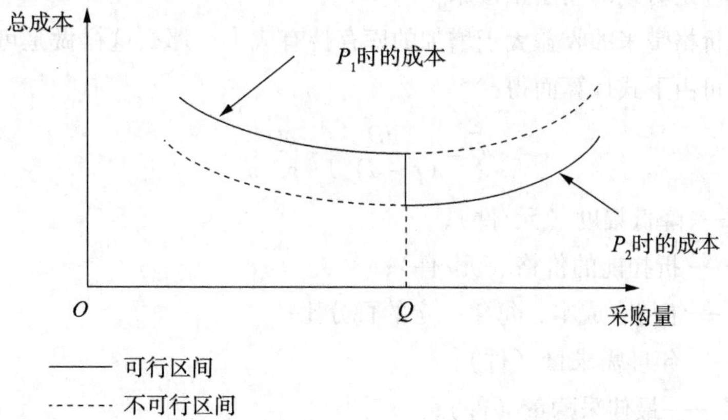

图 5－1　普遍数量折扣价格优惠计划下的总成本曲线（单一分界点）

（1）在每个价格 P_i 下计算出经济订货批量 EOQ。找出总成本曲线可行区间内的 EOQ，如果可行的 EOQ 位于最低成本曲线上，那么这就是最佳采购量。如果不在该曲线上，则计算出 TC_{EOQ}，并进行下一步。

（2）设 Q_i 为数量－价格范围 i 内的最低量，计算 TC_i，将所有的 TC_{EOQ} 进行比较。

2）非普遍数量折扣价格优惠计划

如果数量折扣价格优惠计划具有于特殊性，就需要对上述求解过程略做修正。如图 5－2 所示，当采购量大于价格分界点对应的数量时，平均价格将继续下降。可以通过试错法找到最佳采购量，即逐渐加大采购量，计算出其相应的总成本，直到找到最小的总成本值为止。

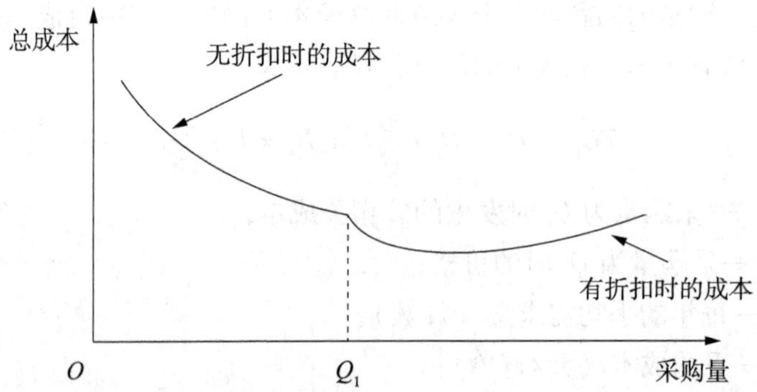

图 5－2　非普遍数量折扣价格优惠计划的总成本曲线（单一分界点）

4. 一次性折扣购买（Deal Buying）

通常，供应商为了达到促销的目的或者为了清除过量库存偶尔会提供价格折扣。如果折扣有吸引力，买方的采购机构就会面临究竟该购买多少的问题。采购机构或许已经从供应商处购买，且是按现有价格条件下的最佳采购量进行采购。这种追加的采购使得库存在一定时期内高于正常水平。

如果降低价格带来的收益大于增加的库存持有成本，那么这样做是可以被接受的。特别订货量就可由下式计算而得：

$$\overline{Q} = \frac{dD}{(p-d)\ I} + \frac{pQ^*}{p-d} \tag{5-2}$$

式中：d——降低幅度（元/件）；

P——折扣前的价格（元/件）；

I——年持有成本，每年一定的百分比；

D——年度需求量（件）；

Q^*——最佳采购量（件）；

$\overline{Q}$——特别订货量（件）。

价格折扣为一次性，而产品需求则是不会改变的。折扣过期后，订货模式（订货量和时间）回到初始状态。

5. 合同购买（Contract Buying）

有时候，买方希望通过磋商得到最优惠的价格，但不希望一次收到采购的所有物品。因此，买方提出在一定的时期内采购一定金额或一定数量的产品。这样的合同可能仅限于购买特定的商品，也可能是在总金额合同（Blanket Dollar Contract）下涵盖多种商品。例如，假设买方同意在未来的一年里从某一供应商处采购价值 50 万元的商品。在订立合同之时人们并不知道每种商品的具体购买量，只是“保证”一定的采购金额（保证的采购金额经常有一定的弹性，例如可以上下浮动 10%）。随着需求在 1 年里不断变化，买方会通知供应商按其需要的数量交付货物。合同内各种商品的采购金额之间可能会存在巨大差异。对于买方来说，这是一种无库存采购策略（Stockless Buying），同时又有批量购买的优势，享受相关的价格优惠。对以 JIT 供应理念指导运作并把库存维持在最低水平的公司来讲，这种方式很有吸引力。而对卖方来说，此种方式能够确定客户的采购，因此可以通过更好的运作规划来提高运作效率。

三、货源安排（Sourcing）

1. 固定货源安排（Fixed Sourcing）

有时价格条款会要求买方确定采购物料的发货地点，这也是一个非常重要的决策，它取决于库存可得率、运输服务的服务质量与成本、价格水平以及价格条件等诸多因素。例如，如果使用运到价格或运费预付的价格，则不必考虑运输服务的选择。如果只有一个可能的起运地服务于唯一的目的地，那么结果就是显而易见的。然而，如果存在多个发货地、多个目的地，而且各发货地能够运出的货量有限，这一决策问题就会更复杂。解决这类问题的方法之一是利用线性规划。

2. 灵活货源安排（Flexible Sourcing）

把各目的地的需求分派给特定货源的做法并不总是切实可行的。在较长的提前期内，需求的改变可能会要求采取灵活的货源安排。某玻璃制品公司就采用这种方法来维持玻璃熔炉的持续运转，虽然公司的原材料存储能力很有限。该公司根据年度采购数量，要求多个供应商按照生产的进度发运原材料。原材料一旦发出，该公司就会相应调整生产计划，要么调整产品结构，从而调整原材料的需求，要么调整产量。鉴于此，该公司常常改变原有的安排，改变在途货物原定的目的地，将货物调拨到其他的工厂。该方法更好地协调了需求与供给，同时还避免了工厂原材料短缺情况进一步的恶化。其缺点是产生了更高的运输成本，因为各厂并不总是固定从某个特定的货源进货。

四、销售条件（Terms of Sale）和渠道管理（Channel Management）

在销售条件中具体规定货物的供应形式、处理方式对产品在供应渠道中的流动、储存效率至关重要。因为供应商拥有自己的物流系统，所以就无法保证这些系统与采购公司的物流系统的兼容。包装规格、运输方式和货物的搬运过程很可能会无法匹配，这就需要花费额外的时间与精力来使二者兼容。只要有可能，采购过程中就应该具体规定发运的货物应如何与所期望的模式相符。如果不能通过合同条款来实现，就需要与发货人合作，共同努力使系统的兼容性达到理想的水平。

第二节　供应计划

适时管理、快速反应和压缩时间等理念的普及已经将计划提升为供应渠道中的重要活动。企业除了以库存满足需求外，还可以通过对需求的合理计划来满足需求，这两者代表了满足物流渠道需求或需要的各种方案中的两种角度。在供应渠道中，企业要满足的需求一般为生产需求（在服务业则是运作需求）。物料管理人员一般通过两种方法来满足这一需求。第一种方法是按需要时间随时供应，不断调整供给时间使得物料的供给与生产的需求步调一致。其中，物料需求计划是处理计划安排的一种常用方法。第二种方法是持有库存来满足生产需求，利用补货规则来维持库存水平，这些规则决定了物料在供应渠道中流动的具体时间与数量。

一、适时供应计划（Just – In – Time Supply Scheduling）

适时供应计划是一种有别于以库存满足需求的运作理念，目的也是使得企业能在适当的地点、适当的时间获取适当的货物。作为管理物料供应渠道的方法之一，适时供应计划首先在日本得到了广泛应用，这或许是由日本过去40年里特定的经济与物流环境导致的。适时供应计划可以定义为整个供应渠道对生产/客户需求同步反应的一种理念。

适时供应计划的特点如下：

（1）与少数供应商和运输承运人保持密切关系；

（2）信息在供应商与买方之间实现共享；

（3）频繁进行小规模的生产、采购、运输，从而把库存降到最低水平；

（4）消除整个供应链渠道中所有可能出现的不确定性；

（5）高质量目标。

随着企业生产启动成本和采购订货成本的大幅下降，几乎可以忽略不计，经济补货量也越来越小，逐渐趋近一个单位。如果存在生产或采购的规模经济，由于只有少数几个供应商，且供应商通常紧邻买方的需求点，所以规模经济可以发挥到极致。买方与相对少数的几家供应商和承运人建立起紧密的协作关系，供应商通常以生产或运作计划的形式分享来自买方的信息，供应商就能预测买方的需求，从而减少反应的时间及其波动。买方希望其选择的几家供应商都能始终如一地提供准时的交货服务。适时管理理念下，计划的整体效果就是实现与需求协调一致的产品流动。尽管与以库存供应（Supply - to - inventory）的理念相比，以适时管理的理念管理供应渠道要付出更多精力进行管理，但由此带来的好处是：能够在渠道运转过程中保持最低的库存，降低各方的成本及提高服务水平。然而，制造商得到的某些好处也可能是成本和库存转移到供应渠道上游的供应商的产物。

二、看板

看板是丰田汽车公司的生产计划系统，也可能是最著名的适时管理范例。看板本身是一个以看板卡片为基础的生产控制系统，看板（KANBAN）指示工作中心或供应商生产一定标准数量的某种产品；板卡（BAN Card）要求把标准数量的零部件或半成品运送至工作中心。其中，标准数量是事先确定的。公司就利用这些卡片来启动生产过程和物料流动。

看板/适时管理系统利用库存控制中的再订货点方法来确定标准生产/采购量，系统的生产启动成本相当低，提前期也很短。

其他几个方面的特征也增强了其作为适时系统的有效性。

首先，与利用规模经济而建立的进度计划相比较，这种经常重复主生产进度计划中的生产样式，就产品式样 A 和 B 而言，能够实现规模经济、节约生产启动成本的生产进度计划可能是 AAAAAAABBBBBBAAAAAAABBBBBBAAAAAAABBBBBB。

然而，看板的生产进度计划则可能是 ABABABABABABABABABABABABABABABAB ABABABABABAB。

其次，由于提前期很短，其可预测性大大提高。供应商所在地离生产地很近，即使频繁地送货（经常是每小时送一次）也不会产生高昂的运输费用。

再次，由于生产启动成本和采购成本保持在较低水平，所以订货量很小。订单量与生产启动成本和采购成本相关，因此成为降低成本的目标。订货量小就意味着库存水平低。公司会利用经典的再订货点库存管理法来决定补货数量。

最后，使用的供应商为数不多，相应地，公司对供应商期望较高。制造商与供应商之间建立起高度协作关系，以保证获得满意产品和满意的物流绩效水平。

供应适时看板/管理计划与以库存供应计划理论对比鲜明，表 5 - 2 比较了这两种做法的不同之处。但应该记住，二者都是生产计划系统的可选方案，未必有高下之分。

表 5 - 2　　看板/适时供应管理计划与以库存供应计划理论的比较

因素	看板/适时供应管理计划	以库存供应计划理论
库存	一项负债，必须不惜一切努力减少库存	一项资产。保护生产不受预测误差、设备损坏与供应商延迟交货的影响。库存越多越“安全”

续 表

因素	看板/适时供应管理计划	以库存供应计划理论
生产批量，采购量	满足即时需要即可。无论自制品还是购置品都只需达到最低的补货数量，该数量由经济订货量（*EOQ*）公式来决定	生产批量、采购量由规模经济或经济订货量公式来决定。不需要改变生产启动成本来实现更小的生产批量或采购量
启动成本	大幅度降低启动成本。这就需要极其迅速的生产转换以尽量减小对生产的影响，或者有已启动的额外设备。迅速转换可以实现小批量生产，也可以使企业生产种类繁多的零部件	不做优先考虑。通常的目标是产出最大化，因此启动成本是排第二位的考虑内容
在制品库存	消除这些库存。在各个工序之间库存积累得很少，就要求尽早发现问题、确定问题	一项必要的投资。在各个工序间积累库存使生产在物料供应出现问题时仍能持续下去。同时，由于有若干种可供选择的工作岗位，工厂管理层更有机会调配具有不同技能的操作人员来操作不同性能的机器，从而更高效地组织生产运作
供应商	视供应商为合作伙伴。供应商关注客户的需要，客户把供应商作为其工厂的延伸。供应商的数目很少，但供应商中断的风险可能会增加	与供应商保持一定的距离，仅限于业务关系。奉行货源多元化原则，典型的做法是利用供应商之间的互相竞争来实现最低价格
质量	追求零缺陷。如果产品不是100%合格，就会危及生产与分拨	允许存在一定的缺陷以维持产品的流动，避免为保证过高产品质量而产生的额外成本
设备维护	保护性维护或额外的生产能力至关重要。没有存货作缓冲，一个工序停产会危及下游生产	按要求行事。由于维持有一定水平的库存，设备维护并不特别重要
提前期	提前期很短，这样增加了整个供应/配送渠道的反应次数，减少了不确定性和对安全库存的依赖	由于可以通过额外的库存来弥补，因此即使提前期很长也不会有严重后果

三、需求计划

20世纪70年代中期，人们把实施多年的需求计划规范为物料需求计划（Materials Requirement Planning，MRP）。尽管物料需求计划也处理物料供应计划问题，但是其逻辑基础与看板并不相同。MRP法主要用来对那些根据客户要求定制的高价值零部件、原材料和辅助材料进行计划，而其物料需求往往是已知的。从物流管理者的角度来说，物料需求计划的目的在于尽量避免持有物料库存。理论上讲，如果知道最终产品的需求数量与需要时间，就不需要保有零部件、原材料和供给库存，就可以通过提前订购来消除对库存的需求，随时满足最终产品的生产需要，精确安排物料运送时间以满足生产需求是实施物料需求计划的基本原则。

物料需求计划是库存供应计划的一个重要替代方案。除了应用在看板管理系统中，统计性库存控制法在实物供应渠道中的表现并不如在实物配送渠道中那么理想，其原因在于统计性库存控制法所依据的诸多假定（即假定需求是不规律的，随机、独立和无偏的）常常根本无法满足。恰恰相反，对生产最终产品所使用的零部件、原材料和供给的需求是从最终产品需求派生而来的。派生需求的模式取决于生产过程的信息，在生产中，物料清单所列的那些预订数量的零部件、原材料和辅助材料逐步变成最终产品。因此，这些生产物料的需求模式是上下波动的。如果利用统计性库存控制法来设定库存水平，那么会由于需求变化幅度过大导致库存量非常高，甚至高到无法接受的地步。

在供应—分拨渠道的各个层次使用统一的库存管理方法也可能导致需求的上下起伏。图 5 -3 说明了这一现象。某种最终产品存储在基层仓库里，以再订货点法来控制

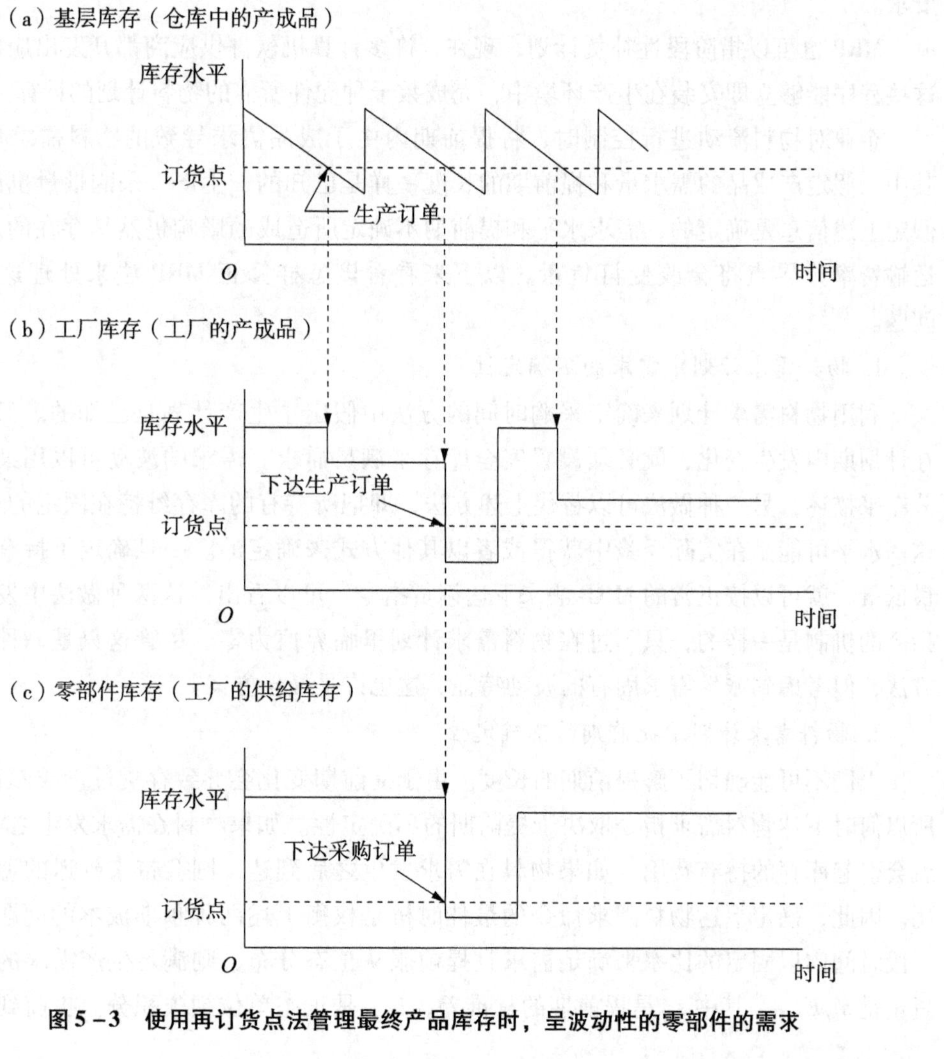

图 5 -3　使用再订货点法管理最终产品库存时，呈波动性的零部件的需求

库存。这样，补货订单间歇地向工厂的仓库发出。如果工厂库存只供应少数几个仓库，或者来自多个仓库的订单同时达到，现货供应情况就会呈现梯状，如图 5－3（b）所示。因此，零部件的供应库存必须比最终产品的库存更多，才能满足由于工厂最终产品库存补给所引发的生产需求［见图 5－3（c）］。由于零部件的消耗是间歇性的，所以即使生产部门没有发出需求，也必须维持很高的零部件库存水平。如果能够估计零部件库存的消耗速度，那么就可以在零部件消耗殆尽之际再行订购，以此节约大量库存持有成本。

四、物料需求计划的运作机制

物料需求计划的概念已经应用了多年，但直到最近物料需求计划的方法才得以实现规范化和计算机化。该方法可以描述为编制供应计划的一种规范的制度性方法，通过提前订货消除对供应库存的需求，协调采购时间或生产时间安排来满足阶段性运作要求。

MRP 也可以指阶段性补货计划，现在，许多计算机软件供应商都开发出应用程序，这些程序能够立即安装在生产环境中，完成数千种配件所需的物料计划的计算。

企业对物料流动进行控制时，将提前期内由于成品需求导致的物料需求量扣除。其中，假定产成品的需求量和提前期的长度一样是已知的，生产—采购批量也已给定。假定上述信息是确定的，需求水平和提前期不确定所造成的影响仍然是存在的。例如，运输费率分界点将会改变订货量。以下来看看该怎样修正 MRP 法来处理这些现实问题。

1. 物料需求计划中需求的不确定性

利用物料需求计划来确定采购时间的方法中假定主生产计划是已知的。只要需求在计划期内发生变化，就必须设置安全库存来满足需求。需求的波动可以用某种概率分布来描述，另一种做法可以替代上述方法，即把所持有的库存维持在固定的水平上，这一水平可能是在实际经验中获得或者以其他方式来确定的。一旦确定了持有库存的最低量，就可以按正常的 MRP 法来下达订货指令。可以看出，这两种做法中发出订货指令的机制是一样的，只不过在物料需求计划里临界值为零。尽管这只是一种近似的方法，但考虑到派生需求固有的波动特征，这也许是最佳方案。

2. 物料需求计划中提前期的不确定性

人们不可能确切了解提前期的长度。由于提前期变化会导致存货过量或库存不足，所以何时下达物料需求指令取决于提前期的不确定性。如果物料在需求发生之前到达，就会引起库存的持有费用；如果物料在需求发生之后到达，则会带来延迟的惩罚性费用。因此，确定下达物料需求命令的最佳时机是权衡上述两种预期成本的问题。假定一段时间内以固定的比率来满足需求且提前服从正态分布，则满足生产需求的预期缺货量是 $s_{LT}E_{(Z)}$，其中 s_{LT}是提前期的标准差，$E_{(Z)}$是正态单位损失积分。提前到达的原材料数量的期望值是 $s_{LT}E_{(-Z)}$。那么，总的相关成本为：

$$TC' = P_c s_{LT} E_{(Z)} + C_c s_{LT} E_{(-Z)} \tag{5-3}$$

式中：P_c——逾期到达的每单位物料引起的成本［美元/（单位·天）］；

C_c——提前到达的每单位物料引起的成本［美元/（单位·天）］。

利用微积分求出最小成本，得到：

$$P = \frac{P_c}{C_c + P_c} \tag{5-4}$$

其中，P 是物料在生产需要时可以得到的概率。当 P 已知，可以查出最佳提前期 T^* 偏离平均提前期 LT 的标准差倍数 z，因此最佳提前期 T^* 为：

$$T^* = LT + z\ (s_{LT}) \tag{5-5}$$

存货过量或存货不足引起成本也并非总那么确定。在这种情况下，可以给定一个 P 值，并根据式（5-5）计算 T^*。

3. 订货数量

企业可以通过最低订货量或者合同约定的数量来确立生产—采购订货量，也可以通过权衡订货成本与库存持有成本来得到订货量。这一过程被称为分期成本权衡法（Part-Period-Cost Balancing）。

五、适时分拨计划（Just-In-Time Distribution Scheduling）

体现在适时供应计划中的观念也可运用于实物分拨渠道（简称分拨渠道）。压缩客户发出订单与收到货物之间的时间可以为公司创造竞争优势。这样的快速响应所依据的许多理念与适时管理背后的理念是一致的。即利用信息来减少不确定性，并代替资产（如库存）；利用信息的电子传输来减少订单周转时间；利用计算机技术来提高生产及/或客户订单履行的速度，将这些概念谨慎地用于分拨渠道，能够改进客户服务水平，降低成本。

1. 一体化的供应渠道管理

从运作的角度出发，MRP 的方法也可用于分拨渠道，被称为分拨需求计划（Distribution Requirements Planning，DRP），以便在从供应商到最终客户的完整物流渠道中实现一体化的供应计划管理。整个供应渠道从供应商一直延伸至最终客户。实物分拨计划与生产或供应计划分别进行管理并不罕见。基层仓库中使用的拉动式库存管理方法作为管理库存水平、指示生产时间及数量安排的方法被广为运用。将 JIT 概念和 DRP 应用于实物分拨渠道则提供了另一种思路，与传统的拉动式方法相比更有好处。这些好处包括以下方面。

（1）在整个生产/物流渠道中可以建立相类似的信息库，这样有利于渠道内的一体化计划管理。

（2）DRP 概念与工厂中使用的 MRP 的概念是协调一致的。

(3) 由于 DRP 显示了未来的货运安排，因此有助于进行运力规划、车辆派遣、仓库订单履行等方面的决策，同时还会增加运作的灵活性，提高应变能力。

(4) 在编制进度计划时，可以考虑所有的需求信息，而不仅仅局限于需求预测信息。

(5) ROP/EOQ 通常管理多个独立仓库的单独产品，而 DRP 可以进行整体管理。

2. DRP 的运作机制

在前面已经谈到 DRP 是 MRP 的逻辑的延伸。这里将主要讨论二者间的不同点。首先，DRP 从对产品的需求预测开始，这个需求尽量靠近客户，我们假定该需求为基层仓库的需求。该需求是对未来若干时期的预测，根据产品预测、客户未来的订货、计划中的促销活动以及其他所有与需求模式相关的信息做出。这一需求就成为 DRP 中的预测需求量——相当于 MRP 中主生产计划中的需求量。

将多个仓库计划发运的某种产品的数量汇总后，就得出了中心仓库（如工厂成品库存）的总需求量。假设工厂的库存用来满足基础仓库的计划发运量，产品完工后再补充工厂的成品库存。随后，汇总所有仓库该产品的计划发运量得出对工厂库存的总需求量。一旦得出中心仓库库存的总需求量，就可以编制需求计划记录从工厂库存层次上发出的订单指令计划，并编制主生产进度计划。这种需求计划的过程可以一直向后延续直到供应渠道的终端——供应商，从而完成整个渠道的计划过程。

本章小结

采购决策会影响供应渠道中物流活动的效率。本章探讨了采购决策中的几个关键问题，并提出了相应的解决办法。这些关键性决策问题包括决定采购数量、采购时间及发货地点等。生产计划、采购与物流三者之间存在密切的关系。将这些功能整合起来是供应链管理的关键。

采购与供应决策对货物在物流渠道中高效率的流动、存储有相当大的影响。供应计划保证所需数量的货物能够在需要的时刻到达指定的地点。适时供应计划是当前十分流行的管理方法。在此研究了看板系统和物料需求计划，还探讨了作为 MRP 延伸的分拨需求系统。将 MRP 和 DRP 结合起来，就可以实现从供应商到客户的整个供应链的一体化计划管理。

参考文献

[1] 刘宝红．采购与供应链管理：一个实践者的角度［M］．2 版．北京：机械工业出版社，2015.

[2] 伍蓓．采购与供应管理［M］．北京：中国物资出版社，2011.

[3] RONALD H. BALLOU. 企业物流管理：供应链的组织、规划和控制［M］. 王晓东，胡瑞娟，等，译. 北京：机械工业出版社，2002.

案 例

全球采购是利用先进的技术和手段，在全球范围内寻找供应商，采购质量好、价格低廉的物料，以保证产品的总成本最低。它是企业核心竞争力追求下的产物。企业总是以追求利润为目的，所有的管理方法都围绕着利润，而利润从哪里来？利润 = 产出 - 成本。正常情况下利润总比成本小得多，也就是说成本在这个问题中的分量最大，是产生利润的关键。而采购行为在所有的企业中都是影响成本的非常重要的因素。成本最小、销售最大、效率最高，对任何企业来说都是生产经营中不断追求和完善的过程。

企业要想在全球采购下持续稳定地发展，就必须大练内功，不断加强采购成本管理，增强企业核心竞争力。如何加强采购成本管理，增强企业的核心竞争力。众多国际知名企业的做法值得借鉴。20 世纪 80 年代，日本汽车工业因为大力改善采购工作，使平均每一辆汽车成本节省了近 600 美元，在增加了日本汽车公司利润的同时，也极大地增强了日本汽车的国际市场竞争力。日本本田汽车公司的采购管理工作很具有代表性，本田公司每辆车 80% 的成本都源自从外部供应商购买的零部件，即每年在供应商处的购买额达 60 亿美元，也就是说，公司 13000 名员工的生产成本只占每辆车成本的 20%。他们认为：供应商的状况好坏对本田公司的赢利与否至关重要，好的供应商最终会带来低成本、高质量的产品和服务。本田公司实施采购管理的一项重要举措是"最佳伙伴"项目。首先，本田公司与供应商的关系是一种"永久关系"。一旦与某家供应商签约，就希望这种关系能够保持 25～50 年。其次，本田公司摒弃传统的拼命压价的采购方式，转而采用一种新的方式，他们的信条是"我如何利用供应商的技能来增强自己在最终市场的竞争力"。在充分了解供应商制作零部件的成本（包括所有业务支出和利润）的基础上，本田公司的采购人员为所购货物制定出成本表单，然后根据这些表单定出"目标价格"告诉供应商。如果供应商对目标价格提出疑问，本田公司马上就会派出工程师到供应商的公司去，检查供应商的生产流程，找出导致供应商价格过高的原因。本田公司不仅在采购价格方面节省不菲，并且，通过同供应商的长期合作，本田公司也极大地缩减了新产品的开发成本和时间。

各供应商为本田公司提供了许多关于如何改进质量，更有效利用零部件的建议，本田公司对所有建议进行分析和测试，然后采纳最好的建议。根据本田公司的报告，供应商帮助、参与设计的雅阁（Accord）轿车，把每辆车的生产成本降低了 21.3%。显然，采购部门不再是单纯地负责购买货物，还能够创造价值并推动企业经营战略的实施。

1. 即时采购实施的益处主要体现在哪些方面？
2. 基于时间采购策略的具体内涵包括哪些？
3. 基于时间的采购策略通过哪些途径可以实现？
4. 企业竞争的焦点主要集中在哪些方面？
5. 供应链下的采购管理模式和传统管理模式相比，主要转变体现在哪里？

第六章　物流项目计划技术

学习目标

1. 了解物流项目的特点。
2. 掌握项目进度计划的编制步骤。
3. 掌握网络图绘制的基本原则，并能对实际问题画出网络图。
4. 理解网络时间参数的经济含义并掌握各种时间参数的计算方法。
5. 理解关键路线、关键工作的经济含义并掌握找出关键路线的方法。
6. 了解计划评审技术在实践中的应用。

第一节　物流项目计划技术概述

项目管理是20世纪50年代后期发展起来的一种计划管理方法，它的出现为社会经济建设与发展带来了非常显著的成效，并迅速应用到了许多领域。随着物流行业的发展，项目管理技术在物流系统中的应用越来越广泛。物流项目计划技术主要基于网络计划技术的基本原理。自20世纪50年代网络计划技术在工程计划编制中应用以来，技术不断创新，应用领域不断扩展，现已成为项目管理的主要手段之一，在工程项目进度、资源、费用控制方面发挥越来越重要的作用。

物流项目本身是一个很大范畴的概念，具体包括物流系统或网络规划的实施，从实施过程来看要经过预研、分析、计划、实施、进度控制等步骤。

一、物流项目的特征

作为项目管理中的一个分支，物流项目也具有传统项目的基本特征，如一次性、独特性、组织性、生命周期性、资源消耗性和不确定性等，但相对来说略有不同。物流项目的突出特点是它的独特性和不确定性。

（一）独特性

物流项目的独特性在服务领域表现得非常突出，在客户需求个性化的背景下，物流服务供应商向客户提供个性化、量身定做的物流服务，更重要的是根据其要求提供不同的物流解决方案。即使有现成的解决方案，也需要根据客户的特殊要求进行一定的客户化工作，因此可以说每个物流项目都有区别。

（二）不确定性

物流项目的不确定性是指物流项目不可能完全在规定的时间内、按规定的预算由规定的人员完成。这是由物流系统本身的特点所决定的，物流项目的执行基于预测，在执行过程中预测与实际情况可能会有差异。另外，在执行过程中还会遇到各种始料未及的“风险”，使项目不能按原有的预测来运行。

二、网络计划技术及其应用现状

网络计划技术是项目计划管理中一个非常重要的工具，自20世纪60年代传入中国后，在生产中得到了广泛应用。网络计划技术是现代化科学管理的重要组成部分。它把一个项目作为一个系统，这个系统由若干项作业组成，作业和作业之间存在着相互制约、相互依存的关系，通过网络计划图（可简称网络图）的形式对作业以及作业间的相互关系加以表示，并在此基础上找出项目的关键作业和关键路线，并以此为基础对资源进行合理安排，从而以最短的时间和最少的资源消耗来实现整个系统的预期目标，以取得良好的经济效益。

网络计划技术产生后以惊人的速度进行传播，也以超常的速度得到发展，几乎每两三年就出现一些新的模式，迄今已发展成为一个模式繁多的“大家族”。国外的网络计划技术有几十种，可以归纳为三大类。

第一类是非肯定型网络计划技术，是时间或线路或两者都不肯定的网络计划技术，包括：①计划评审技术（PERT）；②图示评审技术（GERT）；③随机网络计划技术（QERT）；④风险型随机网络计划技术（VERT）。

第二类是肯定型网络计划技术，即图形和时间都确定的网络计划技术，包括：①关键路线法（CPM）；②决策关键路线法（DCPM）；③决策树型网络；等等。

第三类是搭接网络，包括：①前导网络计划（MPM）；②组合网络计划（HMN）；等等。

在我国还有流水网络计划，是将流水作业技术和网络计划技术结合在一起的一种网络计划模型，在许多项目中的应用取得了良好的效果。

网络计划技术的主要优点如下。

网络计划技术的出现，受到了世界各国的高度重视，这是由于其在项目管理中效果显著，更重要的是它本身所具有的优点受到人们的欢迎。网络计划技术的主要优点如下。

（1）利用网络计划技术能清楚地表达各工作之间的相互依存和相互制约的关系，使人们对复杂项目以及难度大的项目的制造与管理做出有序而可行的安排，从而产生良好的管理效果和经济效益。也许它对一般的项目并无显著的价值，但对于像航天工程、巨额投资的开发项目，由于需要时间长、耗费资源多、投资量大、协作关系多且交叉进行、技术要求高而工艺复杂，则非用此种方法处理计划问题并进行管理不可。自网络计划产生后，大量的项目管理实例充分地说明了这一点。阿波罗登月计划就是应用此法取得成功的著名实例。

（2）利用网络计划图，通过计算，可以找出网络计划的关键线路和非关键线路。关键线路上的工作，花费时间长、消耗资源多，它使人们可以认清重点，集中力量抓住重点，确保计划实现，避免平均使用力量、盲目赶工而造成浪费。管理中一项重要的原则"抓关键的少数"，可以通过网络计划予以贯彻。

（3）利用网络计划，还可以计算出除关键工作外其他工作的机动时间。对于每项工作的机动时间做到心中有数，这样做有利于在实际工作中利用机动时间，合理分配资源、支援关键工作、调整工作进程、降低成本、提高管理水平，即向关键线路要时间，向非关键线路挖潜力。

（4）网络计划能提供项目管理的许多信息，有利于加强管理。例如，除总工期外，它还可提供每项工作的最早开始时间和最迟开始时间、最早完成时间和最迟完成时间、总时差和自由时差等，提供管理效果信息等。总之，足够的信息是管理工作得以进行的依据和支柱，网络计划的这一特点，使它成为项目管理最典型、最有用的方法，通过网络计划的应用，极大地提高了项目管理的科学化水平。

（5）网络计划是应用计算机进行全过程管理的理想模型。绘图、计算、优化、调整、控制、统计与分析等管理过程都可由计算机完成。所以在信息化时代，网络计划技术是必然的理想的项目管理工具。

总之，网络计划技术应用于物流项目管理，在缩短建设周期、提高功效、降低造价以及提高企业管理水平方面都能取得显著的效果。项目管理是第二次世界大战后期发展起来的重大新管理技术，指的是在一定资源如时间、资金、人力、设备、材料、能源、动力等约束条件下，对有既定目标（质量、投资、进度）要求的一次性项目进行计划和控制的过程。而项目管理的过程用简单的话来说，就是制订计划，然后按计划工作。

项目计划由以下几个过程构成：①确定项目的各项活动；②确定活动顺序；③时间估算；④编制时间进度计划。

制订项目计划需要用到许多技术和方法，其中，网络计划技术是主要的一种核心技术。

三、制订项目进度计划的方法及其选择标准

常用的制订项目进度计划的方法除了网络计划技术外，还有甘特图和里程碑计划。其中甘特图的主要特点是简单、明了、直观、易于编制，因此它成为小型项目管理中编制项目进度计划的主要工具。里程碑计划则是以项目中某些重要事件的完成或开始时间作为基准所形成的计划，是战略计划或项目框架，以中间产品或可实现的结果为依据。而网络计划技术则用网络计划对任务的进度进行安排和控制，以保证预定目标的科学的计划管理技术实现。应采用哪一种进度计划方法，主要考虑下列几个因素。

1. 项目的规模大小

对于小项目应采用简单的进度计划方法，如甘特图。大项目为了保证按期、按质达到项目目标，就需要考虑用较复杂的进度计划方法，如网络计划技术。

2. 项目的复杂程度

项目的规模并不一定总是与项目的复杂程度成正比，例如修一条公路，虽然规模大，但并不太复杂，因此可以用较简单的进度计划方法。而研制一个小型的电子仪器需要很复杂的步骤和很多专业知识，可能就需要较复杂的进度计划方法。

3. 项目的紧急性

在项目急需进行阶段，特别是在开始阶段，需要对各项工作发布指示，以便尽早开始工作。此时，如果用很复杂的方法编制进度计划，就会延误时间，这时可先用简单的甘特图方法编制进度计划。

4. 对项目细节掌握的程度

如果对项目的细节掌握不够，就无法用 CPM 和 PERT。因为使用 CPM 或 PERT 需要知道工作之间的逻辑关系及完成每项工作的估计时间等信息。这时可用简单的方法。

5. 有无相应的技术力量和设备

例如，没有计算机，CPM 和 PERT 有时就难以应用。而如果技术人员没有受过良好训练且不合格，也无法采用复杂的方法编制进度计划。

此外，根据情况不同，还需要考虑用户的要求、是否有能够用在进度计划上的预算等因素。到底采用哪一种方法编制进度计划，要全面考虑以上各个因素。

四、项目进度计划的编制过程

物流项目计划技术的运用依赖于物流项目进度计划的编制和实施，而且从某种程度上讲，网络计划的应用与项目进度计划的编制在形式和内容上基本是统一的，都需要有科学的项目分解和分配过程、工作先后顺序的确定过程和时间的估计等。因此，有必要对项目进度计划的编制过程做一些简单的介绍。

（一）项目描述

项目描述是用表格的形式列出项目目标、项目的范围、项目如何执行以及项目完

成计划等内容。项目描述的目的是对项目的总体要求做概要性的说明。项目描述是制订项目计划和绘制工作分解结构图的依据。项目描述的依据是项目的立项规划书、已经通过的初步设计方案和批准后的可行性报告。项目描述一般由项目管理办公室或项目主管人员完成。项目描述表格的主要内容有项目名称、项目目标、交付物、交付物完成准则、工作描述、工作规范、所需资源估计、重大里程碑等。

（二）项目分解

项目目标明确后，要制订出完善的项目进度计划，就必须对项目进行分解，以明确项目所包含的各项工作。项目分解是编制进度计划、进行进度控制的基础。项目分解就是先把复杂的项目逐步分解成一层一层的要素（工作），直到具体明确为止。项目分解的工具是工作分解结构（WBS）原理，它是一个分级的树形结构，是对项目工作由粗到细的分解过程。

（三）工作描述

在项目分解的基础上，为了更明确地描述项目包含的各项工作的具体内容和要求，需要对工作进行描述。工作描述作为编制项目计划的依据，同时便于有关人员在实施过程中更清晰地领会各项工作的内容。工作描述的依据是项目描述和项目工作分解结构，其结构是工作描述表及项目工作列表。项目工作列表是所有项目工作的汇总。

（四）工作责任分配的确定

为了明确各单位或个人的责任，便于项目管理部门在项目实施过程中进行管理协调，需要对项目的每一项工作分配责任者落实责任。工作责任分配以工作分解结构图表和项目组织结构图表为依据，工作责任分配的结果形成工作责任分配矩阵表。

（五）工作先后关系的确定

任何工作的执行必须依赖于一定工作的完成，也就是说它的执行必须在某些工作完成之后才能执行，这就是工作的先后关系。工作的先后关系有两种：一种是工作之间本身存在的、无法改变的逻辑关系；另一种是人为组织确定的，两项工作可先可后的组织关系。如生产—设计是逻辑关系；生产 A 产品—生产 B 产品是组织关系。确定工作先后关系的原则是从逻辑关系到组织关系，即先确定逻辑关系，再确定组织关系。

（1）强制性逻辑关系的确定：这是工作相互关系确定的基础，工作逻辑关系的确定相对比较容易，由于它是工作之间所存在的内在关系，通常是不可调整的，主要依赖于技术方面的限制，因此确定起来较为明确，通常经由技术人员和管理人员交流就可完成。

（2）组织关系的确定：对于无逻辑关系的那些工作，由于其工作先后关系具有随意性，从而将直接影响到项目计划的总体水平。工作组织关系的确定一般比较难，它通常取决于项目管理人员的知识和经验，因此组织关系的确定对于项目的成功实施是至关重要的。

(3) 外部制约关系的确定：在项目工作和非项目工作（外部工作）之间通常会存在一定的影响，因此在项目工作计划的安排过程中也需要考虑到外部工作对项目工作的一些制约及影响，这样才能充分把握项目的发展。

工作相互关系确定的最终结果是要得到一张描述项目各工作相互关系的项目网络图以及工作的详细关系列表。项目网络图通常是表示项目各工作的相互关系的基本图形，通常可由计算机或手工绘制，它包括整个项目的详细工作流程。工作列表包括了各项目工作的详细说明，是项目工作的基本描述。

（六）工作延续时间估计

工作延续时间是指在一定的条件下，直接完成该工作所需时间与必要停歇时间之和。工作延续时间的估计是制订项目计划时一项重要的基础工作，它直接关系到各事项、各工作网络时间的计算和完成整个项目工作所需要的总时间。若工作延续时间估计得太短，则会在工作中造成被动紧张的局面；相反，若工作延续时间估计得太长，就会使整个工程的完工期延长。

网络中所有工作的进度安排都由工作的延续时间来推算。因此，对工作延续时间的估计要做到客观正确。这就要求在对工作延续时间做出估计时，不应受到工作重要性及工程完成期限的影响，要在考虑各种资源、人力、物力、财力的情况下，把工作置于独立的正常状态下进行估计，要做统盘考虑，不可顾此失彼。

1. 工作延续时间的估计主要依赖的数据基础

(1) 工作详细列表。

(2) 项目约束和限制条件。

(3) 资源需求：大多数工作的时间将受到分配给该工作的资源情况以及该工作实际所需要的资源情况的制约，比如当人力资源减少一半时，工作的延续时间一般来说将会增加一倍。

(4) 资源能力：资源能力决定了可分配资源数量的大小，对多数工作来说，其延续时间将受到分配给它们的人力及材料资源的明显影响，比如全职的项目经理处理一件事情的时间将会明显少于兼职的项目经理处理该事情的时间。

(5) 历史信息：许多类似的历史项目的工作资料对于项目工作延续时间的确定很有帮助，主要包括项目档案、公用的工作延续时间估计数据库、项目工作组的知识等。

2. 确定工作延续时间的主要方法

(1) 专家判断：专家判断主要依赖于历史的经验和信息，当然其时间估计的结果也具有一定的不确定性和风险。

(2) 类比估计：类比估计是根据先前的类似的实际项目的工作延续时间来推测估计当前项目各工作的实际时间。当项目的一些详细信息有限的情况下，这是一种最为常用的方法，类比估计可以说是专家判断的一种形式。

（3）一点时间估计法：估计一个最可能工作实现时间，CPM 网络规划法主要应用此方法。

（4）三点时间估计法：估计工作执行的三个时间，乐观时间 a、悲观时间 b、最可能时间 m，根据经验，这些时间的概率分布可以认为近似于正态分布，作业时间 $T=\frac{a+4m+b}{6}$。

（七）绘制网络图

绘制网络图的主要依据是项目工作关系表。通过网络图的形式可以将项目的工作关系表达出来。网络图主要有两种形式：单代号网络图和双代号网络图。

（八）项目进度安排

进度安排作为项目控制的有效手段，其目标是制订项目的详细安排计划，明确每项工作的起始终止时间，其依据是项目内容的分解、各组成要素工作的先后顺序、工作持续时间的估计结果。安排时间进度时，项目主管要组织有关职能部门参加，明确对各部门的要求，据此各职能部门可拟定本部门的项目进度计划。项目的进度计划目前多采用网络计划技术的形式，其有助于明确反映项目各工作单元之间的相互关系，有利于项目执行过程中各工作之间的协调与控制。进度安排的工具和技术主要是数学分析方法，包括关键路线法（CPM）和计划评审技术（PERT）等。

第二节　关键路线法

网络计划技术通过网络图的表示方式，可以准确地表述项目的各项工作之间的独立性和从属性，因而能够得到最易处理的总计划。这一点也正反映出网络图的真正优点。网络图因其形状如网络而得名。这种图解模型是从某项目（或任务、计划）整体的、系统的观点出发，考虑各项工作之间相互依存的逻辑关系而绘制的。因而，所有项目在研究和应用网络计划技术时，也必须从网络图开始。

目前，网络计划技术中应用最多的是关键路线法（CPM）和计划评审技术（PERT），它们既是一种科学的计划方法，又是一种有效的科学管理方法。网络计划技术不仅能完整地揭示一个项目所包含的全部工作以及它们之间的关系，还能根据数学原理，应用最优化技术，揭示整个项目的关键工作并合理地安排计划中的各项工作，对于项目进展过程中可能出现的工期延误等问题能够防患于未然，并进行合理的处置。

本节将介绍项目网络计划技术中的关键路线法，下节介绍计划评审技术。

（一）基本概念

1. 工作

任何一项工程计划，都包含很多项待完成的任务。具有具体内容并要经过一定时间才能完成的任务叫作工作（或称为工序）。

所谓具体内容，即需要人力、财力、物力的投入，而工作过程是指某项工作具有开始、延续和结束时间，工作所需要的延续时间长度，叫作工作时间。任何一项工程计划，都包含很多项待完成的任务。

工作常常是某项计划中的一些相对独立和相互关联的工序或任务，在网络图中用箭尾表示工作的开始，箭头表示工作的完成，箭头的方向表示工作的前进方向（一般从左至右或从上至下）。工作的名称或内容写在箭线的上面，工作的延续时间写在箭线的下面。例如某延续时间为 5 天的工作，其工作的表示方法如图 6－1 所示。

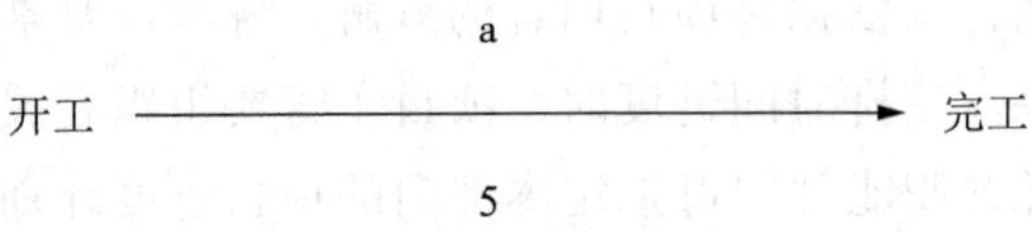

图 6－1　工作的表示方法

2. 事项

所谓事项是指工程计划的始点、终点以及其中的两道或两道以上工作的交点，又称为事件或结点。在时间上它指某事项前的全部工作完成后，该事项后面的工作才能开始，这意味着前后工作的交接，事项用数字加圆圈表示。

工作与事项的区别：工作或工序是组成整个任务的各个局部任务，需要一定的工时；而事项则表示一个或若干工作的开始或结束，是一个时间点，它本身不需要时间或所需时间少到可以忽略不计。工作与事项的表示方法如图 6－2 所示。

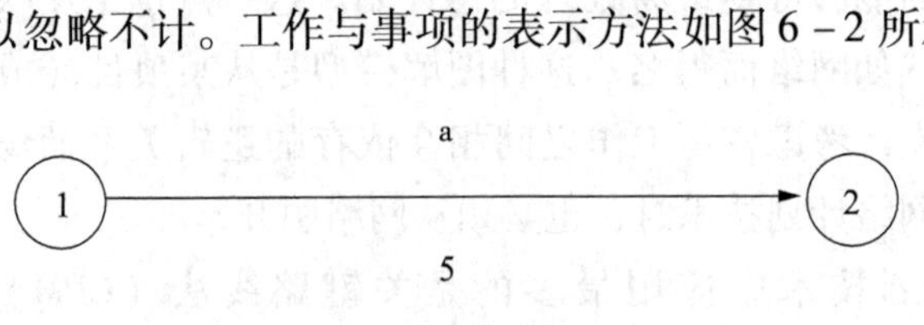

图 6－2　工作与事项的表示方法

3. 紧前工作和紧后工作

在网络图中，若工作（工序）a 完成后工作（工序）b 就可以立即开始，称工作（工序）a 为工作（工序）b 的紧前工作（前置任务），称工作（工序）b 为工作（工序）a 的紧后工作（后续工作），如图 6－3 所示。

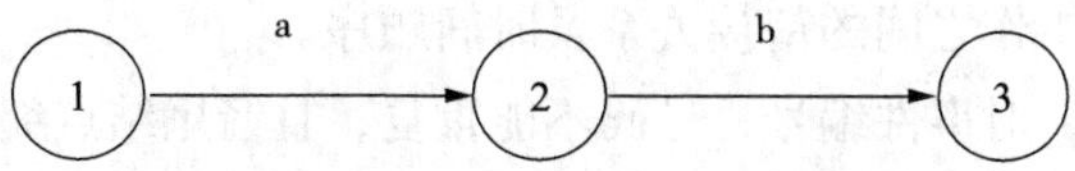

图 6-3　紧前工作和紧后工作的表示方法

4. 虚工作（逻辑箭线）

虚工作（工序）仅表示工作之间的先后顺序，在网络图中用虚箭线来表示。虚工作是实际上并不存在的工作，它并不消耗时间，也不消耗和占用人力、物力、财力，只是用来说明工作之间的逻辑关系。

5. 网络图

网络图又称箭线图。在一项物流计划或工程的组织安排中，将总任务分解为若干工作（工序），找出工作（工序）之间的先后关系以及每道工作的估计完成时间，并在此基础上建立工作明细表；然后根据这个明细表，用图论的方法，按工作之间的先后关系及完成时间做出一张赋权有向图；最后对所有事项（结点）进行顺序编号，就建立了该项物流计划或工程的一张网络图。简单地讲，由工作、事项及标有完成各道工作所需时间等参数所构成的箭线图称为网络图。

（二）网络图的组成及绘制规则

1. 双代号网络图

这是一种用箭线表示工作、结点表示工作相互关系的网络图方法。这种网络图也称为双代号网络图（AOA），在我国这种方法应用较多。双代号网络计划是仅适用结束到开始的关系的表示方法，因此为了表示所有工作之间的逻辑关系往往需要引入虚工作加以表示。在双代号网络图中，工作由连接两个结点的弧（箭线）表示，每个工作都由两个数字（i，j）（开始/结束）来定义。每个工作因此就可由这两个结点的数字来标识。简单的双代号网络如图 6-4 所示。

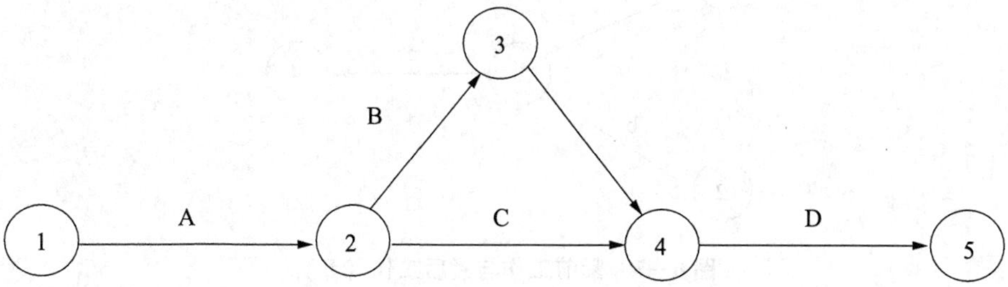

图 6-4　简单的双代号网络

绘制双代号网络图需要遵守如下规则：

（1）方向、时序与编号。

方向：网络图是有方向的，按工艺流程的顺序，工作从左到右排列。

时序：时序反映工作之间的衔接关系及时间顺序。

编号：按照时序，对事件编号，号码不能重复，且箭尾结点编号 i 必须小于箭头结点编号 j。

唯一：两个结点之间只能有一条箭线，代表一道工作。

破坏唯一性的错误画法如图 6 - 5 所示。

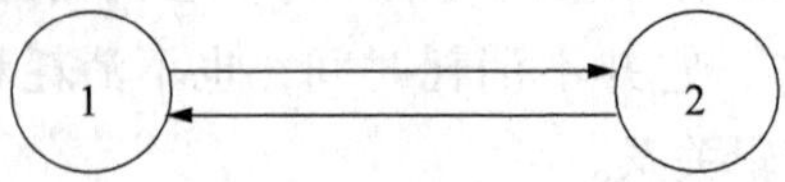

图 6 - 5　破坏唯一性的错误画法

（2）紧前工作与紧后工作。

紧前工作与紧后工作（Ⅰ）如图 6 - 6 所示。工作 b 和 c 都需要在工作 a 完工后才能开工，工作 a 的紧后工作是 b、c，工作 b、c 的紧前工作是 a。

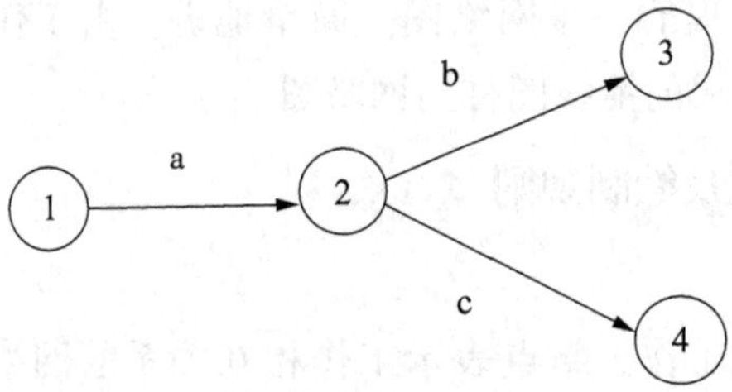

图 6 - 6　紧前工作与紧后工作（Ⅰ）

紧前工作与紧后工作（Ⅱ）如图 6 - 7 所示。若工作 c 在工作 a 与 b 完工后才能开工，则工作 a、b 的紧后工作是 c，工作 c 的紧前工作是 a 和 b。

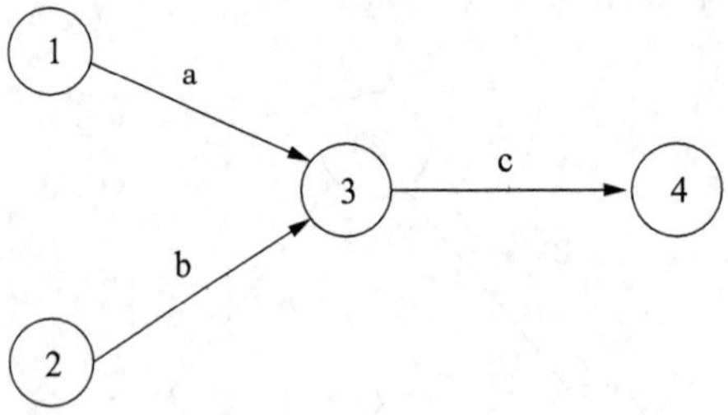

图 6 - 7　紧前工作与紧后工作（Ⅱ）

紧前工作与紧后工作（Ⅲ）如图 6 - 8 所示。若工作 c 与 d 需要在工作 a 和 b 完工之后才能开工，则工作 a、b 的紧后工作是 c、d，工作 c、d 的紧前工作是 a、b。

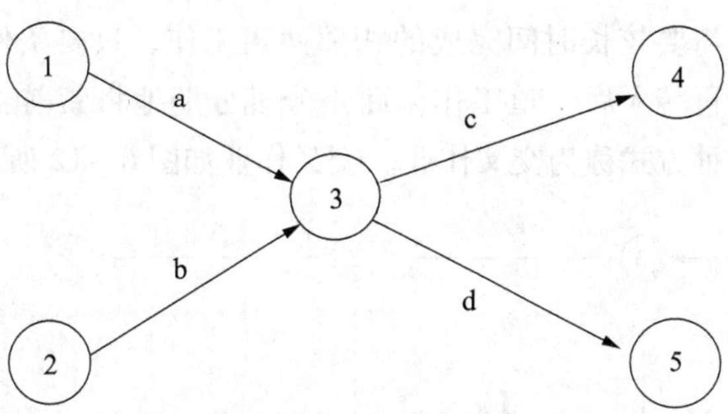

图 6-8 紧前工作与紧后工作（Ⅲ）

（3）缺口与回路。在网络图上，除了始点和终点外，其他所有事件前后都要用箭线连接起来。网络图中不能有回路也不能有缺口，既不可有循环现象也不可中断，否则将造成逻辑上的错误，使这些工作永远达不到终点或与其紧后工作失去联系。网络图的错误画法——缺口如图 6-9 所示，网络图的错误画法——回路如图 6-10 所示。

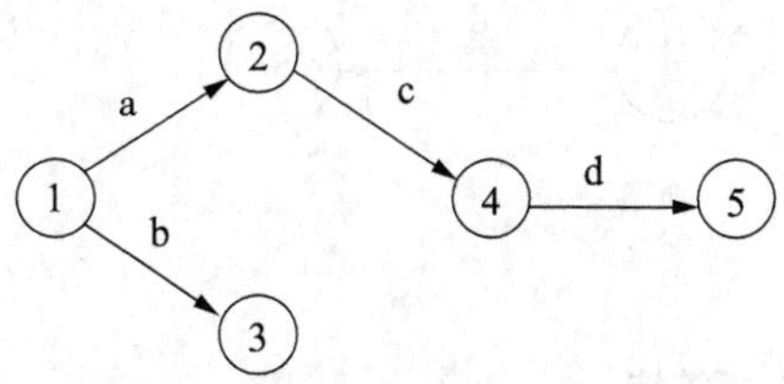

图 6-9 网络图的错误画法——缺口

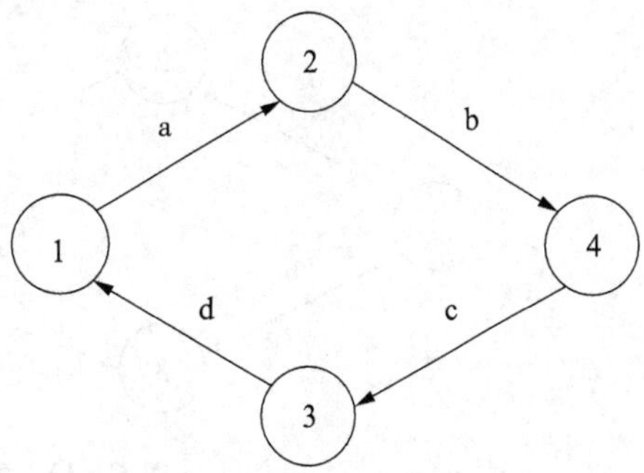

图 6-10 网络图的错误画法——回路

（4）虚工作。虚工作的应用有如下几种情况。

①平行作业。当从某个结点出发有两道以上的平行工作，并且要在它们均完工之后才能进行下道工作时，则必须引用虚工作。例如，图 6-11 中虚工作表示在工作 a、b 平行作业完成后转入工作 c。选择 a、b 两工作中工作时间较长的一道工作与下一道工作衔接，而其他工作则通过虚工作与下一道工作衔接。

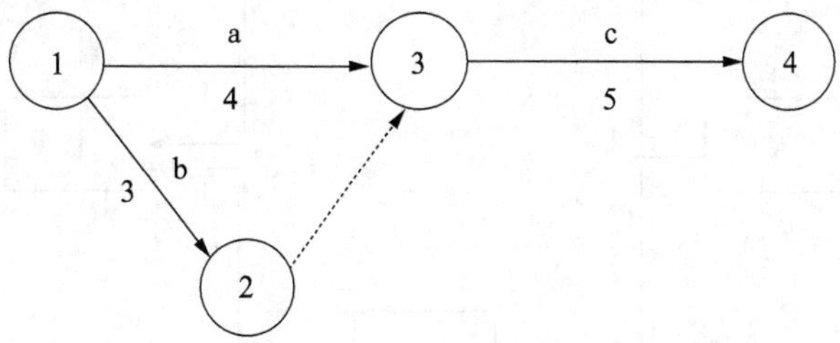

图 6-11 平行作业

②交叉作业。对需要较长时间完成的相邻两道工作，只要条件允许，可不必等待紧前工作全部完工后再转入后一道工作，而是分批分期地将紧前工作完成的部分工作转入下一道工作，这种方式称为交叉作业。交叉作业如图 6－12 所示。

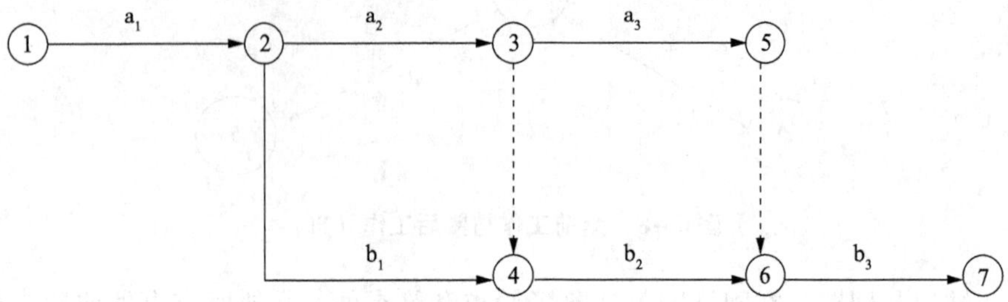

图 6－12　交叉作业

③等待作业。工作 a、b 平行作业，当工作 a 完工后，工作 c 开始；而当工作 b、c 完工后，工作 d 开始。平行作业后等待如图 6－13 所示。

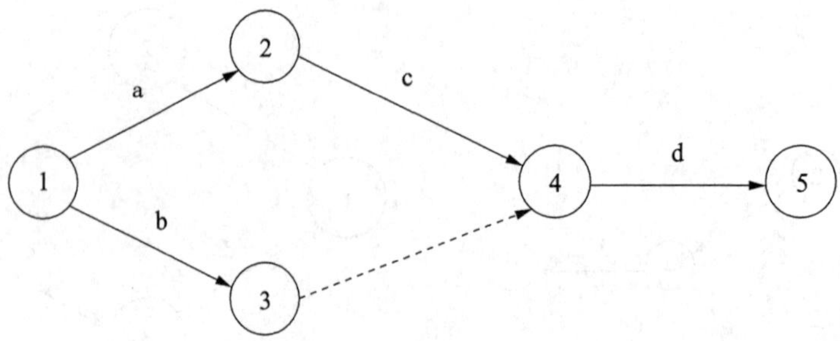

图 6－13　平行作业后等待

2. 单代号网络

这是一种使用结点表示工作、箭线表示工作关系的项目网络图。这种网络图通常称为单代号网络（AON）。图 6－14 是有四个活动 A、B、C、D 的简单的单代号网络。其中，B 和 C 紧随 A 之后，D 在 B 和 C 之后。

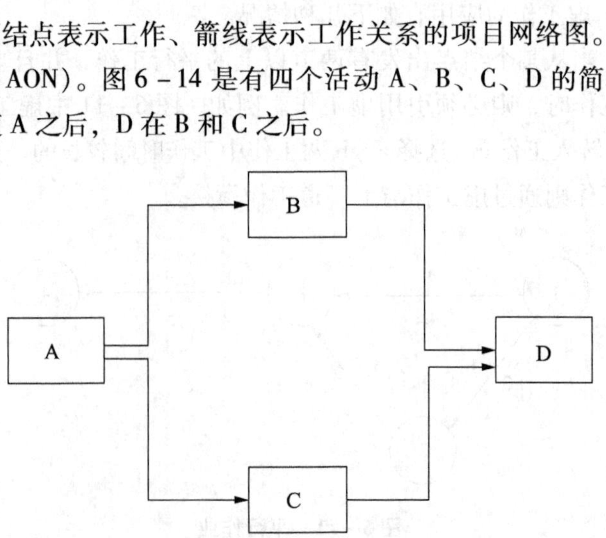

图 6－14　简单的单代号网络

图 6－15 反映了两项工作的紧前紧后关系，即工作 A 是工作 B 的紧前工作或工作 B 是工作 A 的紧后工作。

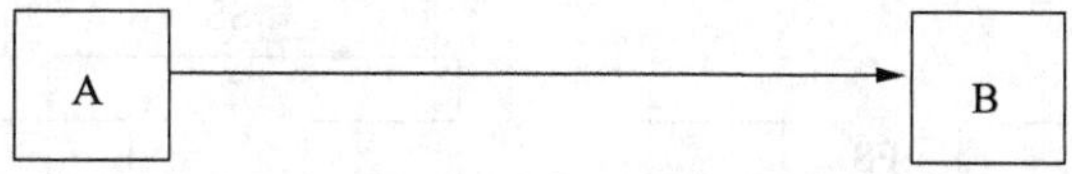

图 6－15　两项工作的紧前紧后关系

图 6－16 反映了多个紧前紧后工作关系，即工作 A 有三项紧后工作——C、B、D，工作 E 有三项紧前工作——C、B、D。

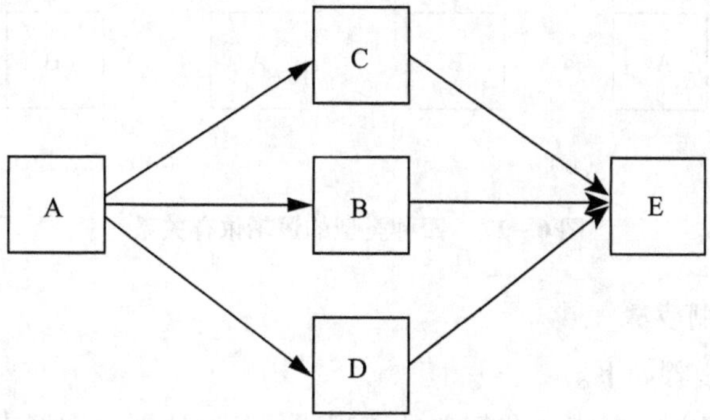

图 6－16　多个紧前紧后工作关系

3. 搭接网络

前述的网络计划，其工作之间的逻辑关系是一种衔接关系，紧前工作完成之后紧后工作就可以开始，紧前工作的完成为紧后工作的开始创造条件。但实际上，可能会出现另一种情况，即紧后工作的开始并不以紧前工作为前提，只要紧前工作开始一段时间能为紧后工作提供一定的开始工作条件，紧后工作就可以与紧前工作平行进行。这种关系被称为搭接关系。

在这种情况下，工作的逻辑依存关系有以下四种类型，如图 6－17 所示。

（1）结束到开始关系（Finish to Start）：某一工作完成后或完成一定时间后，其紧后工作才开始的顺序关系，即 B 在 A 结束之前不能开始，如图 6－17（a）所示。

（2）开始到开始关系（Start to Start）：某一工作开始一定时间后，其紧后工作才开始的顺序关系，即 B 在 A 开始之前不能开始，如图 6－16（b）所示。

（3）结束到结束关系（Finish to Finish）：某一工作完成后或完成一定时间后，其紧后工作完成的顺序关系，即 B 在 A 结束之前不能结束，如图 6－16（c）所示。

（4）开始到结束关系（Start to Finish）：某一工作开始一定时间后，其紧后工作才能结束的顺序关系，即 B 在 A 开始之前不能结束，如图 6－16（d）所示。

其中，结束/开始型是最为常见的。结束/结束型和开始/开始型结点式关系是最自然的，它允许某项工作和其紧后工作在某种程度上可以同时进行。使用结束/结束型和开始/开始型结点式关系，可以使项目跟踪和项目设施的建立更加快捷。开始/结束型结点式关系的建立只是完全数学意义上的，现实生活中比较少见。

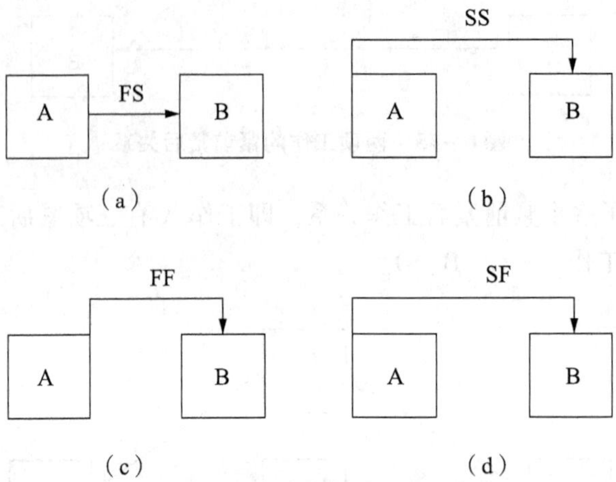

图 6－17　四种类型的逻辑依存关系

4. 网络图的绘制步骤

网络图的绘制步骤如下。

(1) 确定工作项目。对于一些简单的工程或任务、计划也许能直接将其分解，列出工作项目。但是对于复杂的情况，直接列出工作项目较困难，可以采取逐级逐层分解的办法将复杂项目的情况加以细化，也就是说，将大型的复杂项目看作一个总项目，然后将总项目分解成几个子项目，再将子项目其分解成几个二级子项目，由此分下去，直至下一级子项目的情况较简单为止，最后形成一棵树形的项目细分图，如图 6－18 所示。

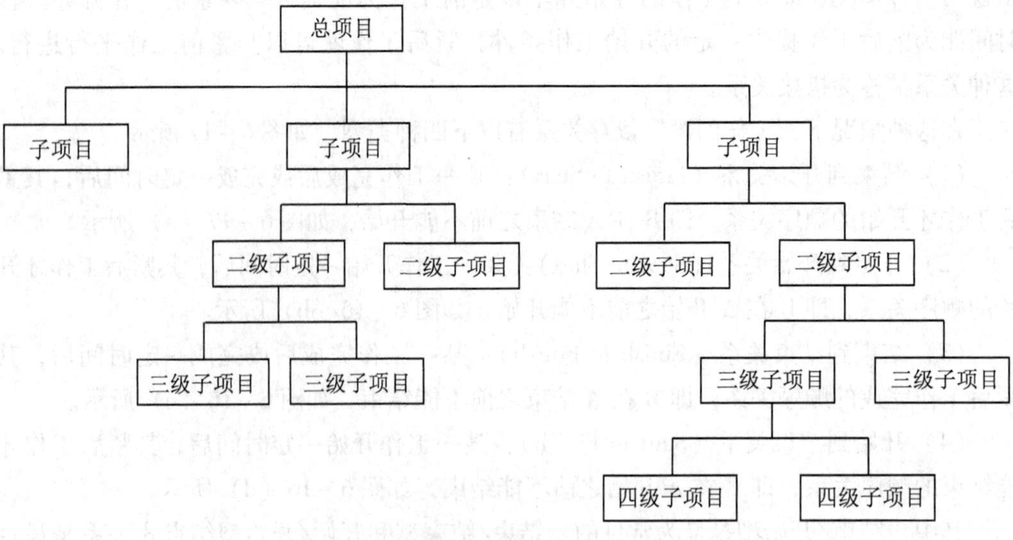

图 6－18　项目细分

（2）确定工作之间的逻辑关系。工作项目确定后，必须确定这些工作的逻辑关系，即确定该工作的紧前工作和紧后工作。一般来说，首先从工艺要求上确定工作的工艺关系，然后从组织关系上通过时间、工程的资金和设备等方面来考虑该工作的安排，合理确定其紧后工作。

（3）确定工作的延续时间。在确定工作的延续时间时，始终要按正常速度进行估计，不要受上级规定完成期限的影响，也不要受工作的重要性的影响。若工作延续时间预估得长，则造成时间上的浪费；反之，则会造成人为的紧张局面。两者都可能影响全局任务的完成。

（4）列出工作明细表。根据调查研究的结果列出工作明细表。工作明细表包括以下几项内容：工作代号、工作内容、紧前工作、紧后工作、延续时间。

（5）绘制网络图。在绘制网络图时，首先根据工作明细表，从起点结点出发将工作的逻辑关系正确地表示出来，接着检查一下网络草图是否正确反映了工作的逻辑关系，纠正错误。确认草图的正确性后，将其进行整理，尽可能地消除不必要的交叉线，将曲线形状的箭线改为直的或折的箭线，删去多余的虚工作和节点。最后，对整理后的草图的节点进行编号，找出关键路线，从整体布局上确定网络图。

［例］　某配送中心的一个配送流程可分解为7道工作，工作明细如表6－1所示。

表6－1　　工作明细表

工作代号	工作内容	紧前工作	延续时间（h）
A	客户洽谈下订单	—	2
B	订单审核	A	0.5
C	仓库拣货	B	2
D	委派车辆	B	1
E	委派驾驶员	B	0.5
F	装货	C、D、E	1.5
G	送货	F	5

根据表6－1，可得到某配送中心工作网络图，如图6－19所示。画网络图时，工作内容可以不写，用工作代号标出。

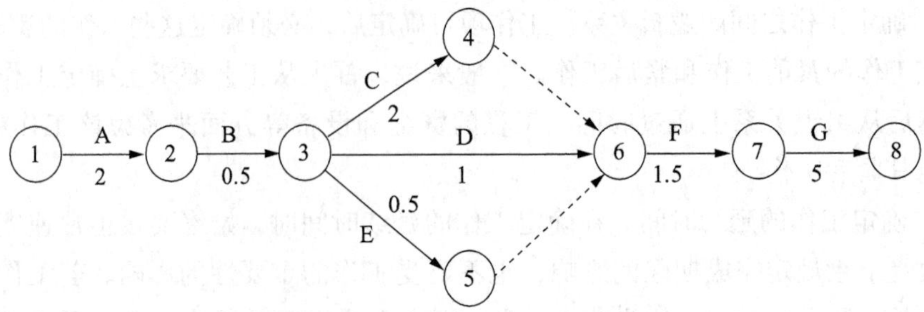

图 6－19　某配送中心工作网络图

5. 时间参数及关键线路的确定

网络中工作的时间参数有六个：工作最早开始时间 *ES*，工作最早结束时间 *EF*，工作最迟开始时间 *LS*，工作最迟结束时间 *LF*，工作总时差 *TF*，工作自由时差 *FF*。

1）工作最早时间 *ES*、*EF*

工作最早时间有两个：一是工作最早开始时间 *ES*，二是工作最早结束时间 *EF*。其确定的程序为：首先令网络中第一项工作的最早开工时间 *ES* 为 0，则第一项工作的最早结束时间为其最早开始时间 *ES* 加上其工作延续时间。然后按箭线方向，依次确定各项工作的最早开始时间和最早结束时间，直到网络的最后一项工作为止。计算公式如下：

$$ES = \max\{\text{紧前工作的 } EF\}$$

$$EF = ES + \text{工作延续时间 } t$$

2）工作最迟时间 *LS*、*LF*

工作最迟时间也有两个：一是工作最迟开始时间 *LS*，二是工作最迟结束时间 *LF*。其确定的程序为：首先令网络中最后一项工作 *n* 的最迟结束时间 *LF* 等于它的最早结束时间 *EF*，即 $LF(n) = EF(n)$；然后按逆箭线方向，依次确定各项工作的最迟结束时间和最迟开始时间，直到网络的第一项工作为止，计算公式如下：

$$LF = \min\{\text{紧后工作的 } LS\}$$

$$LS = LF - \text{工作延续时间 } t$$

3）总时差 *TF*

总时差是在不影响整个项目最早完成时间的前提下，一项工作的完工期可以推延的时间。计算公式为：

$$TF = LF - EF$$

$$TF = LS - ES$$

4）自由时差 *FF*

自由时差是在不影响紧后工作的最早开始时间的前提下，一项工作的完工期可以推延的时间。计算公式为：

$$FF = \min\{ES(\text{紧后工作})\} - EF$$

5）关键路线的确定

总时差最小的工作为关键工作，由关键工作构成的路线为关键路线。

在例6－1中，关键时间如下。

工作最早时间（注：虚工作没有时间消耗）：

ES（A）＝0，　*EF*（A）＝2；

ES（B）＝2，　*EF*（B）＝2＋0.5＝2.5；

ES（C）＝2.5，　*EF*（C）＝2.5＋2＝4.5；

ES（D）＝2.5，　*EF*（D）＝2.5＋1＝3.5；

ES（E）＝2.5，　*EF*（E）＝2.5＋0.5＝3；

ES（F）＝max｛4.5，3.5，3｝＝4.5，　*EF*（F）＝4.5＋1.5＝6；

ES（G）＝6，　*EF*（G）＝6＋5＝11。

工作最迟时间如下：

LF（G）＝EF（7）＝11，　*LS*（G）＝11－5＝6；

LF（F）＝6，　*LS*（F）＝6－1.5＝4.5；

LF（E）＝4.5，　*LS*（E）＝4.5－0.5＝4；

LF（D）＝4.5，　*LS*（D）＝4.5－1＝3.5；

LF（C）＝4.5，　*LS*（C）＝4.5－2＝2.5；

LF（B）＝2.5，　*LS*（B）＝2.5－0.5＝2；

LF（A）＝2，　*LS*（A）＝2－2＝0。

总时差如下：

TF（A）＝2－2＝0；

TF（B）＝2.5－2.5＝0；

TF（C）＝4.5－4.5＝0；

TF（D）＝4.5－3.5＝1；

TF（E）＝4.5－3＝1.5；

TF（F）＝6－6＝0；

TF（G）＝11－11＝0。

从总时差的计算结果可以看出，总时差为0对应的A、B、C、F、G为关键工作，其构成的路线为关键路线。

第三节　计划评审技术

计划评审技术（PERT）是一种双代号非确定型网络分析方法。在PERT中，工作的延续时间事先不能完全确定，这种网络计划方法适用于不可预知因素较多的、从未做过的新的项目和复杂的项目。PERT网络的画法与CPM网络相同，它与一般的双代号网络的区别主要在于工作的时间估计与分析。

一、三个时间的估计值

三个时间的估计值是指对工作延续时间 t 做出 a、b、m 三个估计值。其理念依据是将 t 视为一个连续型的随机变量。

（1）乐观时间是指任何事情都进行得很顺利，没有遇到任何困难的情况时完成某项工作所需的时间，用 a 来表示。

（2）最可能时间是指在正常情况下完成某工作最经常出现的时间。如果某项工作已经做过很多遍，最经常发生的实际工期可以用最可能时间估计，用 m 来表示。

（3）悲观时间是指在最不利的情况下某工作（如遇到不常见的或未预见的困难）能够完成所需的时间，用 b 来表示。

在网络计划中，当对每项工作都用三个时间估计时，是假定三个估计值均近似服从 β 概率分布的。在该假定基础上，每项工作的三个时间估计值可以为每项工作计划一个期望（平均或折中）工期和方差。

二、工作期望值和方差的计算

在网络计划中，给出了三个假定按 β 概率分布的估计时间，这意味着允许在工期估计中存在不确定因素。因此，为每项工作估计三个时间值是一项随机的（Stochastic）或概率统计（Probabilistic）的技术。仅用一个时间值估计的技术叫确定性（Deterministic）技术。既然已假定每项工作的三个时间估计的分布符合 β 概率分布，便可以计算在要求完工时间之前完成项目的概率。

期望值和均方差的计算公式为：

$$t_i = \frac{a_i + 4m_i + b_i}{6}$$

$$\sigma_i^2 = \frac{(b_i - a_i)^2}{36}$$

式中，a_i 表示第 i 项活动的乐观时间，m_i 表示第 i 项活动的最可能时间，b_i 表示第 i 项活动的悲观时间。

在实际的项目管理中，往往需要将 CPM 和 PERT 结合使用，用 CPM 求出关键路线，再用 PERT 对关键路线上的各项工作估算完成期望和方差，最后得出项目在某一时间段内完成的概率。

PERT 的最大优点在于，它试图将风险与时间的估计联系起来。但 PERT 也有三个缺点：第一，由于它需要几个时间估计值，所以使工作量加大；第二，在评估风险方面有很多更好的概率方法，如对风险因子的计算和风险分析的模拟，以及专家判断等方法；第三，它在实践中很少使用。实际上，由于网络图常被称为 PERT 图表，所以许多人将 PERT 与项目网络图混为一谈。

三、网络计划的优化

绘制网络图、计算网络时间和确定关键路线，会得到一个初始的计划方案，但通常还需要对初始计划方案进行调整和完善，根据计划的要求，综合考虑进度、资源利用和降低费用等目标，这就是网络计划的优化。网络计划的优化一般来说主要包括时间—费用优化和工期优化两大类，但是否优化以及优化的程度则需要根据项目的实际情况做具体的分析。

（一）时间—费用优化

时间—费用优化平衡法是指通过最低相关费用的增加来缩短项目工期。该方法基于以下假设。

（1）每项工作有两组工期和费用估计：正常和应急。正常时间（Normal Time）是指在正常条件下完成某项工作需要的估计时间。正常费用（Normal Cost）是指在正常时间内完成某项工作的预计费用。应急时间（Crash Time）是指完成某项工作的最短估计时间，应急费用（Crash Cost）是指在应急时间内完成某项工作的预计费用。

（2）当需要将工作的预计工期从正常时间缩短至应急时间时，必须有足够的资源作保证。一项工作的工期从正常时间减至应急时间，要靠投入更多的资源来实现——指派更多的人、延长工作时间、使用更多的设备等。费用的增加与加快工作进程相联系。

（3）无论对一项工作投入多少额外的资源，也不可能在比应急时间短的时间内完成这项工作。

（4）在工作的正常点和应急点之间，时间和费用的关系是线性的。

（二）工期优化

工期优化也称为时间优化，其目的是当网络计划工期不能满足要求工期时，通过不断压缩关键路线上的关键工作的延续时间等措施，达到缩短工期、满足要求工期的目的。

缩短工期的重要方法如下。

1. 强制缩短法

强制缩短法即采取措施使网络计划中的某些关键工作的延续时间尽量缩短。强制缩短法的一个重要问题就是选择哪些工作压缩其延续时间从而达到缩短工期的目的。常用的方法如下。

（1）顺序法，即按关键工作开始时间确定，先开始的工作先压缩。

（2）加权平均法，即按关键工作延续时间长短的百分比进行压缩。

（3）选择法，即计划编制者有目的地选择某些关键工作进行延续时间的压缩。

2. 调整工作关系

根据项目的可能性，将某些串联的关键工作调整为平行作业或交替作业。其中，串行安排所需要完成一个项目的时间最长。并行安排所需要完成一个项目的时间最短。并行交叉安排所需要完成一个项目的时间虽比并行安排的要长，但比串行安排要短得多，在资源有限的情况下，该方法是优化工期的一种比较好的方法。

3. 关键路线转移

利用非关键工作的时差，用其中的部分资源加强关键工作，以缩短关键工作的延续时间，使工期缩短。采用这一措施，关键路线可能会不断地发生转移。

（1）对关键工作的检查与调整。

关键路线上所有工作都是关键工作，没有机动时间。其中任一项工作作业时间的缩短或延长都会影响整个工程进度。因此，必须集中精力抓关键，经常分析、研究这些工作是否有可能提前或延期，并找出原因，采取对策。

当关键路线上某些工作的工作时间缩短，则有可能出现关键路线转移，后续各工作的最早可能开始时间、最迟必须开始时间以及时差的大小都有可能发生变化，因此需要对后续工作的作业时间进行必要的修正，并重新计算时间参数。

（2）对非关键路线上工作的检查与调整。

当非关键路线上某些工作的作业时间延长，但不超过时差范围时，则不会影响整个项目进度，计划也就不必调整；当非关键路线上某些工作的工作时间延长而且超过了时差范围时，则势必影响整个项目进度，关键路线就会转移。

四、网络计划技术的作用

通过对网络图的阐述与分析，可以看出，在信息系统项目的开发中，网络计划技术主要有如下作用。

（1）明确了项目中各工序/活动的责任人和职责。确定责任人将有助于项目工作的有效开展，并且使责任人对其负责的工序/活动在整个项目中的地位、与其他责任人的工作联系，以及其应承担的职责有更清楚的认识。

（2）表明了各工序/活动之间的逻辑关系。网络技术擅长表示各工序/活动之间的依赖关系，并从时序上把它们之间的关系加以量化，便于有效地进行管理。

（3）确定了项目管理的工作重点。关键路线上的工序/活动应该给予更多的重视，在资源分配上优先保障。同时有助于信息系统项目负责人正确处理全局与局部的关系。

（4）有效地进行信息系统项目的监控。网络计划技术在计划安排和控制由许多相互联系的工序/活动组成的信息系统项目方面非常有用，它能够及时发现和纠正执行中的偏差，并且非常有利于项目的信息沟通。

（5）可以广泛应用于系统开发设计。无论是项目的可行性需求分析获取，还是设计、实施各个阶段和各个层次，网络计划技术都是持续有效的，它的概念清楚、原理简单，并有较成熟的软件工具支持。

本章小结

随着物流业的发展，项目管理技术在物流系统中的应用越来越广泛。物流项目计划技术是基于网络计划技术的基本原理。本章介绍了网络计划技术的基本概念、网络图的绘制方法及步骤、网络时间的计算及关键路线的确定，同时还介绍了计划评审技术与网络计划技术的联系及区别。

参考文献

[1]《运筹学》教材编写组. 运筹学［M］. 北京：清华大学出版社，1990.
[2] 傅家良. 运筹学方法与模型［M］. 上海：复旦大学出版社，2006.
[3] 周官志. IT 项目网络计划技术及其应用［D］. 郑州：郑州大学，2005.

案　例

1. 某工程各工序关系及各工序所需时间如表 6－2 所示，试绘制网络图，计算事项及工序的 6 个时间参数的表格，并指出关键路线。

表 6－2　　某工程各工序关系及各工序所需时间

工序	紧前工序	工序时间（h）	工序	紧前工序	工序时间（h）
A	—	8	F	B，N	3
B	—	7	G	C	6
C	—	10	H	C	4
N	A	1	Q	E，F，G	5
D	A	9	M	Q，D	7
E	A	2	L	E，F，G，H	6

2. 某工程的工序关系和时间估计值如表 6－3 所示。

（1）绘制网络图并计算每个工序的工序时间期望值和方差。

（2）总工期的期望值和方差是多少？

表 6-3　　某工程的工序关系和时间估计值

工序	紧前工序	乐观时间 a（h）	最可能时间 m（h）	保守时间 b（h）
A	—	2	5	8
B	A	6	9	12
C	A	5	14	17
D	B	5	8	11
E	C，D	3	6	9
F	—	3	12	21
G	E，F	1	4	7

第七章 排队论

学习目标

1. 掌握排队论主要研究的内容。
2. 掌握排队系统的组成部分。
3. 了解排队系统的符号表示。
4. 掌握排队系统的主要数量指标。
5. 掌握单服务台排队系统的评价指标。
6. 掌握多服务台排队系统的评价指标。

排队现象是日常生活和工作中常见的现象。一种排队是人的排队，例如：上下班坐公共汽车时等车时的排队，顾客到商店购物形成的排队，病人到医院看病形成的排队等。另一种排队是物的排队，例如：文件等待打印或发送，路口遇红灯时汽车、自行车等待通过，船舶到港等待装卸货物等。排队现象中有两方，一方要求得到服务，另一方设法提供服务。把要求得到服务的人或物（设备）统称为顾客，提供服务的服务人员或服务机构统称为服务员或服务台（服务员专指人，服务台是指提供服务的设备）。顾客与服务台就构成排队系统，或称为随机服务系统。显然，缺少顾客或服务台任何一方都不会形成排队系统。

作为运筹学的一个重要分支，排队论已经广泛地直接应用到实际生活中，应用相应排队理论的研究成果，可以指导各种策略设计，给国民经济的发展做出巨大贡献。近年来，随着物流行业的迅速发展，物流系统规划的研究越来越受到人们的关注。有很多学者开始应用排队论分析物流系统中相关问题，而且取得了很好的效果。排队论主要应用于库存、物流服务能力及物流系统调度等方面。

第一节 排队论概述

排队论（Queuing Theory）或称随机服务系统理论，通过对服务对象到来及服务时间的统计研究，得出数量指标（等待时间、排队长度、忙期长短等）的统计规律，然后根据这些规律来改进服务系统的结构或重新组织被服务对象。从而既能使服务系统满足服务对象的需要，又能使服务系统的费用最节省或某些指标最优。排队论是运筹学的分支学科，也是研究服务系统中排队现象随机规律的学科，其广泛应用于计算机网络、生产、运输、库存等各项资源共享的随机服务系统研究中。

最早的排队论方法是20世纪初由丹麦工程师爱尔朗（A. K. Erlang）提出的，直到第二次世界大战结束之后，排队论才得到较多应用，尤其是计算机模拟技术的发展和推广，更扩大了排队论的应用范围。目前，排队论已广泛应用于工程规划与设计、生产调度与管理、经济管理等领域。

排队论是在概率论和数理统计基础上发展起来的运筹学分支，专门研究由随机因素引起的拥挤现象。排队论的研究目的就在于找出排队系统的规律性，使规划设计人员掌握这种规律性，设计出最优化的排队系统，并且让管理人员掌握这种规律性，调整、控制排队系统使它处于最佳营运状态。在日常生活中，人们会遇到各种各样的排队问题，如到图书馆借书，到车站等车，去医院看病等。在这些问题中，图书馆的管理员与借阅者、公共汽车与乘客、医生与病人均可归结为服务台与顾客之间的一种服务关系，构成一个排队系统或服务系统。排队系统一般模型如图7－1所示，排队系统举例如表7－1所示。

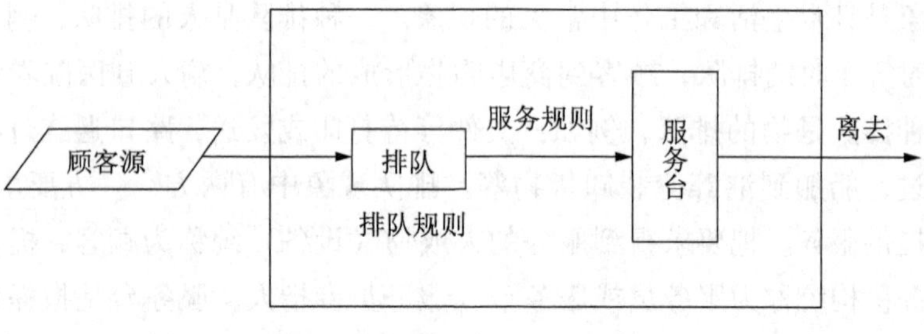

图7－1　排队系统一般模型

表7－1　排队系统举例

顾客	要求服务项目	服务台
待修机（仪）器	修理	维修人员
汽车	加油	加油站
病人	看病	大夫
电话呼机	通话	交换台
飞机（船舶）	进航空港（港口）	跑道（码头）
球队	比赛	场地
信号	传送	信道

续 表

顾客	要求服务项目	服务台
数据	存储	计算机
……	……	……

一、排队论研究的内容

在各种排队系统中，随机性是它们的一个共同特性，而且起着根本性的作用。顾客的到达间隔时间与顾客所需的服务时间中，至少有一个具有随机性，否则问题就太简单了。排队论主要研究描述系统的一些主要指标的概率特性，分为三大部分。

（一）排队系统的性态问题

研究排队系统的性态问题是研究各种排队系统的概率规律，主要包括系统的队长（系统中的顾客数）、顾客的等待时间和逗留时间以及忙期等概率分布，包括它们的瞬时性质和统计平衡下的性态。排队系统的性态问题是排队论研究的核心，是排队系统的统计推断和最优化问题的基础。从应用方面考虑，统计平衡下的各个指标的概率性质尤其重要。

（二）排队系统的统计推断

为了解和掌握一个正在运行的排队系统的规律，就需要通过多次观测收集数据，然后用数理统计的方法对得到的数据进行加工处理，推断所观测的排队系统的概率规律，从而应用相应的理论成果来研究和解决该排队系统的有关问题。排队系统的统计推断是将已有理论成果应用于实际系统的基础性工作，结合排队系统的特点，发展这类特殊随机过程的统计推断方法是非常必要的。

（三）排队系统的最优化问题

排队系统的最优化包括系统的最优设计（静态最优）和已有系统的最优运行控制（动态最优）。前者是指在服务系统设置之前，对未来运行的情况有所估计，使设计人员有所依据，如电话局的规模、水库容量的大小、机场跑道数目的设计等；后者是对已有的排队系统寻求最优运行策略，例如库房领取工具，当排队领取工具的工人太多，就需要增加服务员，这样虽然增加了服务费用，但减少了工人领取工具的等待时间，即增加了工人有效的生产时间，这样带来的好处可能远超过服务费用的增加。因此，一个排队系统的设计或运行管理需要考虑服务双方的利益，以便在某种合理的指标上使系统达到最优。对于大多数实际系统，若把输入看作由客观条件决定，是不受控制的（有时也可采取控制输入的手段），则解决这种问题的关键是确定服务率或服务台数或选取顾客的服务规则或这几种量的组合，使之在某种意义下系统达到最优。优化的指标函数可以是时间，也可以是费用或收入。学习和应用排队论知识就是要解决客观系统的最优设计或运行管理，创造更好的经济效益和社会效益。

排队系统决策最常见的是确定服务速率或最佳服务台的个数，从而取得最佳经济效益。在系统运行的众多参数中有一些参数属于可控参数，服务系统要充分利用这些可控参数，对资源进行重新整合，在降低或不增加运营成本的基础上提高服务质量和水平，增加服务系统的效益。同时降低客户等待成本，提高客户满意度，使服务系统和客户之间达到“双赢”。服务系统需要解决服务系统成本和客户成本之间的矛盾，提供满意的服务，如图 7－2 所示。

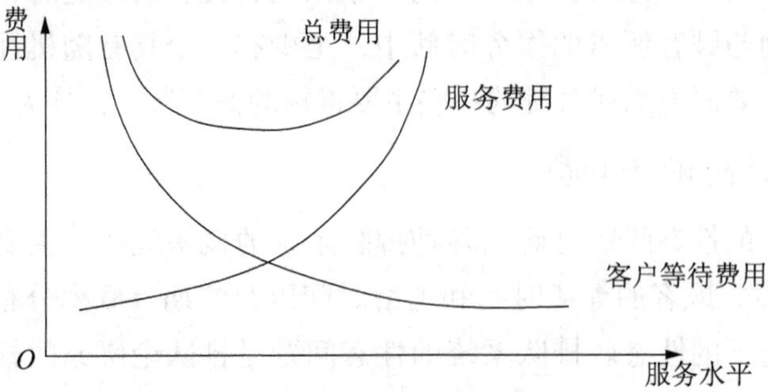

图 7－2　服务水平和费用的关系

二、排队系统的组成

要想完整地描述一个排队系统，必须给出以下几个方面的说明，即顾客相继来到服务台的规律（输入过程）、排队规则和服务台。

（一）输入过程

输入过程是描述顾客来源及顾客是按怎样的规律抵达排队系统的。从以下三个方面来刻画输入过程。

（1）顾客总体（顾客源）数：顾客的来源情况是多种多样的，可能是有限的，也可能是无限的。例如，到达港口待装卸的货船数是有限的，而到达窗口购票的顾客总体可看成是无限的。

（2）到达方式：顾客到达排队系统的情况也是多种多样的。顾客到达的方式可能是连续的，也可能是离散的；可能是一个一个的，也可能是成批的或大量的；可能是相互独立的，也可能是相互关联的；等等。

（3）顾客（单个或成批）相继到达时间间隔的分布：顾客相继到达的间隔时间可以是确定型的，也可以是随机型的。如果描述顾客相继到达的间隔时间分布的所有参数（如期望值、方差等）都与时间无关，则称为平稳输入过程，否则称为非平稳输入过程。一般来说，平稳输入过程可利用数学模型求解，而非平稳输入过程则难以进行数学处理，需要利用模拟模型求解。顾客相继到达时间间隔的分布是刻画输入过程的最重要的内容，输入过程所讨论的是顾客按怎样的规律到达的问题。

顾客相继到达服务台，从表面看无规律可循，其实，常常服从某种统计规律，如定长分布（D）、负指数分布（M）、k 阶埃尔朗分布（Ek）等。

（二）排队规则

排队规则所研究的是顾客接受服务的先后次序问题，可分为以下几种情形。

（1）损失制。顾客到达时，如果所有的服务台都正被占用，则顾客随即离去服务。这称为损失制，因为这将失去许多顾客。

（2）等待制。顾客到达时，如所有的服务台都正被占用，则顾客将排队等待服务。在等待制中，根据对顾客服务的先后次序的规则，又可分为先到先服务、后到先服务、随机服务、有优先权的服务等。

（3）混合制。顾客起初进入排队队伍，但后来觉得等待时间太长，离开队伍。如银行营业厅服务系统一般属于混合制，既有顾客排队等待，又有顾客离开队伍。

（三）服务台（又称服务机构）

服务机构的特征主要包括以下几个方面。

（1）服务台数目，在有多个服务台时，服务台可分为串联和并联两种方式。

（2）服务方式，对顾客的服务方式分为逐个服务和成批服务。

（3）服务时间所遵循的分布。

几种服务机构的服务方式如图 7－3、图 7－4、图 7－5、图 7－6 所示。

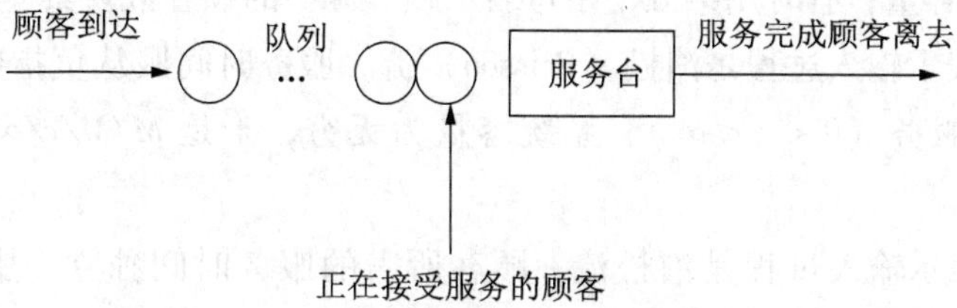

图 7－3　单服务台服务系统

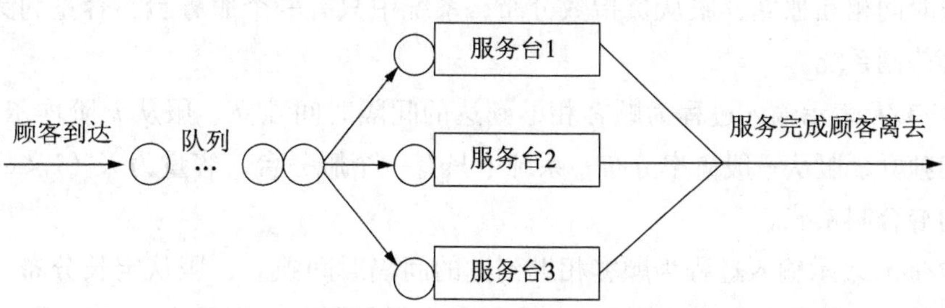

图 7－4　多服务台顾客排成一个队列

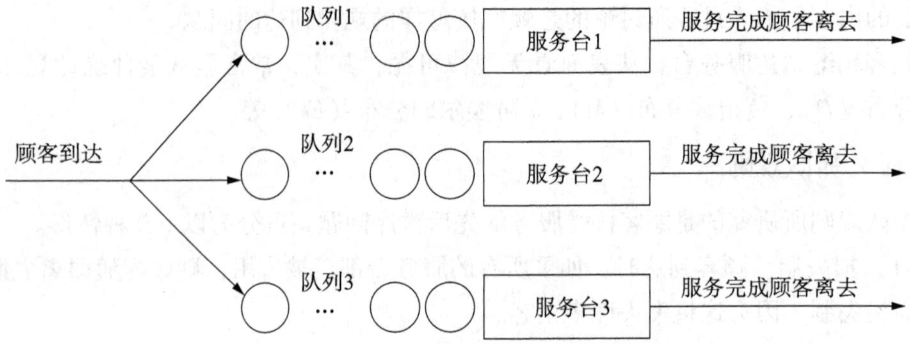

图7-5　并列队列的排队系统

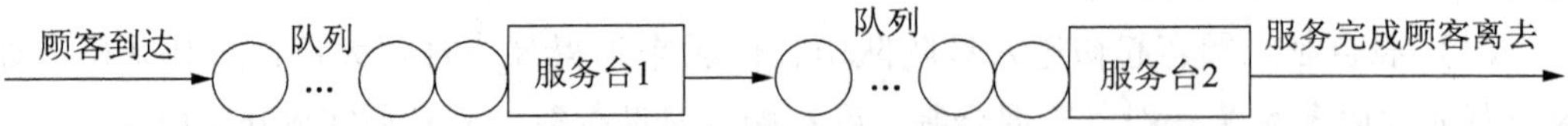

图7-6　多服务台串联服务系统

三、经典排队系统的符号表示

一个排队系统是由许多条件决定的，为了简明起见，在经典排队系统中，常采用3~5个英文字母表示一个排队系统，字母之间用斜线隔开：第一个字母表示输入分布类型；第二个字母表示服务时间的分布类型；第三个字母表示服务台的数目；第四个字母表示系统的容量；有时用第五个字母表示顾客源中的顾客数。具体如下所示。

$M/M/c/\infty$ 表示输入过程是泊松（Poisson）流，服务时间服从负指数分布，系统有 c 个服务台平行服务（$0<c<\infty$），系统容量为无穷，于是 $M/M/c/\infty$ 系统是等待制系统。

$M/G/1/\infty$ 表示输入过程是泊松流，顾客所需的服务时间独立、服从一般概率分布，系统中只有一个服务台，容量为无穷，该系统为等待制系统。

$G/M/1/\infty$ 表示输入过程为顾客独立到达且相继到达的间隔时间服从一般概率分布，服务时间相互独立、服从负指数分布，系统中只有一个服务台，容量为无穷，该系统为等待制系统。

$E_k/G/1/K$ 表示输入过程为顾客相继到达的间隔时间独立、服从 k 阶埃尔朗分布，服务时间独立、服从一般概率分布，系统中只有一个服务台，容量为 K（$1<K<\infty$），该系统为混合制系统。

$D/M/c/K$ 表示输入过程为顾客相继到达的间隔时间独立、服从定长分布，服务时间独立、服从负指数分布，系统中有 c 个服务台平行服务，容量为 K（$c<K<\infty$），该系统为混合制系统。

$M^r/M/1/\infty$ 表示顾客成批到达，每批到达为固定的 r 个顾客（$1\leq r<\infty$），批与批

的相继到达的间隔时间独立、服从负指数分布，服务时间独立、服从负指数分布，系统中只有一个服务台，容量为无穷，该系统为等待制系统。

$M^x/M^r/1/\infty$ 表示顾客成批到达，每批到达的数量 x 是具有某个离散型概率分布律的随机变量，批与批相继到达的间隔时间独立、服从负指数分布，系统中有一个服务台，顾客是成批接受服务，每批为 r 个顾客，且服务时间独立、服从负指数分布，容量为无穷，该系统为等待制系统。

四、描述排队系统的主要数量指标

（一）队长与等待队长

队长是指系统中的顾客数（包括正在接受服务的顾客），而等待队长是指系统中排队等待的顾客数，它们都是随机变量，是顾客和服务机构双方都十分关心的数量指标，应确定它们的分布及有关数值（至少是期望平均值）。显然，队长等于等待队长加上正在被服务的顾客数。

（二）顾客在系统中的等待时间与逗留时间

顾客的等待时间是指从顾客进入系统的时刻起直到开始接受服务这段时间，而逗留时间是顾客在系统中的等待时间与服务时间之和。在假定到达与服务是彼此独立的条件下，等待时间与服务时间是相互独立的。等待时间与逗留时间是顾客最关心的数量指标，因此应用中研究者关心的是统计平衡下它们的分布及期望平均值。

（三）系统的忙期与闲期

顾客到达空闲的系统，服务立即开始，从服务开始直到系统再次变为空闲，这段时间是系统连续繁忙的时间，称为系统的忙期（简称忙期），它反映了系统中服务台的工作强度。

与忙期对应的是系统的闲期（简称闲期），即系统连续保持空闲的时间长度。在排队系统中，统计平衡下忙期与闲期是交替出现的。

忙期循环是指相邻的两次忙期开始的间隔时间，显然，它等于当前的忙期长度与闲期长度之和。

（四）输出过程

输出过程也称离去过程，是指接受服务完毕的顾客相继离开系统的过程。刻画一个输出过程的主要指标是相继离去的间隔时间和在一段已知时间内离去顾客的数目，这些指标从侧面也反映了系统的工作效率。

此外，在不同的排队系统中，还会涉及其他数量指标，例如，在损失制与混合制排队系统中，顾客的损失率及单位时间内损失的平均顾客数；在多服务台并行服务的系统中，某个时刻正在忙的服务台数目和系统的利用率等。

第二节 到达时间间隔的分布和服务时间的分布

一、定长分布（单点分布）

定义 7.1 设随机变量 X 以概率 1 取常值 a，即 $P(X=a)=1$，则称 X 服从定长分布或单点分布。它的概率分布函数为：

$$F(t)=P\{X\leqslant t\}=\begin{cases}0, & t<a\\ 1, & t\geqslant a\end{cases}$$

二、负指数分布

定义 7.2 一个连续型随机变量 X，若它的分布密度函数为：

$$f(t)=\begin{cases}\lambda e^{-\lambda t}, & t\geqslant 0\\ 0, & t<0\end{cases}$$

其中 $\lambda\ (>0)$ 为常数，则称随机变量 X 服从参数为 λ 的负指数分布，其概率分布函数为：

$$F(t)=\begin{cases}1-e^{-\lambda t}, & t\geqslant 0\\ 0, & t<0\end{cases}$$

k 阶原点距 $E[X^k]=\dfrac{k!}{\lambda^k}\ (k=1, 2, 3, \cdots)$，方差 $D[X]=\dfrac{1}{\lambda^2}$。

引入一个无量纲的量：

$$\varphi=\sqrt{\frac{D[X]}{E[X]}}$$

其中，假定 $E[X]\neq 0$，称 φ 为随机变量 X 的变异系数。

显然，服从负指数分布的随机变量的变异系数 $\varphi=1$，这是随机变量服从负指数分布的必要条件。如果随机变量的变异系数远离于 1，则可以认为该随机变量不会服从负指数分布。

负指数分布具有无记忆性或无后效性。它的直观意义是：如果把 X 解释为机器的使用寿命，则该机器在使用了一段时间（这段时间可以是随机时间）还没有坏的条件下，它的剩余寿命仍然服从原来参数的负指数分布，与已使用过的时间无关。正因为负指数分布具有这个性质，在排队论和可靠性理论等领域内起着非常重要的作用。

三、k 阶埃尔朗（Erlang）分布

定义 7.3 如果连续型随机变量 X 的概率分布密度 $f(t)$ 为：

$$f(t)=\begin{cases}\dfrac{\lambda(\lambda t)^{k-1}}{(k-1)!}e^{-\lambda t}, & t\geqslant 0\\ 0, & t<0\end{cases}$$

则称 X 服从参数为 λ（>0）的 k 阶埃尔朗分布，记为 E_k，其分布函数 $F(t)$ 为：

$$F(t)=1-e^{-\lambda t}\sum_{i=0}^{k-1}\frac{(\lambda t)^i}{i!},t<0$$

期望平均值 $E[X]=\dfrac{k}{\lambda}$，方差 $D[X]=\dfrac{k}{\lambda^2}$，变异系数 $\varphi=\dfrac{1}{\sqrt{k}}$。

四、超指数分布

定义 7.4 若连续型随机变量 X 的概率密度函数 $f(t)$ 为：

$$f(t)=\begin{cases}\sum_{i=1}^{k}a_i\lambda_i e^{-\lambda_i t}, & t\geqslant 0\\ 0, & t<0\end{cases}$$

其中 $a_i>0$，且 $\sum_{i=1}^{k}a_i=1$，$\lambda_i(>0)$ 均为常数（$i=1, 2, \cdots, k$），则称 X 服从超指数分布。其概率分布函数为：

$$F(t)=1-\sum_{i=1}^{k}a_i e^{-\lambda_i t},t\leqslant 0$$

它的期望平均值量 $E[X]=\sum_{i=1}^{k}\dfrac{a_i}{\lambda_i}$，方差 $D[X]=2\sum_{i=1}^{k}\dfrac{a_i}{\lambda_i^2}-\left(\sum_{i=1}^{k}\dfrac{a_i}{\lambda_i}\right)^2$。

超指数分布是负指数分布的一种混合分布，它的背景可做如下解释：设有 k 个服务台独立地并行服务，第 i 个服务台提供的服务时间服从参数 λ_i（>0）的负指数分布，到达的顾客以概率 a_i 选择第 i 个服务台接受服务（$i=1, 2, \cdots, k$），这样顾客的服务时间就是超指数分布。

五、泊松（Poisson）分布

定义 7.5 若离散型随机变量 X 的概率分布律为：

$$p_i=P\{X=i\}=\frac{\lambda^i}{i!}e^{-\lambda}, i=0, 1, 2, \cdots$$

其中 λ（>0）为常数，则称 X 服从参数为 λ 的泊松分布，其期望平均值 $E[X]=\lambda$，方差 $D[X]=\lambda$。

第三节 单服务台负指数分布排队系统的分析

本节讨论单个服务台的排队系统模型（简称排队模型）$M/M/1$，即系统只设一个服务台的情况。假定顾客到达系统的间隔时间服从负指数分布，并且顾客相互独立地到达系统；服务台为每一顾客的服务时间也服从负指数分布。以下重点介绍单服务台损失制排队模型和单服务台等待制排队模型。

一、单服务台损失制排队模型 *M/M/*1/1

*M/M/*1/1 排队模型是指系统内只设一个服务台，系统容量为 1（即仅有一个排队位置而无排队等待位置），顾客到达和窗口服务时间均为负指数分布，且它们各自的参数为 λ 与 μ 。如顾客到达时，发现服务窗正忙着，他将离去另求别处服务，比如可将只设一条外线的电话交换台看作此种排队模型。

因系统只有单个服务台，故系统只能有两种可能状态：0（服务台空闲）和 1（服务台忙着）。于是，*M/M/*1/1 排队模型的状态转移图如图 7－7 所示。

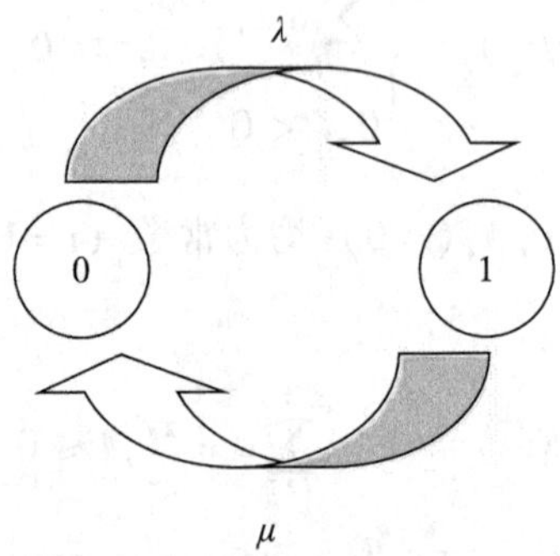

图 7－7　*M/M/*1/1 排队模型的状态转移图

由 *K* 氏微分方程知，t 时刻系统处于空闲或忙着的概率 $p_0(t)$ 或 $p_1(t)$ 分别满足下列方程：

$$\begin{cases} p_0'(t) = -\lambda p_0(t) + \mu p_1(t) \\ p_1'(t) = -\mu p_1(t) + \lambda p_0(t) \end{cases}$$

及：

$$p_0(t) + p_1(t) = 1$$

由初始条件 $p_0(0)=1$，$p_1(0)=0$（表示开始时服务台空闲）可以解出：

$$p_0(t) = \frac{\mu}{\lambda+\mu} + \frac{\lambda}{\lambda+\mu}e^{-(\lambda+\mu)t}$$

因系统仅有两个互通的状态，故必存在平稳分布，也即 $\lim\limits_{t\to\infty} p_0(t)$ 存在，事实上，由上式知：

$$p_0 = \lim_{t\to\infty} p_0(t) = \frac{\mu}{\lambda+\mu} = \frac{1}{1+\rho}$$

式中，$\rho = \dfrac{\lambda}{\mu}$ 表示系统的负荷水平或强度。

当系统中已有一个顾客时，新来的顾客只好离去，故 p_1 就是系统的损失概率 $P_{损}$，其计算公式为：

$$P_{损}=p_1=1-p_0=\frac{\rho}{1+\rho}=\frac{\lambda}{\lambda+\mu}$$

单位时间内平均损失的顾客数和平均进入系统的顾客数分别为：

$$\overline{\lambda_L}=\lambda p_1=\frac{\lambda^2}{\lambda+\mu}=\frac{\lambda\rho}{1+\rho}$$

$$\lambda_e=\lambda\ (1-p_1)\ =\lambda p_0=\frac{\lambda}{1+\rho}$$

从而稳态时顾客可得的服务率 Q 和单位时间内服务的顾客数 A 为：

$$Q=p_0=\frac{1}{1+\rho}$$

$$A=\lambda_e Q=\frac{\lambda}{(1+\rho)^2}$$

［**例 7-1**］　设某条电话线，平均每分钟有 0.6 次呼唤，若每次通话时间平均为 1.25分钟，求相应的 Q，A 与 $P_{损}$。

解：按题意知：

$$\lambda=0.6,\ \mu=\frac{1}{1.25}=0.8$$

那么：

$$\rho=\frac{\lambda}{\mu}=\frac{0.6}{0.8}=0.75$$

$$Q=\frac{1}{1+\rho}=\frac{1}{1+0.75}\approx 0.57=p_0$$

即在稳态时有 57% 的呼唤得到服务。

由上可得：

$$A=\lambda_e Q=0.6\times\left(\frac{1}{1+0.75}\right)^2\approx 0.196\text{（次/分钟）}\approx 11.8\text{（次/小时）}$$

即每条电话线路平均每分钟有 0.196 次（或平均每小时有 11.8 次）通话。

由上可得：

$$P_{损}=1-Q=0.43$$

即约有 43% 呼唤不能接通。

二、单服务台等待制排队模型 $M/M/1/\infty$

设系统内只有单个服务台。顾客按参数为 λ 的泊松分布到达，如顾客到达系统时服务台正忙着，则排队等待服务；且顾客到达的时间间隔与服务台为每个顾客服务的时间均为负指数分布；平均服务率为 μ 。易知该系统构成一个生灭过程，其相应的密

度矩阵 $\boldsymbol{Q}$ 中各个元素为：

$$\lambda_k = \lambda \qquad k = 0,\ 1,\ 2,\ \cdots$$

$$\mu_k = \mu \qquad k = 1,\ 2,\ 3,\ \cdots$$

由此可画出其状态转移图（本节考虑顾客源是无限的），如图 7－8 所示。

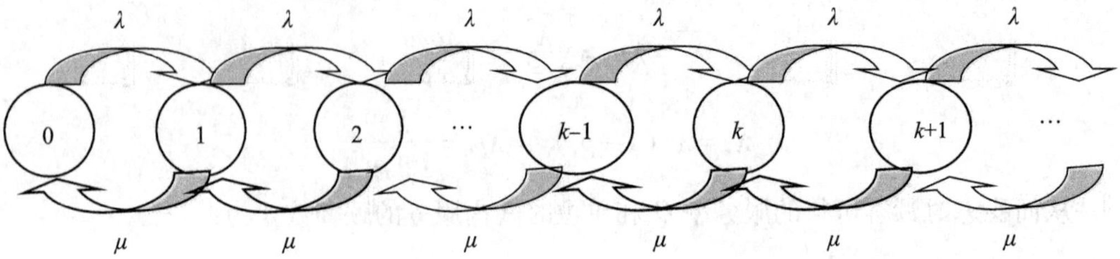

图 7－8　M/M/1/∞ 排队模型的状态转移图

此处状态 k 表示系统内有 k 个顾客，服务台正忙着，且有 $k-1$ 个顾客排队等待。

状态概率 $p_k(t)$ 所满足的微分方程式为：

$$\begin{cases} p'_k(t) = -(\lambda+\mu)p_k(t) + \lambda p_{k-1}(t) + \mu p_{k+1}(t) & k \geqslant 1 \\ p'_0(t) = -\lambda p_0(t) + \mu p_1(t) \end{cases} \tag{7-1}$$

感兴趣的是当 $t \to \infty$ 时，系统能否从暂态进入稳态。理论上可以证明，当 $\rho = \dfrac{\lambda}{\mu} < 1$ 时，系统存在平稳分布，记为 p_0，p_1，p_2，…。此时，式（7－1）可以整理为：

$$\begin{cases} (\lambda+\mu)p_k = \lambda p_{k-1} + \mu p_{k+1} & k \geqslant 1 \\ \lambda p_0 = \mu p_1 \end{cases}$$

于是，可以解出：

$$\begin{cases} p_1 = \dfrac{\lambda}{\mu}p_0 = \rho p_0 \\ p_2 = \dfrac{\lambda}{\mu}p_1 = \rho^2 p_0 \\ \cdots \\ p_k = \dfrac{\lambda}{\mu}p_{k-1} = \rho^k p_0 \text{——平稳时系统内有 } k \text{ 个顾客的概率} \\ \cdots \end{cases}$$

再由正则性：

$$1 = \sum_{k=0}^{\infty} p_k = \sum_{k=0}^{\infty} \rho^k p_0 = \frac{p_0}{1-\rho}$$

得：

$$p_0 = 1 - \rho$$

即 p_0 是服务台空闲的概率，并且 $\rho = 1 - p_0$ 恰好是服务台忙着的概率。ρ 越大，服务台越忙。有时也称 ρ 为系统的服务强度或负荷水平。由上可知：

$$p_k=\rho^k\ (1-\rho)$$

其服从几何分布，利用以上公式可以求出相应的目标参量。

（1）系统内顾客的均值（包括正被服务和排队等候的顾客均值）为：

$$L_s = \sum_{k=0}^{\infty} kp_k = \rho(1-\rho)\sum_{k=0}^{\infty} k\rho^{k-1} = \rho(1-\rho)\left(\frac{\rho}{1-\rho}\right)' = \frac{\rho}{1-\rho} = \frac{\lambda}{\mu-\lambda}$$

（2）由利特尔公式可得顾客在系统内平均逗留时间为：

$$W_s=\frac{L_s}{\lambda}=\frac{\rho}{\lambda\ (1-\rho)}=\frac{1}{\mu-\lambda}$$

（3）系统内排队等候的平均顾客数为：

$$L_q=L_s-L_{服}=\sum_{k=1}^{\infty}(k-1)p_k$$

其中 $L_{服}$ 为正被服务的顾客均值。因正被服务的顾客数或为 0（服务台空闲）或为 1（服务台忙着）。故它们对应的概率为 $p_0=1-\rho$ 及 ρ。于是有：

$$L_{服}=0\times\ (1-\rho)\ +1\times\rho=\rho$$

从而

$$L_q=L_s-\rho=\frac{\rho}{1-\rho}-\rho=\frac{\rho^2}{1-\rho}=\frac{\lambda^2}{\mu\ (\mu-\lambda)}$$

（4）根据利特尔公式，顾客平均排队等待时间为：

$$W_q=\frac{L_q}{\lambda}=\frac{\rho^2}{\lambda\ (1-\rho)}=\frac{\lambda}{\mu\ (\mu-\lambda)}$$

（5）系统内多于 k 个顾客的概率为：

$$p = P(X_t > K) = 1 - \sum_{l=0}^{k} p_l = 1 - (1-\rho^{k+1}) = \rho^{k+1}$$

[例 7－2]　某音乐厅设有一个售票处，营业时间为 8 时到 16 时，假定顾客流和服务时间均为负指数分布，且顾客到来的平均间隔时间为 2.5 分钟，售票处为每位顾客服务平均需 1.5 分钟，试求以下量。

（1）顾客不需等待的概率 p_0。

（2）平均排队长度 L_s。

（3）顾客在系统内平均逗留时间 W_s。

（4）平均排队等待人数 L_q。

（5）平均排队等待时间 W_q。

（6）系统内顾客人数超过 4 个的概率 $p=P\ (L_s>4)$。

（7）顾客在系统内平均逗留时间大于 15 分钟的概率 $p\left(W_s>\frac{1}{4}\right)$。

（8）在六天工作日内系统中没有顾客的小时数。

解：按题意知：

$\lambda=24$ 人/小时，$\mu=40$ 人/小时，于是 $\rho=\frac{\lambda}{\mu}=0.6$，故可得：

(1) $p_0 = 1 - \rho = 0.4$;

(2) $L_s = \dfrac{\rho}{1-\rho} = 1.5$ (人);

(3) $W_s = \dfrac{1}{\mu - \lambda} = \dfrac{1}{16} = 0.0625$ (小时) $=3$ 分 45 秒;

(4) $L_q = \dfrac{\rho^2}{1-\rho} = \dfrac{0.6^2}{0.4} = 0.9$ (人);

(5) $W_q = \dfrac{L_q}{\lambda} = \dfrac{0.9}{24} = 0.0375$ (小时) $=2$ 分 15 秒;

(6) $P(L_s > 4) = 1 - p_0 \dfrac{1-\rho^5}{1-\rho} = \rho^5 \approx 0.078$;

(7) $P\left(W_s > \dfrac{1}{4}\right) = e^{-(40-24)/4} = e^{-4} \approx 0.018$;

(8) 因每天系统内没有顾客的小时数为 $8p_0 = 3.2$ 小时，故一周六天工作日内系统没有顾客的小时数为 $6 \times 3.2 = 19.2$ 小时。

第四节　多服务台负指数分布排队系统分析

本节将讨论多个服务台的排队系统模型 $M/M/n$，即假定系统内设有 n 个服务台，顾客到达系统的间隔时间服从负指数分布，并且顾客相互独立到达系统，各服务台为每位顾客服务的时间也为负指数分布。下面将对顾客源分别为有限、无限以及系统容量变化的情形进行讨论，求出各个系统相应的目标参量。

一、多服务台损失制排队模型 $M/M/n/n$

假定系统内有 n 个服务台；顾客按泊松流到达系统，其强度为 λ。倘若顾客到达系统时发现 n 个服务台均忙着，他将离开系统另求服务。又设各服务台的服务时间服从负指数分布，强度为 μ。这种系统就是多服务台损失制排队模型 $M/M/n/n$。例如设有多条电话线路的电话交换系统，不许排队等候空位的街头停车场等均属此类排队模型。

对这类排队模型，其系统可能出现的状态必为 $E=\{0, 1, 2, \cdots, n\}$ 中之一。这里 0 状态表示 n 个服务台均空闲着，系统内没有顾客到达；k $(1 \leqslant k \leqslant n)$ 状态则表示系统内已有 k 个顾客，且正在某 k 个服务窗口前被服务着，而有 $n-k$ 个服务台空闲着。一旦 n 个服务台均忙着，那么新到达的顾客不得不离去另寻服务，这对系统来说是一个损失，故称损失制。

当系统处于 1 状态，即系统内有一个顾客在某服务台被服务时，一旦服务完毕其离开系统，则系统状态就处于 0 状态，即从状态 $1 \to 0$，转移强度（即平均服务率）为 μ，当系统处于 k $(2 \leqslant k \leqslant n)$ 状态，即有某 k 个服务台正为 k 个顾客服务，一旦其中一个顾客被服务完毕离开系统时，系统便处于 $k-1$ 状态，由于 k 个正被服务的顾客均有先被服务完毕的可能（或 k 个服务窗从忙到闲的可能性是均等的），故从 k 状态转变到 $k-1$ 状态的转移强度应为 $k\mu$。于是，可画出该模型的状态流图（瞬时转移强度图），如图 7－9 所示。

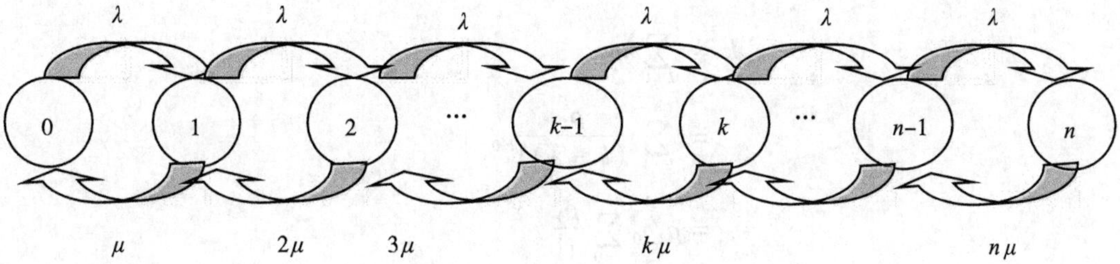

图 7－9　M/M/n/n 状态流

由图 7－9 可立即写出平衡条件下的 K 氏代数方程：

对于 0 状态有 $\lambda p_0=\mu p_1$，故有 $p_1=\dfrac{\lambda}{\mu}p_0=\rho_1 p_0$；

对于 1 状态有 $\lambda p_1=2\mu p_2$，故有 $p_2=\dfrac{\rho_1^2}{2!}p_0$；

……

对于 $k-1$ 状态有 $\lambda p_{k-1}=k\mu p_k$，故有 $p_k=\dfrac{\rho_1^k}{k!}p_0$；

……

对于 $n-1$ 状态有 $\lambda p_{n-1}=n\mu p_n$，故有 $p_n=\dfrac{\rho_1^n}{n!}p_0$。

利用正则性条件 $\sum\limits_{k=0}^{n} p_k = 1$，可以得到：

$$p_0=\left[\sum_{k=0}^{n}\frac{\rho_1^k}{k!}\right]^{-1}$$

于是有：

$$p_k=\frac{\rho_1^k}{k!\sum\limits_{l=0}^{n}\dfrac{\rho_1^{l}}{l!}}\qquad 0\leqslant k\leqslant n$$

由此可以求出各相应的目标参量。

损失概率如下：

$$P_{损}=p_n=\frac{\rho_1^n}{n!}p_0$$

单位时间内平均损失的顾客数与平均进入系统的顾客数如下：

$$\lambda_L=\lambda P_{损}=\lambda p_n$$

$$\lambda_e=\lambda\,(1-P_{损})\ =\lambda\,(1-p_n)$$

系统的相对通过能力与绝对通过能力如下：

稳态时顾客可得的服务率 $Q=1-P_{损}=1-\frac{\rho_1^{\ n}}{n!}p_0=\frac{\lambda_e}{\lambda}$。

单位时间内服务的顾客数 $A=\lambda_e Q=\lambda\ (1-p_n)^2$。

系统在单位时间内占用服务台的均值如下：

$$
\begin{aligned}
k &= \sum_{k=0}^{n} kp_k \\
&= \sum_{k=1}^{n} \frac{\rho_1^k}{(k-1)!}p_0 \\
&= \rho_1 p_0 \sum_{i=0}^{n-1} \frac{\rho_1^i}{i!} \\
&= \rho_1\left[1-\frac{\rho_1^n}{n!}p_0\right] \\
&= \rho_1\ (1-p_n) \\
&= \frac{\lambda_e}{\mu}
\end{aligned}
$$

因为 $L_q=0$，故上式也等于 L_s。

系统服务台的效率如下：

$$\eta=\frac{k}{n}$$

顾客在系统内的平均逗留时间等于顾客被服务时间，得：

$$W_s=\frac{L_s}{\lambda_e}=\frac{l_i}{\lambda_e}=\frac{1}{\mu}=\bar{t}_{服} \tag{7-2}$$

式中，l_i 表示 i 个服务台忙碌下的队长。

[例 7-3] 对某电话交换台进行统计，发现呼唤以平均 10 次每分钟的速率到来，且平均通话时间为 3 分钟。试在该交换台配有 k（$=1，2，\cdots，8$）条电话外线的条件下，分别计算每分钟外线的平均占用数 L_s（k）及损失概率（又称满足率）p_n。

解：由题意知，$\lambda=10$，$\mu=\frac{1}{3}$，$\rho_1=30$，对 $k=1，2，\cdots，8$ 分别计算 L_s 与 p_n，电话交换台服务状态计算如表 7-2 所示。

表 7-2　电话交换台服务状态计算

k	$\rho_1^{\ k}$	$k!$	$\rho_1^k/k!$	$\sum_{k=0}^{n}\rho_1^k/k!$	p_n	$1-p_n$	L_s
0	1	1	1	1	1	—	—
1	3×10	1	30	31	0.968	0.032	0.96

续 表

k	$\rho_1{}^k$	$k!$	$\rho_1^k/k!$	$\sum_{k=0}^{n}\rho_1^k/k!$	p_n	$1-p_n$	L_s
2	9×10^2	2	450	481	0.936	0.064	1.92
3	27×10^3	6	4500	4981	0.903	0.097	2.91
4	81×10^4	24	33750	38731	0.871	0.129	3.87
5	243×10^5	120	202500	241231	0.839	0.161	4.83
6	729×10^6	720	1.0125×10^6	1253731	0.808	0.192	5.76
7	2187×10^7	5040	4.3393×10^6	5.5930×10^6	0.776	0.224	6.72
8	6561×10^8	40320	1.6272×10^7	2.1865×10^7	0.744	0.256	7.68

从表7－2可知，每分钟的平均外线占用数 L_s 的值。比如，当 $k=1$，即只有1条外线时，$L_s=0.96$ 条/分钟；当 $k=3$，即有3条外线时，$L_s=2.91$ 条/分钟，当 $k=8$，即有8条外线时，$L_s=7.68$ 条/分钟。

二、多服务台等待制排队模型 *M/M/n*

设系统有 n 个服务台，且各服务台工作相互独立；顾客按泊松流到达，到达强度为 λ；各服务台服务时间服从指数分布，平均服务率为 μ，整个系统的平均服务率应为 $n\mu$。理论上已证明，当 $\frac{\lambda}{n\mu}<1$，系统存在平稳分布。记 $\rho_1=\frac{\lambda}{\mu}$，$\rho=\frac{\lambda}{n\mu}$，多服务台等待制 *M/M/n* 排队模型如图7－10所示。

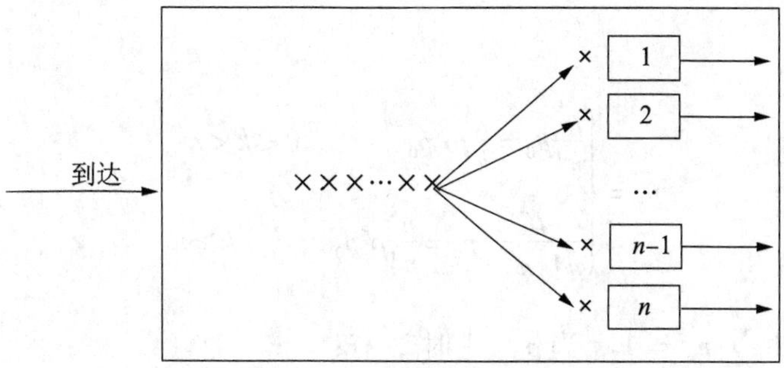

图7－10 多服务台等待制 *M/M/n* 排队模型

由于该系统没有限制顾客来源和系统容量，故系统的可能状态集应为 $E=\{0, 1, 2, \cdots\}$。由此可以画出系统的状态流图，如图7－11所示。

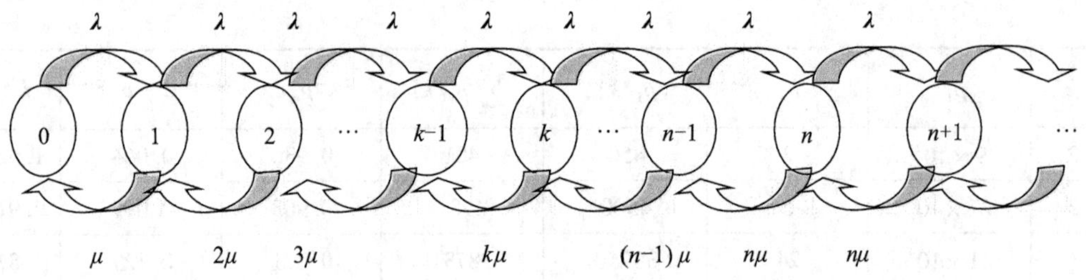

图 7-11　M/M/n 模型状态流

状态 k $(0 \leqslant k \leqslant n)$ 表示系统内有 k 个服务台忙着接待顾客，其余 $n-k$ 个服务台空闲着；当状态 $k>n$（即到达系统的顾客 k 超过 n）时，那么，n 个服务台均忙着接待顾客，而余下的 $k-n$ 个顾客排队等候服务。又约定此处只允许排一个队等候，哪个服务台空闲时，等候中的顾客按先后顺序前往空闲的服务台接受服务。由图 7-11 所示的状态流图可见，当系统处于平衡时，可列出 K 氏代数方程并求出相应的平稳分布：

对于 0 状态有 $\lambda p_0 = \mu p_1$，得 $p_1 = \rho_1 p_0 = n\rho p_0$；

对于 1 状态有 $\lambda p_1 = 2\mu p_2$，得 $p_2 = \frac{\rho_1^2}{2!} p_0 = \frac{n^2}{2!} \rho^2 p_0$；

……

对于 $n-1$ 状态有 $\lambda p_{n-1} = n\mu p_n$，得 $p_n = \frac{\rho_1^n}{n!} p_0 = \frac{n^n}{n!} \rho^n p_0$；

……

对于 $n+r-1$ 状态有 $\lambda p_{n+r-1} = n\mu p_{n+r}$，得 $p_{n+r} = \frac{\rho_1^{n+r}}{n^r n!} p_0 = \frac{n^n}{n!} \rho^{n+r} p_0$；

……

总之，可得：

$$p_k = \begin{cases} \frac{\rho_1^k}{k!} p_0 = \frac{n^k}{k!} \rho^k p_0 & 0 \leqslant k < n \\ \frac{\rho_1^k}{n!\ n^{k-n}} p_0 = \frac{n^n}{n!} \rho^k p_0 & k \geqslant n \end{cases} \tag{7-3}$$

由正则性条件 $\sum_{k=0}^{n} p_k = 1$，当 $\rho < 1$ 时，有：

$$1 = \left[\sum_{k=0}^{n-1} \frac{\rho_1^k}{k!} + \sum_{k=n}^{\infty} \frac{\rho_1^k}{n! n^{k-n}} \right] p_0$$

$$= \left[\sum_{k=0}^{n-1} \frac{\rho_1^k}{k!} + \frac{\rho_1^n}{n!} \frac{1}{1-\rho} \right] p_0$$

于是有：

$$p_0 = \left[\sum_{k=0}^{n-1} \frac{\rho_1^k}{k!} + \frac{\rho_1^n}{n!} \frac{1}{1-\rho} \right]^{-1} \tag{7-4}$$

由此可求出下面的目标参量。

（1）因在等待制中，到达系统请求服务的顾客迟早会被服务台服务，故 $P_{损}=0$。

（2）系统的相对通过能力 $Q=1-P_{损}=1$。

（3）系统的绝对通过能力 $A=\lambda Q=\lambda$。

（4）平均排队等待的队长（或顾客数）为：

$$\begin{aligned} L_q &= \sum_{k=n}^{\infty}(k-n)p_k \\ &= \sum_{l=1}^{\infty} l\rho_{l+n} \\ &= \frac{\rho\,(n\rho)^n}{n!}p_0\sum_{l=1}^{\infty} lp^{l-1} \\ &= \frac{\rho\rho_1^n}{n!(1-\rho)^2}p_0 \\ &= \frac{\rho_1^{n+1}}{(n-1)!(n-\rho_1)^2}p_0 \end{aligned}$$

（5）平均忙着的服务台个数为：

$$\begin{aligned} L_{服} &= k\sum_{k=0}^{n-1} kp_k + n\sum_{k=n}^{\infty} p_k \\ &= \sum_{k=0}^{n-1} k\frac{n^k}{k!}\rho^k p_0 + \sum_{k=n}^{\infty} n\frac{n^n}{n!}\rho^k p_0 \\ &= n\rho\Big[\sum_{k=1}^{n-1}\frac{(n\rho)^{k-1}}{(k-1)!}p_0 + \sum_{k=n}^{\infty}\frac{n^n\rho^{k-1}}{n!}p_0\Big] \\ &= n\rho\Big[\sum_{k=1}^{n-2} p_k + \sum_{k=n-1}^{\infty} p_k\Big] \\ &= n\rho \\ &= \rho_1 \end{aligned}$$

（6）系统队长（或系统中平均顾客数）的均值为：

$$L_s = L_q + L_{服} = L_q + \rho_1 = \frac{\rho\rho_1^n p_0}{n!(1-\rho)^2} + \rho_1$$

（7）由利特尔公式，得：

$$W_q = \frac{L_q}{\lambda} = \frac{\rho_1^n p_0}{\mu n!(1-\rho)^2}$$

$$W_s = \frac{L_s}{\lambda} = W_q + \frac{1}{\mu}$$

（8）来到系统的顾客必须排队等待的概率为：

$$C(n,\rho_1) = \sum_{k=1}^{\infty} p_k = \sum_{k=1}^{\infty}\frac{n^n}{n!}\rho^k p_0$$

$$= \sum_{k=1}^{\infty} p_n \rho^{k-n} = \frac{p_n}{1-\rho} = \frac{np_n}{n-\rho_1}$$

此式在电话业务中被广泛应用，它表示有 n 条电话线路的电话交换系统、全部线路正忙着的概率，又称埃尔朗（Erlang）延迟公式或埃尔朗公式，C（n，ρ_1）是美国人的记法，在欧洲称它为埃尔朗第二公式，常记作：

$$E_{2,n}(\rho_1) = E_{2,n}\left(\frac{\lambda}{\mu}\right)$$

最后，人们自然要问，为什么要约定只有一个等候的队列？可否在每个窗口前都设有一个等候的队列呢？下面给出一例 $M/M/n$ 排队模型与 n 个 $M/M/1$ 排队模型有关目标参量的比较：设 $n=3$，$\lambda=0.3$，$\mu=0.4$，$M/M/3$ 与 $M/M/1$ 模型目标参量对比如表 7－3所示。

表 7－3　$M/M/3$ 与 $M/M/1$ 模型目标参量对比

	$M/M/3$	$M/M/1$
p_0	0.43	0.25（每个子系统）
顾客等待概率	0.57	0.75（整个系统）
L_q	0.12	2.25（每个子系统）
L_s	0.77	9.00（整个系统）
W_s	2.9	10.00（整个系统）
W_q	0.4	7.50（整个系统）

由表 7－3 可见，设有 3 个服务台但只有一个排队等候的队列的 $M/M/3$ 排队系统要显著优于 3 个 $M/M/1$ 排队系统。

[例 7－4]　设某办公室有 3 个英文打字员，平均打印文件的速度为 $\mu=6$ 件/小时，文件到达率 $\lambda=15$ 件/小时，试求以下变量。

（1）等待打印的平均文件数 L_q。

（2）在打字室内现有的平均文件数 L_q。

（3）每份文件在打字室平均停留时间及排队等待打印的平均时间。

（4）3 个打字员均不空闲的概率 C（3，ρ_1）。

解： 按题意知，$n=3$，$\lambda=15$，$\mu=6$，$\rho_1=\frac{15}{6}=\frac{5}{2}$，$\rho=\frac{1}{3}\rho_1=\frac{5}{6}$，

由式（7－4）得：

$$p_0 = \left[1+\frac{5}{2}+\frac{1}{2}\times 2.5^2+\frac{1}{6}\times 2.5^3\times\frac{1}{1-\frac{5}{6}}\right]^{-1}$$

$$=0.0449$$

$$p_1=\rho_1 p_0=0.1123,\ p_2=\frac{1}{2}\rho_1^2 p_0=0.1403$$

$$L_q=\frac{\rho_1^{n+1}p_0}{(n-1)!\ (n-\rho_1)^2}=\frac{15^4\times 0.0449}{6^4\times 2\times\left(3-\frac{5}{2}\right)^2}\approx 3.51\text{（件）}$$

$$L_s=L_q+\rho_1=3.51+2.5=6.01\text{（件）}$$

$$W_s=\frac{L_s}{\lambda}=\frac{6.01}{15}\approx 0.4\text{ 小时}=24\text{（分钟）}$$

$$W_q=\frac{L_q}{\lambda}\approx\frac{3.51}{15}=0.234\text{ 小时}\approx 14\text{（分钟）}$$

$$C(3,\ 2.5)=\sum_{k=3}^{\infty}p_k=1-p_0-p_1-p_2=0.7025$$

本章小结

排队论或随机服务系统理论，是通过对服务对象到来及服务时间的统计研究，得出这些数量指标（等待时间、排队长度、忙期长短等）的统计规律，进而根据这些规律来改进服务系统的结构或重新组织被服务对象。排队论应用于分析物流系统中的相关问题，取得了很好的效果。本章主要介绍了排队论的主要内容和服务系统的数量指标，其中重点介绍了单服务台服务系统评价指标体系及多服务台服务系统评价指标体系。

参考文献

[1]《运筹学》教材编写组．运筹学［M］．北京：清华大学出版社 ，1990.
[2] 傅家良．运筹学方法与模型［M］．上海：复旦大学出版社，2006.

案　例

1. 在一个配送中心，包装捆扎工作由两个人负责。设该服务系统为 $M/M/2$ 排队模型。要求包装捆扎工作的商品每小时有20件，工人包装捆扎一件商品平均需要5分钟。试问，一个顾客为了包装捆扎一件商品平均需要等待多长时间？假若仅有一个工人包装捆扎商品，他的工作速度是前面提到的那两个工人的两倍。这对顾客的等待时间会产生怎样的影响？

2. 有一个加油站的场地可供4辆汽车同时加油。顾客将不排队等候，即如场地不空，他们就去别处加油。一个顾客平均需要4分钟可将汽车的油箱加满。若每分钟来到加油站的汽车为 2 辆，问被拒绝服务的汽车的百分比是多少？若平均 2 分钟来一辆汽车，问被拒绝服务的汽车的百分比是多少（服务为负指数分布，输入为最简单流）？

第八章　物流系统决策论

学习目标

1. 掌握决策问题的构成要素。
2. 了解不同的决策分类。
3. 掌握决策分析的步骤。
4. 掌握不确定性决策及风险决策的判断准则。
5. 掌握层次分析的决策步骤及方法。

决策论是运筹学的一个分支，主要应用于竞赛、赌博、游戏和军事方面，在市场经济环境下，决策论广泛应用于管理决策中。本章将介绍决策论和层次分析法。

第一节　决策论概述

所谓决策是针对某一问题，在调查研究的基础上，确定行动的目标，拟定多个可行方案，然后运用统一的标准，选定最佳方案的全过程。

关于决策的重要性，诺贝尔奖获得者西蒙的名言“管理就是决策”表明管理的核心就是决策。决策是一种选择行为，最简单的选择是回答是与否。例如，选择生产某种新产品还是不生产。较为复杂的决策是从多种方案中选取一种。研究决策的方法，并将现代科学技术成就应用于决策，称为决策科学。决策是行动的基础，正确的行动来源于正确的决策，在日常业务中，决策贯穿于管理工作的各个方面。决策包括战略性的经营决策、战术性的资源开发利用决策，以及技术管理方面的决策等。决策是管理人员不可缺少的工作，高层管理人员（如企业经理或行业负责人）要进行战略性决策，中下层管理人员（如部门经理、计划管理人员、作业调度指挥人员等）要进行战术性决策或技术性决策。地位越高，决策在工作中的作用就显得越重要。决策正确与否，对经济和社会效益影响极大，小则影响一个企业、一个部门，大则影响整个国家和社会的发展。

正确的决策必须建立在认识和了解问题内部关系以及环境状况的基础上。首先，必须掌握决策对象的运动规律，占有必要的资料和信息；其次，还要掌握辅助决策的技术和方法，遵守必要的决策程序和步骤。

一、决策问题的构成

[**例8－1**]　某工厂生产的产品要运往销售地，工厂决定自己组织运输，方案有两种：一是增购车辆；二是租车运输。如果租车运输，所支付的运费就高一些，如果使用自己的车辆运输，运费便宜一些，但要添置车辆，每年增加固定成本。另据调查分析，决策收益如表8－1所示，表中的收益值用年运输成本表示。作为工厂负责人，就要根据实际情况，权衡利弊，在这两种方式中选择一种，这就是一个决策问题。表中的期望收益值是以概率为加权系数对收益值进行加权平均的计算结果。

表8－1　　决策收益

	16以下（吨）	16～<18（吨）	18～<20（吨）	20～<22（吨）	22～<24（吨）	24及以上（吨）	期望收益值（元）
概率	0.05	0.15	0.20	0.30	0.20	0.10	
增购车辆	184	192	200	208	216	224	206
租车运输	160	180	200	220	240	260	215

由例8－1可以看出，构成决策问题必须包括以下几个方面。

（一）决策者

决策者的任务是进行决策。决策者可以是个人、委员会或某个组织，一般指领导者或领导集体。

（二）存在多个自然状态及其对应的概率

例8－1中的自然状态有6个，即年运输量16吨以下，16～<18吨，18～<20吨，20～<22吨，22～<24吨和24吨及以上，其对应的概率分别为0.05，0.15，0.20，0.30，0.20和0.10。

（三）存在两个以上可供决策者选择的决策方案

例8－1中的决策方案有2个，即增购车辆和租车运输。

（四）可量化

在各个自然状态下，对应不同决策方案，其收益值可以定量地计算或表示。例8－1中收益值就是年运输成本184，192，200，…

（五）决策者选择行动方案有明确目的

存在选择方案的准则，在决策时有单一准则和多准则。例8－1中决策的目标是使总成本达到极小。而增购车辆方案的总成本（期望收益值）为206，比另一个方案的总成本215要小，所以决策者应选择增购车辆方案。

二、决策问题的分类

从不同角度出发可以得到不同的决策分类。

（一）按性质的重要性分类

按此分类，决策分为战略决策、策略决策和执行决策或叫战略计划、管理控制和运行控制。

战略决策是关系某组织生存与发展全局性、长远性问题的决策，如厂址的选择、新产品的开发方向、新市场的开发、原料供应地的选择等。

策略决策是为完成战略决策所规定的目的而进行的决策，如产品规格的选择、工艺方案和设备的选择、厂区和车间内工艺路线的布置等。

执行决策是根据策略决策的要求对执行行为方案的选择，如生产中产品合格标准的选择、日常生产调度的决策等。

（二）按决策的结构分类

按决策结构分类可分为程序决策和非程序决策。程序决策是一种有章可循的决策，一般是可重复的。非程序决策一般是无章可循的决策，是只能凭经验直觉做出应变的决策，一般是一次性的。

（三）按定量和定性分类

按定量和定性分类可分为定量决策和定性决策，描述决策对象的指标都可以量化时用定量决策，否则只能用定性决策。总的趋势是尽可能地把决策问题量化。

（四）按决策过程的连续性分类

按决策过程的连续性分类可分为单项决策和序贯决策。单项决策是指整个决策过程只做一次决策就得到结果，序贯决策是指整个决策过程由一系列决策组成。一般来讲，管理活动由一系列决策组成，但在这一系列决策中往往有几个关键环节要做决策，可以把这些关键的决策分别看作单项决策。

（五）按决策环境分类

按决策环境，决策分为确定型、风险型和不确定型三种。确定型决策是指决策环境是完全确定的，做出的选择结果也是确定的。风险型决策是指决策的环境不是完全确定的，而其发生的概率是已知的。不确定型决策是指决策者对将发生结果的概率一无所知，只能凭决策者的主观倾向进行决策。

三、决策分析的基本步骤

一项重大决策的形成，首先要进行一系列的调查研究和分析论证工作，然后将决策意图通过指令信息系统传递到执行系统，这是一个完整的动态过程。决策过程一般包含四个基本步骤。

1. 确定目标

在重大事件的决策过程中，首先要确定目标。一旦目标建立起来，接下去便是决策过程的开始。所确定的目标一定要具体明确，避免抽象、含糊。

2. 拟定多个可行方案

决策研究工作的中心任务是通过各种调查研究和综合分析，产生各种可供选择的决策方案。

3. 预测未来的状态

知识和信息是决策科学化的基础，要想使决策达到预期的目标，必须收集足够的相关信息，并进行必要处理。收集信息要有针对性，根据决策目标的具体要求，确定信息的范围和数量，提供各种专题性报告或背景资料。预测是决策过程的一个重要环节，预测必须建立在信息工作的基础上。预测是通过事物的历史和现状资料，推测事物的未来发展状态。预测的任务是根据决策目标的要求，研究在实现决策目标的过程中将要出现的影响因素，指出在不同条件下事件的发展结果。预测研究的目的是通过科学方法，为决策目标和决策方案的选择提供科学依据。

对于一般的决策问题，可以利用决策收益表或决策树计算出各种方案的期望值，为比较各方案的价值提供参考信息。

4. 进行决策分析，选择最优方案

首先，对于待选的各种方案，由专业技术人员运用运筹学、数理统计等科学方法进行定量分析比较，找出初步的最优方案。其次，业务主管部门组织方案论证，对专业人员拟定的初步最优方案进行论证。这种论证是决策的一个必要程序，不能省略或马虎。初步的“最优方案”并不一定是实际的最优方案，因为决策模型是对事物的理想化描述，一般不可能考虑影响事物的所有因素。组织方案论证，就是弥补理论分析的这种不足。最后，由决策领导者对经过论证的方案进行最后抉择，决定是否采纳。最终决策是整个决策的关键，要求担负这一职责的主要领导人具有良好的个人素质、分析判断能力和丰富的管理决策经验。决策形成以后，由职能部门编制计划并组织实施。

第二节　不确定情况下的决策

本节所说的不确定情况下的决策，是指在完全不确定情况下的决策，此时只知道可能出现的几种自然状态，而每一种自然状态发生的概率因缺乏资料或经验，全部未知。这种情况下的决策主要取决于决策者的素质和特点。下面根据五种原则提出的五项决策标准和方法，可以单独选用，也可以综合应用。

一、悲观准则与悲观决策标准

由于对决策问题的情况不明，决策者存在稳健和保守心理，所以在决策分析时比较谨慎小心，从最坏的结果着想，从最坏的结果中选择最好的结果。这种决策的主要特点是对现实方案的选择奉行悲观准则，因此称为悲观决策标准。

决策程序是：首先从每一个方案中选择一个最小的收益值，然后再从这些最小收益值所代表的不同方案中，选择一个收益值最大的方案。例如，表 8－2 所示为不确定情况下不同决策方案下的收益值。表 8－2 中各方案的最小收益值分别为－50，0，100，其中最大收益值 100 对应的方案 3 就是要选择的决策方案。

表 8－2　　不确定情况下的决策

	状态 1	状态 2	状态 3
方案 1	500	100	－50
方案 2	300	250	0
方案 3	100	100	100

二、乐观准则与乐观决策标准

这种决策的主要特点是对现实方案的选择奉行乐观准则。决策时不放弃任何一个获得最好结果的机会，争取好中之好，充满乐观冒险精神。

决策程序是：首先从每个方案中选择一个最大的收益值，然后从这些最大收益值中选择一个收益值最大的方案。表 8－2 中各个方案的最大收益值分别为 500，300，100，其中最大收益值 500 对应的方案 1 就是所选择的决策方案。

三、折中准则与折中决策标准

这种标准是介于悲观与乐观之间的一个折中标准。可设定一个乐观系数 a，取值为 0～1，将各方案中的最大收益值和最小收益值分别乘 a 和（$1-a$），再相加得出各方案的期望值，选其最大者对应的方案。表 8－2 中方案 1 的最大和最小收益值分别为 500 和－50，方案 2 的最大和最小收益值分别为 300 和 0，方案 3 的最大和最小收益值均为 100，假定乐观系数为 $a=0.7$。方案 1 的期望值为 $500\times0.7+(-50)\times0.3=350-15=335$；同理，方案 2 的期望值为 210，方案 3 的期望值为 100。期望值最大的方案 1 就是要选择的决策方案。

四、极大极小遗憾决策标准

对于某一状态，决策者首先要选择收益最大的方案，如果决策者未选择这一方案，而选择了其他方案，会感到遗憾（后悔）。两者之差叫作遗憾值。这个决策标准是以避免将来的遗憾为原则的。

决策程序是：对于每一种自然状态，选取最大收益值，再用它减去这一状态的各方案的对应的收益值，即得遗憾值。再在各方案中找出最大的遗憾值，最后取其最小者对应的方案。表 8 - 2 各个状态中的最大收益值分别为 500、250、100，得出各遗憾值，遗憾值如表 8 - 3 所示。

表 8 - 3　遗憾值

	状态 1	状态 2	状态 3
方案 1	0	150	150
方案 2	200	0	100
方案 3	400	150	0

各个方案中的最大遗憾值分别为 150、200、400，其中最小遗憾值 150 对应的方案 1 就是应选择的决策方案。

五、平均概率分析方法

平均概率分析方法即把各种自然状态的概率视为相等，然后利用类似风险情况下的决策方法进行分析。表 8 - 2 中有三种状态，则把它们对应的概率都视为$\frac{1}{3}$，即 $P_1 = \frac{1}{3}$，$P_2 = \frac{1}{3}$，$P_3 = \frac{1}{3}$。

第三节　风险决策

风险决策是指决策者对客观情况不甚了解，但各事件发生的概率是已知的。决策者往往通过调查，根据过去的经验或主观估计等途径获得这些概率。在风险决策中一般采用期望值作为决策准则，常用的有最大期望收益决策准则和最小机会损失决策准则。

一、最大期望收益决策准则（EMV）和最小机会损失决策准则

先计算各策略的期望收益值，然后从这些期望收益值中选取最大者，它对应的策

略为决策应选策略。设有 N 种可供选择的方案，M 种自然状态（事件）对应的概率分别为 P_1，P_2，…，P_M，方案 i 在状态 j 时的收益值为 A_{ij}，则方案 i 的期望收益值为：

$$S_i = \sum_{j=1}^{M} A_{ij}P_j \quad (i = 1, 2, \cdots, N)$$

如表 8－4 中，给出五种方案在五种不同状态下的收益，状态的概率分别为 0.1，0.2，0.4，0.2，0.1。可以算出每个方案的期望收益，如表 8－4 所示。

表 8－4　　计算结果

		状态 1	状态 2	状态 3	状态 4	状态 5	期望收益值
概率		0.1	0.2	0.4	0.2	0.1	
策略	方案 1	0	20	20	20	20	18
	方案 2	－10	50	50	50	50	44
	方案 3	－20	40	100	100	100	76
	方案 4	－30	30	90	150	150	84
	方案 5	－40	20	80	140	200	80

其中最大的期望收益值为：

$$S_k = \max\left\{\sum_{j=1}^{M} A_{ij}P_j\right\}$$

对应的方案 k 即是应选的方案。

表 8－4 计算结果表明，方案 4 的期望收益值最大，所以应选方案 4。

最小机会损失决策准则是将收益表中的收益值变换为损失值（遗憾值、后悔值）。含义是当某一事件发生后，由于决策中没有选用收益最大的策略而造成的损失。

如果决策收益表中是损失值，则应取期望值最小者对应的方案。设方案 i 在 j 状态时的收益值为 B_{ij}，则最小收益值为：

$$S_k = \min\left\{\sum_{j=1}^{M} B_{ij}P_j\right\}$$

对应的方案 k 即是应选的方案，其实这两种模式是等价的。

二、概率估计问题

1. 主观概率

风险决策时决策者要估计各事件出现的概率，而许多决策问题的概率不能通过随机试验去确定，根本无法进行重复试验。如估计某企业倒闭的可能性，只能由决策者根据他对这一事件的了解去确定。这样确定的概率反映了决策者对事件出现的信念程度，称为主观概率。客观概率论者认为概率如同重量、容积、硬度等一样，是研究对象的物理属性。而主观概率论者则认为概率是人们对现象认知现状的测度，而不是现象本身的测度，因此不是研究对象的物理属性。

主观概率论者不是主观臆造事件发生的概率，而是依赖于通过对事件进行周密的观察获得事前信息。事前信息越丰富，确定的主观概率就越准确。主观概率论者并不否认实践是第一性的观点，所以，主观概率是进行决策的依据。确定主观概率时，一般采用专家估计法。

2. 概率的估算或修正

在实际应用中，可以通过实验和统计数据，对概率进行估计或修正。例如，某种物品的日消费量有50个统计数据，可利用统计方法对日消费量的概率分布进行估算。

50个统计数据为：70，64，74，69，72，98，84，91，44，46，66，33，74，45，59，82，101，78，45，84，82，69，47，74，43，65，62，69，36，57，56，54，58，29，32，64，54，63，57，78，51，55，66，67，63，94，67，60，61，69。

按一定需要进行分段（状态），将其划分为9个数据段（状态），即20~29，30~39，40~49，50~59，60~69，70~79，80~89，90~99和100~109。

数据在各数据段内出现的次数分别为1次、3次、6次、9次、16次、7次、4次、3次和1次。出现的频率分别为2%，6%，12%，18%，32%，14%，8%，6%和2%。

当统计数据足够多时，可以用这些频率值来估计各状态的概率，也可以利用贝叶斯公式对主观概率进行修正。

三、决策树分析

决策收益表（见表8-4）是单阶段决策的工具，除了应用决策收益表进行决策分析外，还可以应用决策树进行决策分析。它不仅可以用来解决单阶段决策问题，而且可以解决那些收益表不宜表达的多阶段序列决策问题。决策树是经营管理人员进行决策分析的一种十分有效的工具。

决策树结构如图8-1所示。它是由方框和圆圈为节点，并由直线连接而构成的一种树状结构。方框点是决策节点。由决策节点引出若干条树枝，每枝代表一个方案，称为方案枝，圆圈节点是状态节点。由状态节点引出若干条树枝，表示不同的自然状态，这些树枝称为状态枝。在状态枝的末端，列出不同状态下的收益值（或损失值）。一般决策问题具有多个方案，每个方案可能遇到多种自然状态。因此，图形由左向右、由简到繁组成一个树状网络图（树形图）。

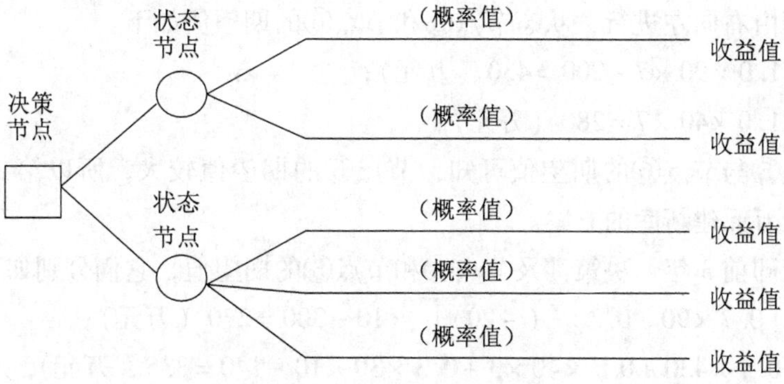

图 8－1　决策树结构

应用决策树进行决策的过程是由右向左、逐步后退。根据右端的收益值（或损失值）和状态枝上的概率，计算出同一方案在不同状态下的期望收益值（或期望损失值），然后根据不同方案的期望收益值的大小进行选择。

［**例 8－2**］　某仓库为适应日益扩大的业务量，拟定了 3 个方案。

（1）新建一座仓库，投资 300 万元。据估计，如果仓储业景气，每年可获利 90 万元，如果不景气，将亏损 20 万元。服务期限为 10 年。

（2）扩建旧仓库，投资 140 万元。如果仓储业景气，每年可获利 40 万元，如果不景气，仍可获利 30 万元。

（3）先扩建旧仓库，3 年后如果仓储业景气，再建新仓库。投资 200 万元，服务期限为 7 年。每年估计获利 90 万元。

根据物流市场预测，仓储业景气的概率为 0.7，不景气的概率为 0.3。试选择最优方案。

这个问题属于多阶段决策，可运用决策树分析。按题意可绘出树形图，如图 8－2 所示。

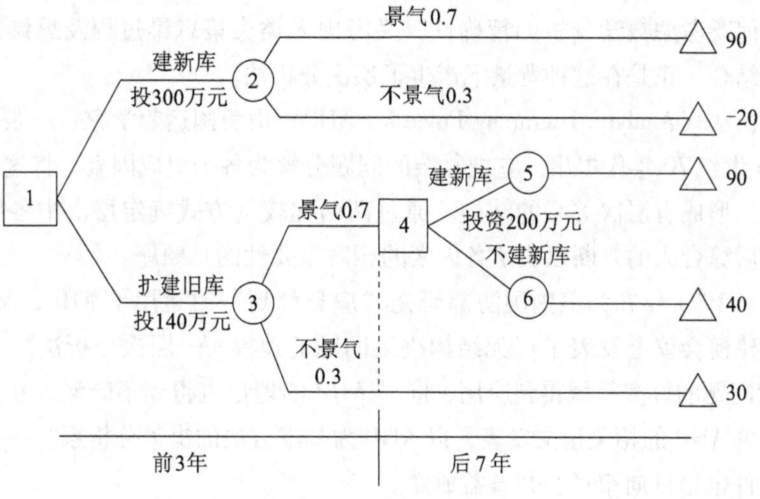

图 8－2　多阶段决策树

决策分析由右向左进行，状态节点⑤和节点⑥的期望值如下。

节点⑤：$1.0\times 90\times 7-200=430$（万元）；

节点⑥：$1.0\times 40\times 7=280$（万元）。

比较节点⑤与节点⑥的期望值可知，节点⑤的期望值较大，所以第二阶段决策应采取投资200万元建新库的方案。

第一阶段即前3年，决策涉及节点②和节点③的期望值，它们分别如下。

节点②：$[0.7\times 90+0.3\times(-20)]\times 10-300=270$（万元）；

节点③：$0.7\times 430+0.7\times 40\times 3+0.3\times 30\times 10-140=335$（万元）。

对比三种方案，应选择先扩建旧仓库，3年后，仓储业景气时再投资200万元建新仓库，再经营7年。这种方案在整个10年期间共计获得期望收益335万元。

第四节　层次分析法概述

一、层次分析法的产生背景

定量分析方法在决策问题中曾得到非常广泛的应用，但在应用过程中，也出现了一些问题，主要体现在以下几个方面。

（1）社会问题的复杂性决定了难以构造合适的模型。即使构造出数学模型，有时也难以准确说明问题或者难以执行。

（2）决策问题带有相当多的主观性，而这很难体现在最优化模型中。

（3）庞大的模型难以理解，成本太高。

由于存在上述问题，人们重新思考数量方法在社会科学中的作用，特别是对于决策问题，如何既考虑数学分析的精确性，又考虑人类决策思维过程及思维规律，即定性与定量相结合，正是在这种背景下产生了层次分析法。

层次分析法（Analytic Hierarchy Process，AHP）由美国运筹学家——匹兹堡大学萨第教授于20世纪70年代提出。它把复杂的问题分解为各个组成因素，将这些因素按支配关系分组，形成有层次关系的结构。通过两两比较的方式确定层次中各因素的相对重要性，然后综合人的判断以决定各因素的相对重要性的总顺序。

他首先于1971年在为美国国防部研究“应急计划”时运用了AHP，又于1977年在国际数学建模会议上发表了《无结构决策问题的建模——层次分析法》一文，此后AHP在决策问题的许多领域得到应用，同时AHP的理论也得到不断深入和发展。目前每年都有不少AHP的相关论文发表，以AHP为基本方法的决策分析系统——“专家选择系统”软件也已推向市场，并日益成熟。

AHP体现思维的基本方法——分析和综合。分析过程是将复杂的问题化为有层次的结构以及单一目标，并两两成对进行比较，综合过程是用数值计算进行综合判断，按重要性程度得出各因素的排序。该法将定量分析和定性分析相结合，改变了最优化技术只能处理定量分析问题的传统，使它的应用范围大大扩展。许多决策问题如资源分配、冲突分析、方案评比等均可以采用 AHP。对某些预测、系统分析、规划问题，AHP 也是一种有效的方法。事实上，许多决策通常表现为一组方案优先顺序的排列问题。

AHP 在国内外得到了广泛的应用。国外统计数字表明，AHP 的应用涉及十多个领域，如能源政策和资源分配、企业管理和生产决策、管理信息系统的分析设计、经济分析和计划等。国内应用 AHP 的报道也逐年增加。

二、层次分析法的基本原理

层次分析法的基本原理是排序，即最终将各方案（或措施）排出优劣次序作为决策的依据。具体可描述为：层次分析法首先将决策的问题看作受多种因素影响的大系统，这些相互关联、相互制约的因素可以按照它们之间的隶属关系排成从高到低的若干层次，叫作构造递阶层次结构。然后请专家、学者、权威人士对各因素两两比较重要性，再利用数学方法，对各个因素层层排序，最后对排序结果进行分析，辅助进行决策。

人们在社会的、经济的以及科学管理领域问题的系统分析中，面临的常常是一个由相互关联、相互制约的众多因素构成的复杂而往往缺少定量数据的系统。层次分析法为这类问题的决策和排序提供了一种新的、简洁而实用的建模方法。

[例 8－3]　设有 n 个物体，其重量分别为 $W_1, W_2, \cdots, W_n$，第 i 个物体和第 j 个物体重量之比记为 $a_{ij} = W_i/W_j$，从而可以形成一个 $n \times n$ 阶矩阵，称为两两比较矩阵，如下所示：

$$\boldsymbol{A} = \begin{bmatrix} a_{11} & a_{12} & \cdots & a_{1n} \\ a_{21} & a_{22} & \cdots & a_{2n} \\ \vdots & \vdots & \cdots & \vdots \\ a_{n1} & a_{n2} & \cdots & a_{nn} \end{bmatrix} = \begin{bmatrix} \frac{W_1}{W_1} & \frac{W_1}{W_2} & \cdots & \frac{W_1}{W_n} \\ \frac{W_2}{W_1} & \frac{W_2}{W_2} & \cdots & \frac{W_2}{W_n} \\ \vdots & \vdots & \cdots & \vdots \\ \frac{W_n}{W_1} & \frac{W_n}{W_2} & \cdots & \frac{W_n}{W_n} \end{bmatrix}$$

以上矩阵具有以下性质。

性质 1：每一个元素都大于 0，如下所示：

$$a_{ij} > 0 \qquad i, j = 1, 2, \cdots, n$$

性质 2：主对角线上的元素都等于 1，如下所示：

$$a_{ii} = 1 \qquad i = 1, 2, \cdots, n$$

性质 3：以主对角线为对称轴，互相对称的元素互为倒数，如下所示：

$$a_{ij}=1/a_{ji} \quad i, j=1, 2, \cdots, n$$

性质4：任何三个物体 i，j，k，其中两两重量之比满足，如下所示：

$$a_{ij}=a_{ik}\times a_{ki} \quad i, j, k=1, 2, \cdots, n$$

［例8-4］　假设有4个物体A，B，C，D，它们的重量分别为 $w_1=5$ 千克，$w_2=3$ 千克，$w_3=7$ 千克，$w_4=2$ 千克。

这四个物体重量两两比较矩阵为：

$$A=\begin{bmatrix} \frac{w_1}{w_1} & \frac{w_1}{w_2} & \frac{w_1}{w_3} & \frac{w_1}{w_4} \\ \frac{w_2}{w_1} & \frac{w_2}{w_2} & \frac{w_2}{w_3} & \frac{w_2}{w_4} \\ \frac{w_3}{w_1} & \frac{w_3}{w_2} & \frac{w_3}{w_3} & \frac{w_3}{w_4} \\ \frac{w_4}{w_1} & \frac{w_4}{w_2} & \frac{w_4}{w_3} & \frac{w_4}{w_4} \end{bmatrix}=\begin{bmatrix} 1 & 5/3 & 5/7 & 5/2 \\ 3/5 & 1 & 3/7 & 3/2 \\ 7/5 & 7/3 & 1 & 7/2 \\ 2/5 & 2/3 & 2/7 & 1 \end{bmatrix}$$

对于这个两两比较矩阵，以上所述的性质1、2和3显然成立。对于性质4，任取其中三个物体A，B，D。物体A和B的重量比 $a_{12}=\frac{5}{3}$，物体A和物体D的重量比 $a_{14}=\frac{5}{2}$，物体D和物体B的重量比为 $a_{42}=\frac{2}{3}$。显然，有 $a_{12}=a_{14}\times a_{42}$。如果一个两两比较矩阵，对于任何 $i, j, k\in\{1, 2, \cdots, n\}$，满足 $a_{ij}=a_{ik}\times a_{kj}$，则称这个两两比较矩阵是一致的。很明显，对于物体重量的两两比较矩阵，一致性一定成立。

如果不知道这 n 个物体的重量，而只知道它们两两重量之比（即已知两两比较矩阵），能否求出这 n 个物体的重量？

设 $\boldsymbol{W}$ 是矩阵 $\boldsymbol{A}$ 的特征向量，λ 是矩阵 $\boldsymbol{A}$ 对应于特征向量 $\boldsymbol{W}$ 的特征根，根据矩阵特征向量和特征根的定义，有：

$$\boldsymbol{AW}=\lambda\boldsymbol{W}$$

对于以上物体重量两两比较矩阵 $\boldsymbol{A}$，容易验证，n 个物体的重量向量：

$$\boldsymbol{W}=\begin{bmatrix} w_1 \\ w_2 \\ \vdots \\ w_n \end{bmatrix}$$

满足：

$$AW=\begin{bmatrix}\frac{w_1}{w_1} & \frac{w_1}{w_2} & \cdots & \frac{w_1}{w_n}\\ \frac{w_2}{w_1} & \frac{w_2}{w_2} & \cdots & \frac{w_2}{w_n}\\ \vdots & \vdots & \cdots & \vdots\\ \frac{w_n}{w_1} & \frac{w_n}{w_2} & \vdots & \frac{w_n}{w_n}\end{bmatrix}\cdot\begin{bmatrix}w_1\\ w_2\\ \vdots\\ w_n\end{bmatrix}=\begin{bmatrix}nw_1\\ nw_2\\ \vdots\\ nw_n\end{bmatrix}=n\begin{bmatrix}w_1\\ w_2\\ \vdots\\ w_n\end{bmatrix}=nW$$

根据矩阵的特征向量和特征根的定义，这 n 个物体的重量向量：

$$W=\begin{bmatrix}w_1\\ w_2\\ \vdots\\ w_n\end{bmatrix}$$

是重量的两两比较矩阵 A 的一个特征向量，n 是特征向量 W 对应的特征根。因此，如果已知 n 个物体两两比较的重量，就可以通过求两两比较矩阵的特征向量，得到各物体的重量。

将例 8－4 中的 n 个物体的重量换成 n 个因素的重要性，将物体重量两两比较矩阵换成这 n 个因素相对重要性两两比较的判断矩阵，这样，就可以通过这 n 个因素相对重要性的两两比较的判断矩阵，求它的特征根和特征向量，得到这 n 个因素重要性排序。

事实上，面对 n 个因素，依靠直觉同时判断它们的相对重要性，往往是比较困难的。如果拿出其中的两个，就比较容易凭直觉判断这两个因素的相对重要性的比值。也就是说，n 个因素相对重要性两两比较的判断矩阵是可以通过直觉建立的。以上理论告诉我们，一旦建立了 n 个因素相对重要性两两比较的判断矩阵，运用线性代数方法求出这个矩阵特征根和特征向量，也就得到了这 n 个因素的相对重要性。这就是层次分析法的基本原理。

满足本节开始归纳的四个性质的“判断矩阵”，在线性代数中称为“正互反矩阵”。根据线性代数中关于正互反矩阵特征向量和特征根的定理，正互反矩阵存在唯一最大正特征根以及相应的正特征向量。而且，对于这种正互反矩阵 A 中元素 a_{ij} 的微小变化，特征向量 W 也仅有微小的变化。这样，用判断矩阵的特征根作为重要性指标不仅是合理的，而且有良好的稳定性。

在很多情况下，n 个因素具有相同的量纲，因而具有可加性。这时它们的重要性可以表示成为它们的权重 w_1，w_2，…，$w_n \geqslant 0$，如果这些权重之和等于 1，即 $\sum_{i=1}^{n} w_i = 1$，称这些权重是归一化的。

三、层次分析法的步骤

层次分析法（AHP）可以分成以下步骤。

（一）将问题概念化，建立层次结构

对于一个复杂的问题，通过分析综合，确定与问题有关的若干因素。根据这些因素概念之间的隶属关系以及重要性级别，分成不同的层次进行排列，形成一个层次结构。最高层一般只有一个因素，称为目标层；若干中间层称为准则层；最底层称为方案层。层次结构举例如图 8－3 所示。

在层次结构中，上下两层中的因素之间的连线表示这两个因素之间有联系，否则表示没有联系。如果任何一层中的每一个因素都与下一层中的所有因素都有联系，则称这种层次结构为完全层次结构，否则称为不完全层次结构。

不完全层次结构如图 8－3 所示，因为准则 1 和方案 1、方案 3 没有联系，准则 3 和方案 1、方案 3 也没有联系。

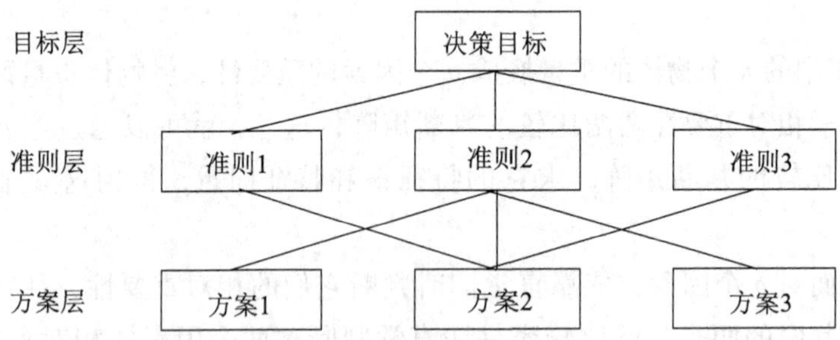

图 8－3　层次结构举例

（二）建立因素重要性的两两比较判断矩阵

判断矩阵表示相对于上层的某个因素 A_0，与之相关的下层元素 A_1，A_2，…，A_n 之间的相对重要性。表 8－5 表示 A_1，A_2，…，A_n 下层因素对于上层因素 A_0 的两两比较判断矩阵。

表 8－5　两两比较判断矩阵

A_0	A_1	A_2	…	A_n
A_1	a_{11}	a_{12}	…	a_{1n}
A_2	a_{21}	a_{22}	…	a_{2n}
…	…	…	…	…
A_n	a_{n1}	a_{n2}	…	a_{nn}

其中 a_{ij} 表示对于上层因素 A_0，因素 A_i 与 A_j 相对重要性的数值。这个数值通常取

1，3，5，7，9 以及它们的倒数。说明如下。

$a_{ij}=1$ 表示 A_i 与 A_j 相比，一样重要。

$a_{ij}=3$ 表示 A_i 与 A_j 相比，较为重要，反之，为1/3。

$a_{ij}=5$ 表示 A_i 与 A_j 相比，较为重要，反之，为1/5。

$a_{ij}=7$ 表示 A_i 与 A_j 相比，明显重要，反之，为1/7。

$a_{ij}=9$ 表示 A_i 与 A_j 相比，极为重要，反之，为1/9。

$a_{ij}=2$，4，6，8 分别表示位于以上重要性之间的级别，这样相对重要性一共可以表示成9个级别。

问题的层次结构中，除了方案层的因素以外，方案层以上其他各层中的每一个因素，都要建立一个判断矩阵。

（三）单层次权重

对于某一层次（非底层）中的一个因素，对下一层次中的 n 个因素 A_1，A_2，…，A_n 建立两两比较判断矩阵 $\boldsymbol{A}$。求出矩阵 $\boldsymbol{A}$ 的特征向量 $\boldsymbol{W}$ 和最大特征根 $\boldsymbol{\lambda}$，特征向量 $\boldsymbol{W}$ 的 n 个分量就是 A_1，A_2，…，A_n 因素相对重要性的权重，权重由大到小，就给出了这一层次的相对重要性的排序以及这一层次相对重要性的权重。

求两两比较判断矩阵特征向量和特征根的方法有很多，介绍其中的三种：①特征方程法，即展开两两比较判断矩阵的行列式得到特征方程，求解方程得到特征根，然后求出特征向量；②迭代法，即用迭代方法求特征向量的近似值，然后求出特征根；③和法，用近似法求出两两比较判断矩阵的特征向量，然后求出特征根。

下面分别介绍这几种方法。

1. 特征方程法

设两两比较判断矩阵为：

$$\boldsymbol{A}=\begin{bmatrix} a_{11} & a_{12} & \cdots & a_{1n} \\ a_{21} & a_{22} & \cdots & a_{2n} \\ \vdots & \vdots & \cdots & \vdots \\ a_{n1} & a_{n2} & \cdots & a_{nn} \end{bmatrix} \boldsymbol{W}=\begin{bmatrix} w_1 \\ w_2 \\ \vdots \\ w_n \end{bmatrix}$$

$\boldsymbol{W}$ 是 $\boldsymbol{A}$ 的特征向量，λ 是相应的特征根。根据特征向量和特征根的定义，有：

$$\boldsymbol{AW}=\lambda \boldsymbol{W}$$

得：

$$\boldsymbol{AW}-\lambda \boldsymbol{W}=\boldsymbol{0}$$

或：

$$(\boldsymbol{A}-\lambda \boldsymbol{I})\ \boldsymbol{W}=\boldsymbol{0}$$

其中 $\boldsymbol{I}$ 是 $n\times n$ 单位矩阵。根据线性代数的理论，以上等式对于非零向量 $\boldsymbol{W}$ 成立，矩阵 $\boldsymbol{A}-\lambda\boldsymbol{I}$ 的行必定是线性相关的，即行列式 $|\boldsymbol{A}-\lambda\boldsymbol{I}|$ 必须等于0。

$$A-\lambda I=\begin{bmatrix} a_{11} & a_{12} & \cdots & a_{1n} \\ a_{21} & a_{22} & \cdots & a_{2n} \\ \vdots & \vdots & \cdots & \vdots \\ a_{n1} & a_{n2} & \cdots & a_{nn} \end{bmatrix}-\lambda\begin{bmatrix} 1 & 0 & \cdots & 0 \\ 0 & 1 & \cdots & 0 \\ \vdots & \vdots & \cdots & \vdots \\ 0 & 0 & \cdots & 1 \end{bmatrix}$$

$$=\begin{bmatrix} a_{11}-\lambda & a_{12} & \cdots & a_{1n} \\ a_{21} & a_{22}-\lambda & \cdots & a_{2n} \\ \vdots & \vdots & \cdots & \vdots \\ a_{n1} & a_{n2} & \cdots & a_{nn}-\lambda \end{bmatrix}$$

求解行列式，如下所示：

$$\begin{vmatrix} a_{11}-\lambda & a_{12} & \cdots & a_{1n} \\ a_{21} & a_{22}-\lambda & \cdots & a_{2n} \\ \vdots & \vdots & \cdots & \vdots \\ a_{n1} & a_{n2} & \cdots & a_{nn}-\lambda \end{vmatrix}=0$$

展开得到的方程，称为矩阵的特征方程。特征方程的根就是 A 矩阵的特征根 λ。求出特征根 λ 以后，就可以求出相应的特征向量 W。如果 A 矩阵是 $n\times n$ 的方阵，它的特征方程是关于 λ 的 n 次方程。

［**例 8－5**］　以一般的二阶矩阵（并不是两两比较判断矩阵）为例。设：

$$A=\begin{bmatrix} -4 & -5 \\ 2 & 3 \end{bmatrix}$$

$$A-\lambda I=\begin{bmatrix} -4 & -5 \\ 2 & 3 \end{bmatrix}-\lambda\begin{bmatrix} 1 & 0 \\ 0 & 1 \end{bmatrix}=\begin{bmatrix} -4-\lambda & -5 \\ 2 & 3-\lambda \end{bmatrix}$$

特征方程为：

$$\begin{vmatrix} -4-\lambda & -5 \\ 2 & 3-\lambda \end{vmatrix}=0$$

$$(-4-\lambda)(3-\lambda)+10=0$$

$$\lambda^2+\lambda-2=0$$

得到 $\lambda_1=1$，$\lambda_2=-2$。

对于特征根 $\lambda_1=1$，设相应的特征向量为 $W=\begin{bmatrix} w_1 \\ w_2 \end{bmatrix}$。由方程组 $AW=\lambda_1 W$ 可得：

$$\begin{bmatrix} -4 & -5 \\ 2 & 3 \end{bmatrix}\begin{bmatrix} w_1 \\ w_2 \end{bmatrix}=1\times\begin{bmatrix} w_1 \\ w_2 \end{bmatrix}$$

$$\begin{cases} -5w_1-5w_2=0 \\ 2w_1+2w_2=0 \end{cases}$$

得到：

$$w_1 = -w_2$$

因此，它的特征向量为 $W = \begin{bmatrix} t \\ -t \end{bmatrix}$，其中 t 为任何实数。

对于特征根 $\lambda_2 = -2$，设相应的特征向量为 $W = \begin{bmatrix} w_1 \\ w_2 \end{bmatrix}$。由方程组

$$AW = \lambda_2 W$$

得：

$$\begin{bmatrix} -4 & -5 \\ 2 & 3 \end{bmatrix}\begin{bmatrix} w_1 \\ w_2 \end{bmatrix} = (-2) \times \begin{bmatrix} w_1 \\ w_2 \end{bmatrix}$$

$$\begin{cases} -2w_1 - 5w_2 = 0 \\ 2w_1 + 5w_2 = 0 \end{cases}$$

得到：

$$w_1 : w_2 = -5 : 2$$

因此，它的特征向量为 $W = \begin{bmatrix} -5t \\ 2t \end{bmatrix}$，其中 t 为任何实数。

如果矩阵是三阶或三阶以上，那么相应的特征方程就是特征根的三次或更高次的方程，求相应的特征根就会变得很困难。

2. 迭代法

迭代法的步骤如下。

（1）取与矩阵 A 同阶的归一化初始向量 $W(0) = (1/n, 1/n, \cdots, 1/n)^T$。

（2）计算 $U_{(k+1)} = AW^{(k)}$，$k=0, 1, 2, \cdots$。

（3）将向量 $U^{(k+1)} = (u_1^{(k+1)} \quad u_2^{(k+1)} \quad \cdots \quad u_n^{(k+1)})^T$ 归一化，即令：

$$a = \sum_{i=1}^{n} u_i^{(k+1)}$$

$$W^{(k+1)} = \frac{1}{a} U^{(k+1)}$$

（4）对于给定的误差容许标准 $\varepsilon > 0$，当先后两次求得的向量 $W(k)$ 和 $W(k+1)$ 相应分量之间的差距小于 ε，即当 $|W(k+1) - W(k)| < \varepsilon$ 时，$W(k+1)$ 就是所求的特征向量。特征根 λ（的近似值）可以由下式求得：

$$\lambda = \frac{1}{n} \sum_{i=1}^{n} \frac{u_i^{(k+1)}}{w_i^{(k)}}$$

［例 8－6］　用迭代法计算以下两两比较判断矩阵的特征向量和特征根。

$$A = \begin{bmatrix} 1 & 2 & 2/3 & 1/2 \\ 1/2 & 1 & 1/3 & 1/4 \\ 3/2 & 3 & 1 & 3/4 \\ 2 & 4 & 4/3 & 1 \end{bmatrix} = \begin{bmatrix} 1 & 2 & 0.667 & 0.5 \\ 0.5 & 1 & 0.333 & 0.25 \\ 1.5 & 3 & 1 & 0.75 \\ 2 & 4 & 1.333 & 1 \end{bmatrix}$$

取一个初始的向量：

$$W_0 = \begin{bmatrix} 1/4 \\ 1/4 \\ 1/4 \\ 1/4 \end{bmatrix}$$

第一次迭代：

$$U^{(1)} = AW^{(0)} = \begin{bmatrix} 1 & 2 & 2/3 & 1/2 \\ 1/2 & 1 & 1/3 & 1/4 \\ 3/2 & 3 & 1 & 3/4 \\ 2 & 4 & 4/3 & 1 \end{bmatrix} \begin{bmatrix} 1/4 \\ 1/4 \\ 1/4 \\ 1/4 \end{bmatrix} = \begin{bmatrix} 25/24 \\ 25/48 \\ 25/16 \\ 25/12 \end{bmatrix}$$

$$a = \frac{25}{24} + \frac{25}{48} + \frac{25}{16} + \frac{25}{12} = \frac{250}{48}$$

归一化为：

$$W^{(1)} = \frac{48}{250} \begin{bmatrix} 25/24 \\ 25/48 \\ 25/16 \\ 25/12 \end{bmatrix} = \begin{bmatrix} 1/5 \\ 1/10 \\ 3/10 \\ 2/5 \end{bmatrix}$$

第二次迭代：

$$U^{(2)} = AW^{(1)} = \begin{bmatrix} 1 & 2 & 2/3 & 1/2 \\ 1/2 & 1 & 1/3 & 1/4 \\ 3/2 & 3 & 1 & 3/4 \\ 2 & 4 & 4/3 & 1 \end{bmatrix} \begin{bmatrix} 1/5 \\ 1/10 \\ 3/10 \\ 2/5 \end{bmatrix} = \begin{bmatrix} 4/5 \\ 2/5 \\ 6/5 \\ 8/5 \end{bmatrix} = 4W^{(1)}$$

已经收敛。因此，$W^{(1)} = \begin{bmatrix} 1/5 \\ 1/10 \\ 3/10 \\ 2/5 \end{bmatrix}$ 就是矩阵的特征向量，相应的特征根为 4。

［**例 8 - 7**］　求以下两两判断矩阵的特征向量和特征根。

$$A = \begin{bmatrix} 1 & 3 & 1/2 & 2 \\ 1/3 & 1 & 5 & 1/3 \\ 2 & 1/5 & 1 & 4 \\ 1/2 & 3 & 1/4 & 1 \end{bmatrix} = \begin{bmatrix} 1 & 3 & 0.5 & 2 \\ 0.33 & 1 & 5 & 0.33 \\ 2 & 0.2 & 1 & 4 \\ 0.5 & 3 & 0.25 & 1 \end{bmatrix}$$

取初始向量如下：

$$W^{(0)} = \begin{bmatrix} 1/4 \\ 1/4 \\ 1/4 \\ 1/4 \end{bmatrix} = \begin{bmatrix} 0.25 \\ 0.25 \\ 0.25 \\ 0.25 \end{bmatrix}$$

并且设定误差容许标准 $\varepsilon = 0.02$。

$$U^{(1)} = AW^{(0)} = \begin{bmatrix} 1 & 3 & 0.5 & 2 \\ 0.33 & 1 & 5 & 0.33 \\ 2 & 0.2 & 1 & 4 \\ 0.5 & 3 & 0.25 & 1 \end{bmatrix} \begin{bmatrix} 0.25 \\ 0.25 \\ 0.25 \\ 0.25 \end{bmatrix} \approx \begin{bmatrix} 1.625 \\ 1.665 \\ 1.800 \\ 1.188 \end{bmatrix}$$

归一化为：

$$W^{(1)} = \begin{bmatrix} 0.259 \\ 0.265 \\ 0.288 \\ 0.189 \end{bmatrix}$$

$$U^{(2)} = AW^{(1)} = \begin{bmatrix} 1 & 3 & 0.5 & 2 \\ 0.33 & 1 & 5 & 0.33 \\ 2 & 0.2 & 1 & 4 \\ 0.5 & 3 & 0.25 & 1 \end{bmatrix} \begin{bmatrix} 0.259 \\ 0.265 \\ 0.288 \\ 0.189 \end{bmatrix} \approx \begin{bmatrix} 1.576 \\ 1.853 \\ 1.615 \\ 1.186 \end{bmatrix}$$

归一化为：

$$W^{(2)} = \begin{bmatrix} 0.253 \\ 0.297 \\ 0.259 \\ 0.190 \end{bmatrix}$$

$$U^{(3)} = AW^{(2)} = \begin{bmatrix} 1 & 3 & 0.5 & 2 \\ 0.33 & 1 & 5 & 0.33 \\ 2 & 0.2 & 1 & 4 \\ 0.5 & 3 & 0.25 & 1 \end{bmatrix} \begin{bmatrix} 0.253 \\ 0.297 \\ 0.259 \\ 0.190 \end{bmatrix} \approx \begin{bmatrix} 1.654 \\ 1.738 \\ 1.584 \\ 1.272 \end{bmatrix}$$

归一化为：

$$W^{(3)} = \begin{bmatrix} 0.265 \\ 0.278 \\ 0.254 \\ 0.204 \end{bmatrix}$$

$$|W^{(3)} - W^{(2)}| = \left| \begin{bmatrix} 0.265 \\ 0.278 \\ 0.254 \\ 0.203 \end{bmatrix} - \begin{bmatrix} 0.253 \\ 0.297 \\ 0.259 \\ 0.190 \end{bmatrix} \right| = \begin{bmatrix} 0.012 \\ 0.019 \\ 0.005 \\ 0.014 \end{bmatrix} < \begin{bmatrix} 0.02 \\ 0.02 \\ 0.02 \\ 0.02 \end{bmatrix}$$

迭代终止，两两判断矩阵 A 的特征向量（的近似值）。如下所示：

$$W^{(3)}=\begin{bmatrix}w_1^{(3)}\\w_2^{(3)}\\w_3^{(3)}\\w_4^{(3)}\end{bmatrix}=\begin{bmatrix}0.265\\0.278\\0.254\\0.204\end{bmatrix}$$

$$U^{(4)}=AW^{(3)}=\begin{bmatrix}1&3&0.5&2\\0.33&1&5&0.33\\2&0.2&1&4\\0.5&3&0.25&1\end{bmatrix}\begin{bmatrix}0.265\\0.278\\0.254\\0.204\end{bmatrix}=\begin{bmatrix}1.634\\1.703\\1.656\\1.234\end{bmatrix}=\begin{bmatrix}u_1^{(4)}\\u_2^{(4)}\\u_3^{(4)}\\u_4^{(4)}\end{bmatrix}=\lambda W^{(3)}=\lambda\begin{bmatrix}w_1^{(3)}\\w_2^{(3)}\\w_3^{(3)}\\w_4^{(3)}\end{bmatrix}$$

因此，特征根 λ（的近似值）为：

$$\lambda=\frac{1}{4}\left(\frac{u_1^{(4)}}{w_1^{(3)}}+\frac{u_2^{(4)}}{w_2^{(3)}}+\frac{u_3^{(4)}}{w_3^{(3)}}+\frac{u_4^{(4)}}{w_4^{(3)}}\right)=\frac{1}{4}\left(\frac{1.634}{0.265}+\frac{1.703}{0.278}+\frac{1.656}{0.254}+\frac{1.234}{0.204}\right)\approx 6.215$$

3. 和法

特征方程法是求矩阵特征根和特征向量的精确方法，迭代法可以根据设定的精度，求出特征向量的近似值，但这两种方法计算都比较复杂。下面介绍一种求两两判断矩阵特征向量的近似方法——和法。

设两两判断矩阵为：

$$A=\begin{bmatrix}a_{11}&a_{12}&\cdots&a_{1n}\\a_{21}&a_{22}&\cdots&a_{2n}\\\vdots&\vdots&\cdots&\vdots\\a_{n1}&a_{n2}&\cdots&a_{nn}\end{bmatrix}$$

把 A 矩阵的 n 列相加，得到：

$$\begin{bmatrix}u_1\\u_2\\\vdots\\u_n\end{bmatrix}=\begin{bmatrix}a_{11}\\a_{21}\\\vdots\\a_{n1}\end{bmatrix}+\begin{bmatrix}a_{12}\\a_{22}\\\vdots\\a_{n2}\end{bmatrix}+\cdots+\begin{bmatrix}a_{1n}\\a_{2n}\\\vdots\\a_{nn}\end{bmatrix}$$

将以上和向量归一化：

$$W=\begin{bmatrix}w_1\\w_2\\\vdots\\w_n\end{bmatrix}=\frac{1}{\sum_{i=1}^{n}u_i}\begin{bmatrix}u_1\\u_2\\\vdots\\u_n\end{bmatrix}$$

归一化后的向量 W 就可以作为矩阵 A 的特征向量的近似值。这种求矩阵特征向量的方法称为和法。

［例 8－8］ 用和法求以下两两判断矩阵的特征向量和特征根的近似值。

$$A=\begin{bmatrix}1 & 3 & 1/2 & 2\\ 1/3 & 1 & 5 & 1/3\\ 2 & 1/5 & 1 & 4\\ 1/2 & 3 & 1/4 & 1\end{bmatrix}=\begin{bmatrix}1 & 3 & 0.5 & 2\\ 0.333 & 1 & 5 & 0.333\\ 2 & 0.2 & 1 & 4\\ 0.5 & 3 & 0.25 & 1\end{bmatrix}$$

将 $\boldsymbol{A}$ 矩阵的各列相加：

$$\begin{bmatrix}u_1\\ u_2\\ u_3\\ u_n\end{bmatrix}=\begin{bmatrix}1\\ 0.333\\ 2\\ 0.5\end{bmatrix}+\begin{bmatrix}3\\ 1\\ 0.2\\ 3\end{bmatrix}+\begin{bmatrix}0.5\\ 5\\ 1\\ 0.25\end{bmatrix}+\begin{bmatrix}2\\ 0.333\\ 4\\ 1\end{bmatrix}=\begin{bmatrix}6.5\\ 6.666\\ 7.2\\ 4.75\end{bmatrix}$$

归一化：

$$\sum_{i=1}^{4} u_i = 6.5+6.666+7.2+4.74=25.106$$

$$\begin{bmatrix}w_1\\ w_2\\ w_3\\ w_4\end{bmatrix}=\frac{1}{\sum_{i=1}^{4} u_i}\begin{bmatrix}u_1\\ u_2\\ u_3\\ u_4\end{bmatrix}=\begin{bmatrix}0.259\\ 0.266\\ 0.287\\ 0.189\end{bmatrix}$$

就是特征向量的近似值。将其与用迭代法得到的特征向量：

$$\boldsymbol{W}^{(3)}=\begin{bmatrix}w_1^{(3)}\\ w_2^{(3)}\\ w_3^{(3)}\\ w_4^{(3)}\end{bmatrix}=\begin{bmatrix}0.266\\ 0.278\\ 0.254\\ 0.204\end{bmatrix}$$

比较，误差为：

$$\begin{bmatrix}0.259\\ 0.266\\ 0.287\\ 0.189\end{bmatrix}-\begin{bmatrix}0.265\\ 0.287\\ 0.254\\ 0.204\end{bmatrix}=\begin{bmatrix}0.006\\ 0.021\\ 0.033\\ 0.015\end{bmatrix}$$

可以看出，用和法求特征向量的近似值，计算简单，误差可以接受。如果有必要，也可以将和法和迭代法相结合，用和法求出特征向量的近似值，作为迭代的初值，然后用迭代法迭代计算，直至得到精确度符合误差容许标准的特征向量。

（四）两两比较判断矩阵的一致性检验

当判断矩阵中的所有元素都满足以下表达式：

$$a_{ij}=a_{ik}/a_{kj}\quad i,\ j,\ k=1,\ 2,\ \cdots,\ n$$

则称为判断矩阵满足一致性。假设一个判断矩阵满足完全一致性，将三个因素 A，B，C 进行比较，如果 A 比 B 重要 2 倍，B 比 C 重要 3 倍，那么 A 一定比 C 重要 6 倍。

很明显，与物体重量的判断矩阵是完全一致的。但因素重要性的两两比较只能是一个估计值，在多个因素之间很难做到完全一致，即完全可能出现“A 比 B 重要 2 倍，B 比 C 重要 3 倍，而 A 比 C 重要 4 倍”这样重要性顺序一致但重要性的数量关系不一致的情况。甚至还可能出现“A 比 B 重要 2 倍，B 比 C 重要 3 倍，而 C 比 A 重要 2 倍”这样重要性顺序互相矛盾的判断。一致性检验就是为了检验一个判断矩阵满足一致性的程度。

n 个物体重量的两两比较矩阵的特征根 $\lambda = n$。可以证明，任何两两比较判断矩阵，当矩阵完全一致时，最大特征根 $\lambda_{max} = n$，不完全一致的判断矩阵有 $\lambda_{max} > n$。一般情况下，矩阵阶数越大，不一致性也越大，为了消除矩阵阶数 n 的影响，定义以下的一致性检验指标：

$$C.I. = \frac{\lambda_{max} - n}{n - 1}$$

当矩阵完全一致时，$C.I. = 0$，不一致性越严重，$C.I.$ 越大。

为了给出一致性到达什么程度才认为是可以接受的指标，再引进一个随机一致性指标 $R.I.$，它是在同一阶数的矩阵中随机输入 1 ~ 9 及其倒数并满足互反性要求构成大量判断矩阵，分别计算它们得到的 $C.I.$ 的平均值。$R.I.$ 表明在完全不考虑判断矩阵的一致性时的一致性指标。对于 1 ~ 10 阶的矩阵，随机判断矩阵的一致性指标 $R.I.$ 的值如表 8 – 6 所示。

表 8 – 6　　随机判断矩阵的一致性指标 *R. I.*

阶数 n	1	2	3	4	5	6	7	8	9	10
$R.I.$	0	0	0.58	0.91	1.12	1.24	1.32	1.41	1.45	1.53

在实际构造判断矩阵时，总是要尽量考虑保持一致性的，因此构造的判断矩阵的 $C.I.$ 值要远小于 $R.I.$ 值才能认为其一致性是可以接受的。当一个判断矩阵的 $C.R. = \frac{C.I.}{R.I.} < 0.1$ 时，可以认为它具有满意的一致性；如果 $C.R.$ 大于 0.1，则需要重新调整判断矩阵的赋值。

（五）底层因素总权重

得到同一层次中各因素单层次权重以后，再针对其中每一个因素计算下一层次相关因素的单层次权重。综合两者权重后，就可以得到下一层次的总排序权重。下一层次总排序权重的计算由图 8 – 4 可以清楚地看出，不再用公式描述。

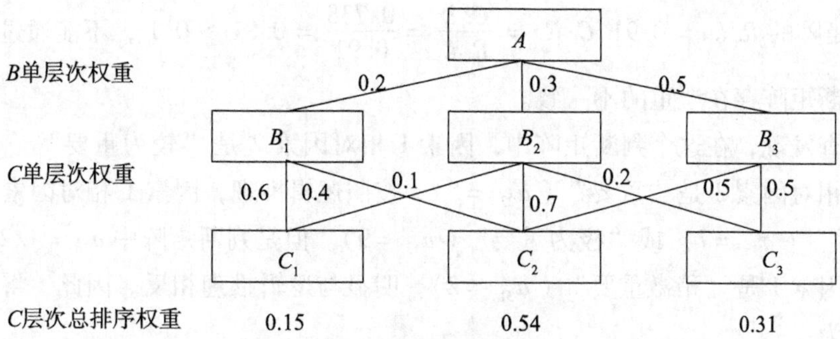

图 8-4　各层因素的权重值

很明显，C 层次总权重仍然满足归一化要求，即 C_1，C_2，C_3 的权重之和等于 1。

C_1 的总排序权重：$0.2\times0.6+0.3\times0.1=0.15$。

C_2 的总排序权重：$0.2\times0.4+0.3\times0.7+0.5\times0.5=0.54$。

C_3 的总排序权重：$0.3\times0.2+0.5\times0.5=0.31$。

（六）总排序权重一致性检验

为了评价总排序权重计算结果的一致性，需要对总排序权重进行类似的检验。设 $C.I.^k$ 为 k 层总排序权重一致性指标，$R.I.^k$ 为 k 层总排序权重随机一致性指标，$C.R.^k$ 为 k 层总排序权重一致性比例，则 k 层总排序权重一致性指标为：

$$C.I.^k = \sum_{i=1}^{m} a_i C.I.^k_i$$

式中，$C.I._i^k$ 为 k 层对应于上层因素 A_i 的判断矩阵的一致性指标，a_i 为 A_i 的权重。

R. I. ^{k} 的计算公式如下：

$$R.I.^k = \sum_{i=1}^{m} a_i R.I.^k_i$$

式中，$R.I.^k$ 为 k 层对应于上层因素 A_i 的判断矩阵的随机一致性指标（由表 8-6 得到）。

$C.R.^k$ 的计算公式如下：

$$C.R.^k = C.R.^{k-1} + \frac{C.I.^k}{R.I.^k}$$

当 $C.R.^k < 0.1$ 时，则认为 k 层水平上整个判断有满意的一致性。

例如，对例 8-7 中判断矩阵的一致性进行检验。

$$\boldsymbol{A} = \begin{bmatrix} 1 & 3 & 1/2 & 2 \\ 1/3 & 1 & 5 & 1/3 \\ 2 & 1/5 & 1 & 4 \\ 1/2 & 3 & 1/4 & 1 \end{bmatrix}$$

矩阵 $\boldsymbol{A}$ 的特征根 $\lambda_{\max}=6.215$，$C.I. = \dfrac{\lambda_{\max}-n}{n-1} = \dfrac{6.215-4}{4-1} = 0.738$，由表 8-6 得

到，4 阶矩阵的 $R.I.=0.91$，$C.R.=\frac{C.I.}{R.I.}=\frac{0.738}{0.91}=0.81>0.1$，不能通过一致性检验，即判断矩阵存在严重的不一致。

经检查发现，在这个判断矩阵中，因素 1 相对因素 2 是“较为重要”（$a_{12}=3$），而因素 2 相对因素 3 是“重要”（$a_{23}=5$），按照逻辑推理，因素 1 相对因素 3 应该是“明显重要”（$a_{13}=7$）或“极为重要”（$a_{13}=9$）。但是判断矩阵中 $a_{13}=1/2$，表示因素 3 相对因素 1 是“稍微重要”（$a_{31}=2$），明显与逻辑推理相反。因此，将以上判断矩阵更改为：

$$\boldsymbol{A}=\begin{bmatrix}1 & 3 & 9 & 2\\ 1/3 & 1 & 5 & 1/3\\ 1/9 & 1/5 & 1 & 4\\ 1/2 & 3 & 1/4 & 1\end{bmatrix}$$

重新计算特征根为 $\lambda_{\max}=4.250$，$C.I.=\frac{\lambda_{\max}-n}{n-1}=\frac{4.25-4}{4-1}=0.083$，$C.R.=\frac{C.I.}{R.I.}=\frac{0.083}{0.91}=0.091<0.1$，一致性检验通过。

四、层次分析法应用举例

［例 8－9］ 在住房评价问题中，评价住房有五个指标，分别是单价、面积、楼层、地段和朝向。现有 A、B、C 三套住房，三套住房的实际指标如表 8－7 所示。

表 8－7　　三套住房的实际指标

	单价（元/m^2）	面积（m^2）	楼层	地段	朝向
住房 A	4800	200	四层	丙	南
住房 B	5500	180	七层	甲	西
住房 C	4000	150	三层	乙	东

目标的层次结构如图 8－5 所示。把住房的评价分成三个准则：经济性准则、舒适性准则和便利性准则。在总目标基础上，先对经济性、舒适性和便利性三个准则的重要性进行两两比较，然后分别在这三个准则基础上对住房的五个指标中相关的指标进行两两重要性的比较。

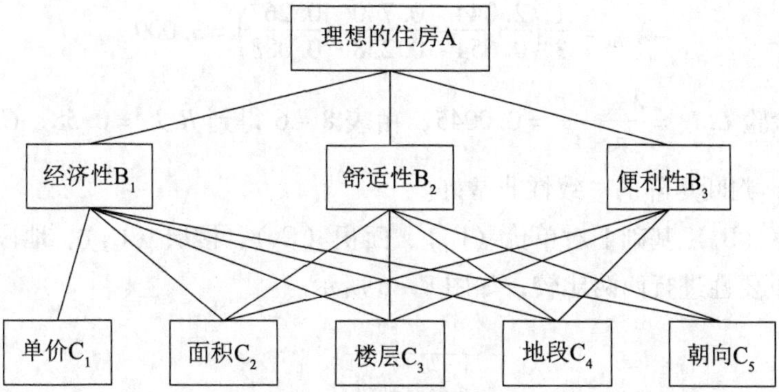

图 8－5　目标的层次结构

首先在总目标（A）基础上对经济性（B_1）、舒适性（B_2）和便利性（B_3）三个准则的重要性进行两两比较，如表 8－8 所示。

表 8－8　　理想住房评价准则的重要性

	经济性 B_1	舒适性 B_2	便利性 B_3
经济性 B_1	1	3	7
舒适性 B_2	1/3	1	3
便利性 B_3	1/7	1/3	1

$$\text{两两比较判断矩阵}\ \boldsymbol{A}=\begin{bmatrix}1 & 3 & 7\\ 1/3 & 1 & 3\\ 1/7 & 1/3 & 1\end{bmatrix}=\begin{bmatrix}1 & 3 & 7\\ 0.333 & 1 & 3\\ 0.143 & 0.333 & 1\end{bmatrix}$$

各列相加，得到：

$$\begin{bmatrix}1\\ 0.333\\ 0.143\end{bmatrix}+\begin{bmatrix}3\\ 1\\ 0.333\end{bmatrix}+\begin{bmatrix}7\\ 3\\ 1\end{bmatrix}=\begin{bmatrix}11.000\\ 4.333\\ 1.476\end{bmatrix}$$

归一化：

$$\boldsymbol{W}=\begin{bmatrix}0.654\\ 0.258\\ 0.088\end{bmatrix}$$

$\boldsymbol{W}$ 作为特征向量的近似值。

求最大特征根：

$$\boldsymbol{AW}=\begin{bmatrix}1 & 3 & 7\\ 0.333 & 1 & 3\\ 0.143 & 0.333 & 1\end{bmatrix}\begin{bmatrix}0.654\\ 0.258\\ 0.088\end{bmatrix}=\begin{bmatrix}2.044\\ 0.740\\ 0.267\end{bmatrix}=\lambda_{\max}\boldsymbol{W}$$

$$\lambda_{max} = \frac{1}{3}\left(\frac{2.044}{0.654} + \frac{0.740}{0.258} + \frac{0.267}{0.088}\right) = 3.009$$

一致性检验 $C.I. = \frac{\lambda_{max} - n}{n-1} = 0.0045$，由表 8 - 6 得到 $R.I. = 0.58$，$C.R. = \frac{C.I.}{R.I.} = 0.0078 < 0.1$，判断矩阵的一致性非常好。

在经济性（B_1）基础上对单价（C_1）、面积（C_2）、楼层（C_3）、地段（C_4）和朝向（C_5）的重要性进行两两比较，如图 8 - 6 所示。

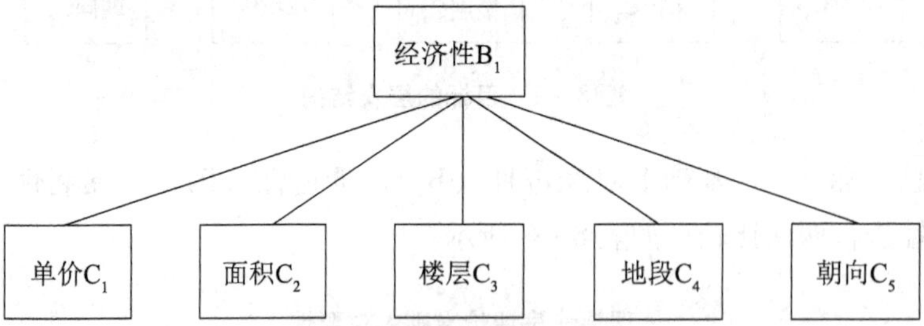

图 8 - 6　经济性准则的相关指标

经济性准则相关指数的判断矩阵如表 8 - 9 所示。

表 8 - 9　经济性准则相关指标的判断矩阵

	单价 C_1	面积 C_2	楼层 C_3	地段 C_4	朝向 C_5
单价 C_1	1	1	5	1	7
面积 C_2	1	1	5	1	7
楼层 C_3	1/5	1/5	1	1/5	3
地段 C_4	1	1	5	1	9
朝向 C_5	1/7	1/7	1/3	1/9	1

经计算（过程略）得到两两比较判断矩阵的特征根为：

$$\boldsymbol{W} = \begin{bmatrix} 0.281 \\ 0.281 \\ 0.086 \\ 0.318 \\ 0.032 \end{bmatrix}$$

最大特征根 $\lambda_{max} = 5.1212$。一致性检验 $C.I. = \frac{\lambda_{max} - n}{n - 1} = 0.0303$，由表 8 - 6 得到 $R.I. = 1.12, C.R. = \frac{C.I.}{R.I.} = 0.027 < 0.1$，一致性检验通过。

在舒适性（B_2）基础上对面积（C_2）、楼层（C_3）、地段（C_4）和朝向（C_5）的

重要性进行两两比较，如图 8 - 7 所示。

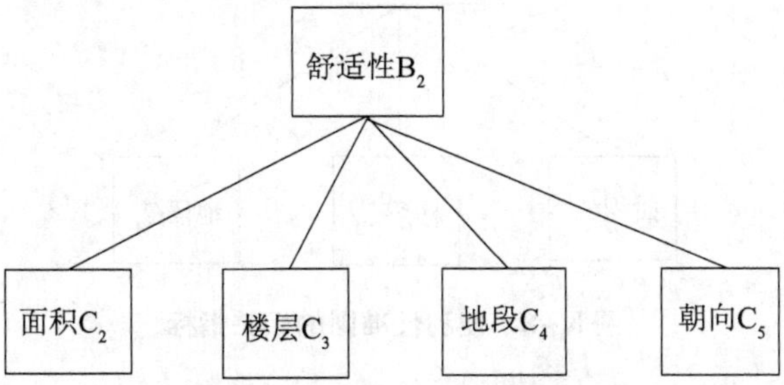

图 8 - 7　舒适性准则的相关指标

舒适性准则相关指标的判断矩阵如表 8 - 10 所示。

表 8 - 10　　舒适性准则相关指标的判断矩阵

	面积 C_2	楼层 C_3	地段 C_4	朝向 C_5
面积 C_2	1	5	1	5
楼层 C_3	1/5	1	1/3	5
地段 C_4	1	3	1	5
朝向 C_5	1/5	1/5	1/5	1

判断矩阵的特征根为：

$$\boldsymbol{W} = \begin{bmatrix} 0.399 \\ 0.151 \\ 0.399 \\ 0.051 \end{bmatrix}$$

最大特征根 $\lambda_{max} = 4.06$。一致性检验：$C.I. = \dfrac{\lambda_{max} - n}{n - 1} = 0.02$，由表 8 - 6 得到，$R.I. = 0.91, C.R. = \dfrac{C.I.}{R.I.} = 0.022 < 0.1$，满足一致性检验。

在便利性（B_3）基础上对面积（C_2）、楼层（C_3）、地段（C_4）的重要性进行两两比较。便利性准则的相关指标如图 8 - 8 所示。便利性准则相关指标的判断矩阵如表 8 - 11所示。

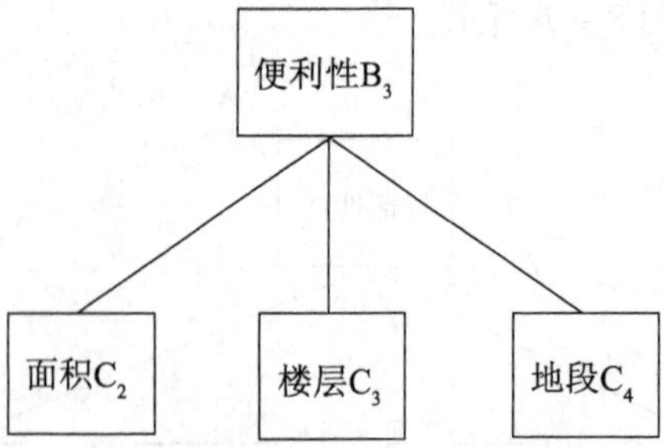

图 8-8 便利性准则的相关指标

表 8-11 **便利性准则相关指标的判断矩阵**

	面积 C_2	楼层 C_3	地段 C_4
面积 C_2	1	1/3	1/7
楼层 C_3	3	1	1/5
地段 C_4	7	5	1

两两比较判断矩阵的特征根为：

$$\boldsymbol{W}=\begin{bmatrix}0.079\\0.225\\0.696\end{bmatrix}$$

最大特征根 $\lambda_{max}=3.097$。一致性检验 $C.I.=\frac{\lambda_{max}-n}{n-1}=0.049$，由表 8-6 得到，$R.I.=0.58$，$C.R.=\frac{C.I.}{R.I.}=0.084<0.1$，一致性检验通过。

将以上结果整理成表 8-12，得到单价（C_1）、面积（C_2）、楼层（C_3）、地段（C_4）和朝向（C_5）五个因素对顶层目标（A）的权重以及权重排序。

表 8-12 **五个指标的总权重及排序**

B 对 A 的权重		经济（B_1）	舒适（B_2）	便利（B_3）	C 对 A 的总权重	权重排序
		0.654	0.258	0.088		
C对B的权重	单价（C_1）	0.281	—	—	0.184	3
	面积（C_2）	0.281	0.399	0.079	0.294	2
	楼层（C_3）	0.086	0.151	0.225	0.115	4
	地段（C_4）	0.318	0.399	0.696	0.372	1
	朝向（C_5）	0.032	0.051	—	0.034	5

以上结果也可以用图 8-9 中的层次结构表示，图中标明了各下层因素对上一层因素的权重（图中一些权重省略），并计算了底层因素的总权重。

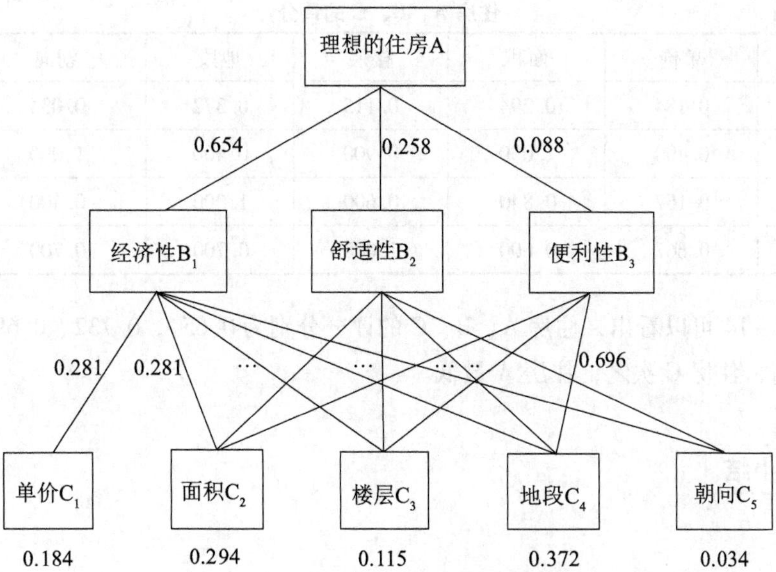

图 8-9 评价住房问题的层次结构

这样就得到了住房评价中的五个指标——单价（C_1）、面积（C_2）、楼层（C_3）、地段（C_4）和朝向（C_5）的权重分别为 0.184、0.294、0.115、0.372 和 0.034。按照权重从大到小排序，这五个指标的重要性次序由大到小依次为地段、面积、单价、楼层和朝向。

以上的评价指标的层次结构和权重对住房 A、B、C 都适用。为了对住房 A、B、C 进行评分，分别确定这五个指标最满意的值（分值为 1.0）和最不满意的值（分值为 0），分别给出住房 A、B、C 五个指标的标准化分值，如表 8-13 所示。

表 8-13 住房 A、B、C 的指标值和标准化分值

		单价（元/m^2）	面积（m^2）	楼层	地段	朝向
最满意		3000（1.0）	200（1.0）	三层（1.0）	甲（1.0）	南（1.0）
最不满意		6000（0.0）	75（0.0）	一层（0.0）	丁（0.0）	北（0.0）
实际值	A	4800	200	四层	丙	南
	B	5500	180	七层	甲	西
	C	4000	150	三层	乙	东
标准化分值	A	0.400	1.000	0.900	0.400	1.000
	B	0.167	0.840	0.600	1.000	0.400
	C	0.667	0.600	1.000	0.700	0.700

有了 A、B、C 三套住房对五个指标的标准化分值和五个指标的权重，就可以计算这三套住房的评分，如表 8-14 所示。

表 8－14 住房 A、B、C 的评分

指标		单价	面积	楼层	地段	朝向	评分
权重		0. 184	0. 294	0. 115	0. 372	0. 034	
准化分值	A	0. 400	1. 000	0. 900	0. 400	1. 000	0. 654
	B	0. 167	0. 840	0. 600	1. 000	0. 400	0. 732
	C	0. 667	0. 600	1. 000	0. 700	0. 700	0. 698

从表 8－14 可以看出，住房 A、B、C 的评分分别为 0. 654，0. 732、0. 698。住房 B 的得分最高，住房 C 次之，住房 A 最低。

本章小结

决策，是针对某一问题，在调查研究的基础上，确定行动的目标，拟定多个可行方案，然后运用统一的标准，选定最佳方案的全过程。决策问题包括决策者、不同自然状态下的概率、两个以上的备选方案、不同的收益值及决策目的。决策问题可以分为确定性决策问题和不确定性决策问题，本章重点介绍不确定性决策问题。随后主要介绍了层次分析法的基本内容及决策方法。

参考文献

[1]《运筹学》教材编写组. 运筹学 [M]. 北京：清华大学出版社，1990.
[2] 傅家良. 运筹学方法与模型 [M]. 上海：复旦大学出版社，2006.
[3] 曹勇，周晓光，李宗元. 应用运筹学 [M]. 2 版. 北京：经济管理出版社，2008.

案 例

1. 某水果商店以每千克 2. 4 元的价格购进每筐 100 千克的香蕉，第一天以每千克 4 元的价格出售，当天未销售完的香蕉再以平均每千克 1. 6 元的处理价销售。需求情况（以筐为单位）由表 8－15 列出。为获得最大利润，该店每天应购进多少筐香蕉？

表 8－15 香蕉需求情况 单位：筐

需求量	1	2	3	4	5	6	7
概率	0. 10	0. 15	0. 25	0. 25	0. 15	0. 05	0. 05

2. 某科研所考虑是否要向某企业提出开发一种新产品的建议。如果打算提出建议，在提建议前先需要做一些初始科研工作，估计需要花费 2 万元。该科研所认为，一旦提出建议，有 60% 可能签订合同，40% 可能签不成合同。如果签不成合同，2 万元的初始科研费就损失掉了。

签订合同后科研所开发新产品有两种方法：方法一需要花费 30 万元，成功概率为 0.8；方法二只需要花费 18 万元，成功概率为 0.5。

科研所签订合同并成功开发新产品，企业给科研所 80 万元技术转让费，若研制开发失败，科研所赔偿企业 15 万元。问科研所是否需要向企业提出研制开发新产品的建议？请用决策树的方法求解。